DES DECORATIONS FUNEBRES.

OU

OU IL EST AMPLEMENT TRAITÉ des Tentures, des Lumieres, des Mausolées, Catafalques, Inscriptions & autres Ornemens funebres, Avec tout ce qui s'est fait de plus considerable depuis plus d'un siecle, pour les Papes, Empereurs, Rois, Reines, Cardinaux, Princes, Prelats, Sçavans & Personnes Illustres en Naissance, Vertu & Dignité.

Par le P. C. F. MENESTRIER, de la Compagnie de Jesus.

A PARIS,

Chez {
R. J. B. DE LA CAILLE, Imprimeur ... rue
Libraire, aux trois Cailles ... Saint
R. PEPIE, Libraire, à S. Basile. ... Jaques
}

M. DC. LXXXIIIJV.

AVEC PRIVILEGE.

TABLE DES CHAPITRES.

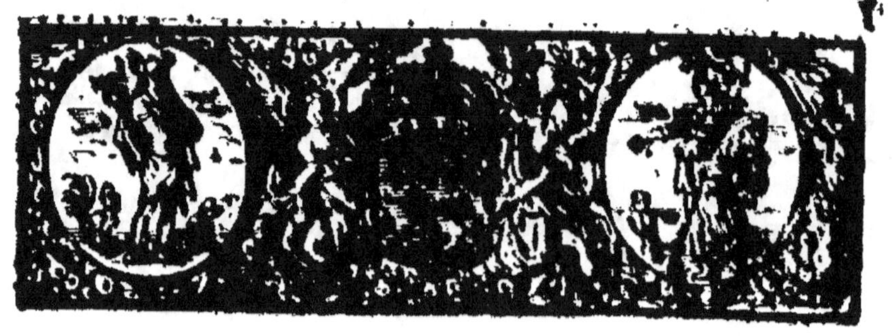

PREFACE.

LES . grandes incongruitez que j'ay veu faire en quelques Appareils Funebres, dont la conduite avoit esté donnée à des personnes qui n'ont ny la pratique ny l'intelligence de ces Decorations, m'ont persuadé que j'obligerois le Public de donner les remarques que j'ay faites depuis trente ans sur ces sortes de Spectacles, qui font une partie de la Philosophie des Images. Les Arts fleurissent parmy nous. Le bon goust de la Peinture, de la Sculpture & de l'Architecture s'y sont introduits. Nostre Langue est dans sa perfection. L'Entrée de la Reine, & le Carrousel du Roy ont renouvellé de nos jours la Pompe & la Magnifi-

cence des Anciens triomphes. Noſtre
Theatre eſt plus ſerieux, plus grave,
& plus regulier que celuy des autres
Nations. Noſtre Muſique n'a plus
rien à envier à celle d'Italie. On vient
de tous coſtez en France pour en ad-
mirer les merveilles. La Magnificence de la Cour, ſes ſuperbes Baſtimens,
les Iardins, les Fontaines, les Richeſſes du Commerce, les Sçavans, les
Academies, les Exercices Militaires,
l'ardeur, le courage, l'experience & la
diſcipline de nos Soldats, dont les
moindres Officiers ſont capables de
commander, de conduire, & de faire
agir, ſont l'admiration des Eſtrangers.
Il ne faut pas que les Decorations
funebres ſoient la ſeule choſe qui ne
ſoit pas executée parmy nous, avec la
meſme intelligence qu'on y remarque en tout le reſte. Il eſt aisé de le
faire quand on voudra en donner
la conduite à des perſonnes judicieu-
ſes & d'un peu d'experience. Nous
pouvons quand nous voudrons, non
ſeulement y reüſſir auſſi bien que les

Italiens, qui sont si habiles Decorateurs, mais les surpasser de beaucoup, parceque nous avons le Prince le plus magnifique qui fut jamais, & de plus excellents ouvriers qu'il n'y en a dans l'Italie. Aux obseques de la Reine on auroit pû faire une machine Funebre ornée de tous les meubles de Versailles, on auroit fait en trois ou quatre jours un Mausolée de plus de dix millions, qui eut esté l'étonnement & l'admiration des estrangers. Les grandes Cuves d'argent, les Brasiers, les Bures, les Vases, les Torchers, les Bassins, les grands Chandeliers à plusieurs branches, les caisses d'Orangers, les Lustres, les Miroirs assemblez dans une disposition bien entenduë, auroient fait la montre la plus superbe que l'on ait iamais vû, & que l'on verra jamais. I'aurois voulu elever à cinq ou six estages une machine semblable à celle des Buchers, des anciennes Apotheoses, ou semblable au Tombeau d'Auguste. Sous une couronne de plus de mille lumieres j'au-

4

rois placé la plus grande Bure, pour reprefenter l'Vrne des cèdres de la Reine, dont le piéd'eftal auroit efté fait de
quatre grands miroirs, avec des infcriptions en cartouches d'or fur le fond
mefme des glaces. Quatre grands
Chandeliers à branches fufpenduës, &
pendans des quatre coins du Dais auroient porté quatre-vingt Flambeaux
fur les coftez de cette Vrne. Dans un
eftage plus bas, on auroit vû en autant
de grandes Bures d'argent, les Vrnes
des cendres de fix Reines les plus Illuftres avec leurs Epitaphes fur autant
de miroirs, & des Vafes ardents entre
deux. Sur un troifiéme étage plus bas,
j'aurois placé huit grands Torchers
liez de crefpe les uns aux autres, &
entre ces Torchers, les plus grands
Baffins d'argent en forme de Boucliers
votifs, femblables à ceux que les anciens Romains dedioient dans leurs
Temples à la memoire des Heros. Les
actions principales de la vie du Roy
cifelées fur ces Baffins, auroient fait
autant de fujets d'Emblêmes & de bas

reliefs. Dans un Estage plus bas, huic grands Cyprés au naturel entremeslez a autant de Torchers, auroient fait une nouvelle Scene, & de grands Lustres de Christal élevez sur ces Torchers, & garnis de Lampes à l'antique, auroient attiré les yeux & l'admiration de tout le monde. Enfin sur un plus bas estage deux grandes Cuves d'argent auroient fait deux tombeaux augustes, dont on auroit vû sortir la France & l'Europe affligées, pour administrer la Couronne de lumiere preparée aux verus de la Reine, tandis qu'autour de ces Tombeaux six grands brasiers auroient porté des Cassolettes fumantes, pour exprimer l'odeur des vertus que cette Reine a laissée parmy nous. Les Brancards d'argent auroient fait les consoles & les supports du corps le plus bas, & fourny des sieges aux Herauts d'Armes, & aux autres Officiers des Ceremonies funebres. A-t-on jamais rien vû de si superbe, & de si aisé à executer.

Ces Decorations ne sont jamais plus

PREFACE.

belles que quand elles ont des desseins justes magnifiques, & ingenieux. C'est l'addresse des Italiens de donner de l'éclat à ce qu'ils font par des inventions nouvelles, agreables, & bien disposées. C'est ce qui manque assez souvent à la pluspart des choses qui se font en France par le defaut des entrepreneurs, qui n'entendent pas la pluspart des choses dont ils prennent la conduite. I'ay crû que des instructions tirées de la pratique de tout ce qui s'est fait depuis un siecle en matiere de Spectacles, de Decorations de Festes, de réjouissances, ne seroit pas inutile. C'est ce qui m'a fait ramasser en un corps depuis trente ans, tout ce que j'ay pû recouvrer de France, d'Italie, d'Espagne, d'Allemagne, de Pologne, d'Angleterre, de Constantinople, de la Perse, de la Chine, & du Mogol, en matiere de Tournois de Carrousels, de Triomphes, d'Entrées, de Receptions, de Spectacles, de Divertissemens, de Ieux, de Courses de Representations, de Spectacles de Feux &

de Lumieres, de Combats, d'Exercices, de Festes, de Réjouiſſances, & de
Ceremonies pour en faciliter l'uſage,
ſur un grand nombre d'exemples à
ceux qui feront obligez de faire quelque choſe de ſemblable. I'ay déja donné le Traité des Tournois, & des Car-
rouſels, avec les Ieux & les Combats
qui ſe font ſur l'Eau, ſur la Glace, &
ſur la Neige, les Repreſentations
en Muſique, les Ballets, les Feſtins à
Machines & à Repreſentations, les
Feux d'Artifice, & les Illuminations.
Voicy les Decorations Funebres qui
feront un jour ſuivies des Decorations des Egliſes pour les Canoniſa-
tions, *Te Deum*, & autres Feſtes, les
Repoſoirs, & Proceſſions ſolemnelles.
Des Receptions des Princes dans les
Villes, des Decorations de Palais pour
les Peintures, les ſujets qu'on y
peut traiter, & la maniere de les traiter. Les Emblemes, les Deviſes, les Inſcriptions, les Armoiries, les Medailles,
les Hieroglyphiques, les Symboles,
l'Hiſtoire, la Fable, & la Poëſie font

une partie de ces Decorations, & jay
déja traité de la plufpart de ces chofes
en huit petits volumes des Armoiries
& deux des Devifes, en un de l'Art des
Emblêmes. J'ay auffi fait paroiftre en
diverfes occafions fix Pompes Funebres, quatre appareils de Canonifa-
tions, deux Receptions de Princes,
quatre Feftes pour des Mariages, trois
deffeins de Balets, deux Carroufels,
trente deffeins de feux d'Artifices,
deux Illuminations, une Publication
de Paix, des Decorations de Colleges
& des Feftes Academiques, qui font
autant de parties de la Philofophie des
Images que j'affemble en un Corps
depuis long temps. Enfin puifqu'on
m'a fouvent demandé un Catalogue
exact de toutes ces fortes d'Ouvrages
que j'ay faits jufqu'icy, j'en donne icy
la lifte.

L'Autel de Lion, consacré à Louis Auguste & placé dans le Temple de la Gloire; Ballet dedié à sa Majesté à son entrée dans Lion, & representé devant Elle le 12. Decembre 1658.

Remarques pour la conduite des Ballets. Soixante & dix-sept Devises sur les principaux Evenemens de la vie du Roy.

Devises, Emblemes, & Anagrammes, presentées à Monseigneur le Chancelier Pierre Seguier.

Les Genereux Exercices de la Majesté ou la Montre paisible de la Valeur, representée en Devises, & en Emblêmes, pour les Reveuës faites par sa Majesté.

Ballet des destinées de Lion, representé devant les Magistrats de cette Ville, dans le College de la Trinité le 16. Iuin 1658.

Les Estreines de la Cour en Devises & Madrigaux, presentées à sa Majesté le 1. jour de l'an 1659.

Les réjouïssances de la Paix publiée à Lion. 1668. Avec les ceremonies de cette publication, & les desseins de trente feux d'artifice faits à cette occasion. in 8. & infolio, Avec les Figures.

Le veritable Art du Blason in 24. à Lion chez Benoist Coral l'an 1658.

Le dessein de la Science du Blason chez le mesme, l'an 1659. c'estoit le projet de tout mon deſſein des Armoiries, que j'ay depuis imprimé en pluſieurs petits volumes.

Abregé Methodique des principes Heraldiques in 12. chez le meſme, l'an 1661. Depuis reimprimé pluſieurs fois, & contrefait en divers endroits du Royaume, & qui s'imprime actuellement beaucoup plus complet à Paris chez Eſtienne Michalet, avec deux mille Ecuſſons pour expliquer tous les termes du Blaſon.

La meſme année & au meſme lieu, l'Art du Blaſon juſtifié, ou les preuves du veritable Art de Blaſon.

Deſcription des Ceremonies & réjouiſſances faites à Chamberi, pour la publication du Bref de la Beatification du glorieux Eveſque de Geneve François de Sales le 12. Mars 1662. à Lion chez Pierre Guillimin. in 4.

Les Nœuds d'Amour, deſſein de tout l'appareil des Nopces, Entrée & Reception de Madame la Ducheſſe de Savoye, Françoiſe d'Orleans Valois dans la Ville de Chamberi en 1663. in 4.

Deſſein du Carrouſel, Courſe à Cheval, & Feux d'artifice, faits pour les meſmes Nopces à Chamberi, la meſme année. in 4.

Novæ & veteris Eloquentiæ placita ex antiquis & recentioribus Rhetoribus de prompta & novâ Methodo unum in corpus digeſta. 1663. C'eſt une nouvelle Rheto-

rique en forme de Theses, avec soixante Devises
sur les Mysteres de la Vie de I. C. de la sainte
Vierge, & sur divers Saints, ausquels ces Theses estoient dediées. in 4.

 Le Temple de la Sagesse ouvert à tous les
peuples, dessein des Peintures de la Cour du
Collège de Lion chez Antoine Molin in 8.
1663.

Le mesme sujet en Ballet representé devant
les Magistrats, le 20. May de la mesme année,
chez Pierre Guillimin in 4.

Les devoirs Funebres, rendus à la memoire de
Madame Royale Chrestienne de France Du-
chesse de Savoye le 19. Mars 1664. in 4. à
Lion & depuis à Annessy.

Les larmes de l'Amour & de la Majesté, au
decez de Madame la Duchesse Royale de Savoye, la mesme année in 4.

Relation des Ceremonies faites dans la Vil-
le d'Annessy à l'occasion de la solemnité de S.
François de Sales. in 4. à Grenoble, chez
Robert Philippe 1666.

Le nouvel Astre de l'Eglise, dessein de l'Appareil pour cette Feste. in 4. Le mesme.

L'Horoscope des Lettres, à la Naissance de
Monseigneur le Dauphin. in fol. à Lion. l'an
1661.

Relation des Ceremonies faites à Grenoble,
dans les deux Monasteres de la Visitation avec
les deux desseins, l'un de S. François de Sales,

L'ouvrage de la Grace en sa vie & sa conduite, & en l'establissement de la Visitation.

L'autre les Transfigurations sacrées. in 4.

Le second Mariage du Duc de Savoye, sous l'Allegorie des Nopces d'Alpin & de Nemorine, in folio & in 4.

La Naissance du Heros, dessein du feu d'artifice fait à la Naissance du Prince de Piedmont à present Duc de Savoye. in 4.

Traité pour la conduite des feux d'Artifice, à Lion in 8. & infol. avec la publication de la Paix. 1660.

Estrennes presentées aux Gouverneurs & Magistrats de la Ville de Lion, l'an 1665. En Devises & Madrigaux.

La Reception de Monseigneur le Cardinal Flavio Chigi, Legat à Latere & Neveu de sa Sainteté, avec la description des Arcs Triomphaux le 31. May 1664. in fol. à Lion.

La nouvelle Naissance du Phenix, Decoration pour la solennité de la Canonisation de S. François de Sales à Ambrun, l'an 1667.

Le Cours de la sainte Vie, ou les Triomphes sacrez des Vertus, Carousel pour la Canonisation de S. François de Sales, l'an 1667.

Les Graces pleurantes sur le Tombeau de la Reine Tres-Chrestienne, dessein de l'appareil funebre dressé dans l'Eglise du College des Peres de la Compagnie de Jesus à Grenoble, in 8. 1666.

Oraison funebre pour la mesme. in 4. 1666.

Traité des Tournois, Ioustes, Carousels, & autres Spectacles publics, à Lion in 4. chez Jacques Muguet 1669.

Eloge Historique de la Ville de Lion, & sa grandeur Consulaire sous les Romains, & sous nos Rois. à Lion chez Benoist Coral. in 4. 1669.

Le veritable Art du Blason, & la Pratique des Armoiries. à Lion chez Benoist Coral, in 12. 1671.

L'usage des Armoiries, chez Estienne Michalet à Paris in 12. l'an 1673.

Les Recherches du Blason, chez le mesme, la mesme année. in 12.

Les vertus Chrestiennes, & les vertus Militaires en dueil, dessein de l'Appareil funebre pour la Ceremonie des obseques de M. de Turenne, chez Estienne Michalet, l'an 1675. in 4.

Oraison Funebre de M. de Turenne, chez le mesme in 4. 1676.

L'origine des Armoiries, in 12. Et l'origine des Ornemens des Armoiries, in 12. chez Robert I.B. de la Caille à Paris. 1679.

L'Alliance sacrée de l'honneur & de la vertu au Mariage de Monseigneur le Dauphin, chez le mesme. in 4. 1680.

L'Espagne en Feste, pour l'heureux Mariage de la Reine d'Espagne, in 4. chez Estienne Michalet 1679.

Relation du Parnasse sur les Ceremonies du Baptesme de Monseigneur le Duc de Bourbon. in 4. Chez Robert J. B. de la Caille 1680.

Les Representations en Musique, in 12. chez R. Pipie. 1681.

Le Temple du Mont-Claros, ou les Oracles rendus sur la Naissance de Monseigneur le Duc de Bourgogne. Chez la Caille in 4. 1682.

L'illumination de la Galerie du Louvre pour les réjoüissances de la naissance de Mr. le Duc de Bourgogne in 4. chez le mesme 1682.

La Philosophie des Images ou recueil de trois mille devises. 2. vol. in 8. chez le mesme 1682. & 1683.

Les Funerailles de la Reine, faites au College de Louis le Grand, in 4. chez le mesme 1683.

Les diverses Especes de Noblesse & de ses Preuves, chez le mesme 1682. in 12.

De la Noblesse des pays Estrangers, chez le mesme, in 12. 1682.

De la Chevalerie & de ses Preuves, in 12. chez le mesme. 1683.

L'Art des Emblêmes, in 8. chez le mesme, 1683.

De la Maniere de dresser les Quartiers pour les preuves Genealogiques, in folio, à Paris chez François Coutelier. 1683.

Explication de la Medaille de Louis le Grand, pour l'Affiche du College in 4. 1683. Chez R. J. de la Caille.

L'explication d'une grande Thefe de Theologie de Philofophie & de Mathematiques,
dedié au Pere General des Iefuites, dont le
deffein eftoit le Portrait de S. Ignace Fondateur & premier General de la Compagnie de
Jesus, environnée des Portraits de tous les
autres Generaux & fouftenu du bas relief,
de l'Election du P. Charles de Noyelle dou-
ziefme General. Six grandes Medailles reprefentoient les fix principales fonctions de
ces Peres pour le Salut des ames, & l'Inftru-
ction de la Ieuneffe; quatre livres ouverts can-
tonnoient cette Thefe, avec ces mots de S. Paul.
Ipfe dedit quofdam quidem Apoftolos, &c.
Enfin une centaine de portraits des Hommes
Illuftres en fcience, en pieté, & dans les
fonctions Apoftoliques, occupoient toute la bordure avec cinq ou fix Devifes, qui expliquoient
le fujet, & les diverfes parties.

Le dernier Ouvrage eft la defcription de la Decoration Funebre faite
à faint Denis, pour les Obfeques de
la Reine, *Imprimée à Paris chez Robert I. B. de la Caille.*

Et comme c'eft cét Ouvrage qui a

esté l'occasion de ce Traité des Decorations Funebres, & que ceux qui l'ont donné dans l'Extraordinaire de la Gazette, & dans le Mercure Galant, en ont retranché les Inscriptions Latines, & les mots Latins des Devises : je la mets icy tout entier sous le mesme Titre sous lequel il a paru.

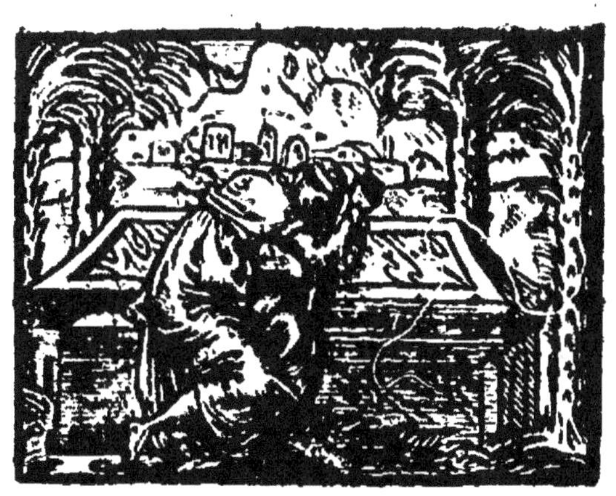

DESCRIPTION

DESCRIPTION

DE LA

DECORATION FUNEBRE

DE SAINT DENIS.

POVR LES OBSEQVES de la Reine.

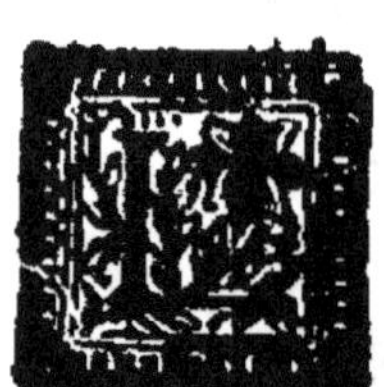

E ſujet de cette Decoration, eſtoit la reception du Corps de la Reine à S. Denis, ancien Mauſolée de nos Rois, & la reception de ſon Ame dans le Ciel par les Saints de la Maiſon de France.

Ces deux ſujets eſtoient repreſentez à l'entrée du Chœur, par un Temple ouvert en perſpective, ou de part & d'autre eſtoient diſpoſez les Tombeaux des Rois, avec cette Inſcription portée par les images de la Mort & de l'Immortalité, qui partagent le ſort des hommes.

ADESTE REGII MANES
ET VENIENTI AD VOS
MARIÆ THERESIÆ
REGINÆ CHRISTIANNISSIMÆ
ACCEDITE.
HUC OMNIS DECRESCIT RERUM
GLORIA,
ET MAGNA UBIQUE TERRARUM
MAJESTAS
HIC CINIS EST.

C'est à dire. *Manes des Monarques inhumez dans ces Tombeaux, venez au devant du Corps de MARIE THERESE, Reine de France. Voilà où se reduisent toutes les grandeurs de la Terre, & la Majesté souveraine par tout ailleurs-si puissante & si relevée, n'est icy qu'un peu de cendre.*

Au dessus de cét Edifice s'élevoit un fronton dans lequel paroissent les Saints de la Maison Royale, Clovis, Dagobert, Charlemagne, Robert, Saint Loüis, Sainte Bathilde, Sainte Radegonde, Sainte Isabelle Sœur de S. Louïs, la Reine Blanche leur Mere, & plusieurs autres Saints, qui montroient un trône de lumiere, preparé pour l'Ame de la Reine, semblable à celuy que vit l'Evêque Troïlus, destiné à S. Jean l'Aumonier, avec ces mots. *Mansio & Requies æterna Ioannis Alexandrini empta triginta libris auri.*

La Reine par ses charitez & ses bonnes œuvres a merité un semblable trône, au dessous duquel sont ces mots du Pseaume.
PARATA SEDES TUA EX TUNC.
Comme si tous ces Saints luy disoient,
Passez d'un Throsne à l'autre, & regnez parmy nous.

Les Armoiries de la Reine estoient élevées au dessus de ce fronton, & une teste de mort avec des ailes de chauvesouris, simbole de la nuit & de la mort, occupoit le haut de la partition des Armoiries de France & d'Espagne, pour marquer la separation que cette mort funeste venoit de faire. Le Globe du monde sur lequel la mort exerce son empire, estoit surmonté d'une Croix entre deux lampes allumées, simboles de la Resurrection que JESUS CHRIST nous a meritée en mourant pour nous sur la Croix. C'est ce qu'exprimoient aussi deux Phares allumez sur des torchers, comme les Emblêmes de la Grace & de la Foy, à qui Dieu a promis une vie immortelle aprés celle-cy, quand il a dit que *quiconque vit & croit en luy ne peut mourir.*

Huit Devises opposées les unes aux autres, marquoient l'incertitude de cette vie, & l'esperance d'une autre.

La premiere estoit un Sable à marquer les heures, par la poudre qui se precipite dans des phioles de verre.

IN FRAGILI PRÆCEPS

Son cours se precipite en ce vase fragile.

Ce vase fragile est le corps, & la vie le sable, qui se precipite, comme nos momens s'écoulent les uns aprés les autres

La Devise opposée estoit l'oiseau de Paradis, qui étant déchargé de tous les soins de la vie, ne regarde que le Ciel, avec ces mots du Prophete.

ET ANIMA MEA ILLI VIVET.

Ie vivray pour le Ciel en vivant de l'Esprit.

La troisiéme Devise estoit un bucher d'apotheose, où les Romains brûloient les corps de leurs Empereurs, avec quantité de meubles precieux, des dorures & des parfums.

IN CINERES HIC SPLENDOR ABIT.

Et tout cela bien-tost n'est plus qu'un peu de cendre.

La quatriéme estoit le même bucher dont s'échapoit un Aigle, aussi-tôt que le fil qui le retenoit est brulé, avec ces mots sacrez.

ET REDEMIT DE INTERITU VITAM.

Au milieu de la mort il conserve sa vie.

La cinquiéme estoit un Arc-en-Ciel.

SPLENDIDE SED NON DIU.

D'un grand éclat mais de peu de durée.

La sixiéme un flambeau fumant qui s'allume à un autre.

EX FUMO DARE LUCEM.

Et d'un peu de fumée il tire un grand éclat.

C'estoit ainsi que la Reine a fait servir la fausse gloire du monde, qui n'est qu'un peu de fumée, à acquerir la veritable gloire.

La septiéme est le Trône de la Cassiopée Constellation Celeste, où l'an 1572. parut une nouvelle Etoile, qui deux ans aprés disparut.

UBI VISA PRIUS JAM DESITA CERNI.

Où jadis on la vit elle ne paroist plus.

C'estoit ainsi que la Reine aprés avoir paru sur le trône, a cessé de regner.

La huitième estoit l'Echelle mysterieuse que vit le Prophete Jacob, au haut de laquelle estoit la Divinité, & par laquelle montoient & descendoient des Anges.

A DEO, AD DEUM.

De Dieu, à Dieu,

Le Ciel nous avoit donné cette Reine, le Ciel l'a retirée.

Aux bases des piedestaux estoient deux Inscriptions & deux revers de Medailles.

Les Inscriptions estoient du livre de la Sagesse.

Immortalis est memoria illius: quoniam apud Deum nota est, & apud homines.

C'est-à-dire.

Sa memoire sera immortelle, parce que sa vertu est connuë de Dieu & des hommes.

*Cum præsens est imitantur illam, & desidé-
rant eam cum se eduxerit. Et in perpetuum
coronata triumphat.*

Tandis qu'elle a vécu elle a esté un modele à imiter; on la desire aprés sa mort:&
entrant dans l'éternité, elle triomphe ayant
trouvé une couronne immortelle.

Les deux revers estoient l'un d'une Medaille de Tite, ou la Paix tient une Palme
& une Haste, symbole des Divinitez antiques, avec cette legende : PAX ÆTER-
NA. C'est cette Paix eternelle que la Reine a trouvée dans le Ciel, nous ayant ap-
porté une autre Paix par son Mariage.

L'autre revers est une imitation d'une
Medaille de Trajan, & d'une Medaille de
Pertinax, la Reine tendant les bras à un
globe qui descend du Ciel, & foulant aux
pieds un autre globe, avec ces mots: PRO-
VIDENTIÆ AUGUSTÆ, estant, un
effet de la sage prevoyance de cette Reine, d'avoir pensé â l'Eternité au milieu des
grandeurs du monde.

Sur la frise regnoient ces mots du 15. de
la Sagesse.

SCIRE JUSTITIAM ET VIRTUTEM, RADIX
EST IMMORTALITATIS.

Pratiquer la vertu c'est se rendre immortel.

Le reste de la Nef estoit decoré de grandes Armoiries de la Reine, & de Sceptres

croisez, surmontez de la Couronne Royale.

Dans le Chœur où reposoit le Corps de la Reine jusqu'à son inhumation, on n'avoit point dressé de Mausolée, parce que toute l'Eglise est le Mausolée de nos Rois & de nos Reines ; on avoit seulement élevé au dessus du corps une Chappelle ardente, composées de six colonnes de lumieres, & d'autant de Consoles qui portoient une pyramide de lumiere, symbole de l'immortalité. Le Fils de Dieu a promis dans l'Apocalypse à ceux qui se vaincroient eux-mêmes, de les faire des colonnes dans le Temple de son Pere. C'estoit à la pieté de la Reine, à son zele, à sa charité, & à ses autres vertus que l'on avoit élevé ces six colonnes, comme autant de glorieux monumens des victoires qu'elle a remportées sur le monde, sur elle-mesme, sur les vanitez de la Cour, les plaisirs, les amusemens, & les douceurs de la vie. Son image & ses chiffres estoient au dessus de ces colonnes, & au dessus de son corps estoit une Couronne de lumiere, avec ces mots du Fils de Dieu.

NON AUFERETUR AB EA.

Elle ne luy sera jamais ostée.

Elle a laissé les Couronnes de France & de Navarre aux Reines qui luy succederont ; mais pour celle de la gloire elle est une Couronne éternelle, à l'égard de la quelle il faut dire : *Maria optimam partem elegit, quæ non auferetur ab ea.*

Sur les coſtez de cette Chapelle ardente eſtoient quatre Deviſes, qui marquoient la pieté de la Reine, du Roy, & de Monſeigneur.

Celle de la Reine eſtoit repreſentée par une flâme de feu avec ces mots.

COELO NON TERRIS NATA.

Elle eſtoit pour le Ciel & non pas pour la Terre.

La ſeconde Deviſe eſtoit double. C'eſtoit un Phenix mourant.

NATURÆ QUOD MORTALIS.

Si je meurs c'eſt le ſort des choſes naturelles.

Le Phenix qui renaiſſoit en regardant le Soleil.

SOLI QUOD IMMORTALIS.

Et je dois au Soleil une vie immortelle.

La quatriéme pour Monſeigneur eſtoit la Conſtellation du Dauphin, attachée à la voye de lait, avec ce demy Vers d'Aratus, traduit par Germanicus.

GRATUM TESTATUR ALUMNUM.

Attaché par amour & par reconnoiſſance.

Monſeigneur le Dauphin, que la Reine a toûjours aimé ſi tendrement, s'attache à elle par un ſouvenir plein de tendreſſe & de reconnoiſſance pour ne l'oublier jamais.

Toutes les grandeurs du monde ſont des biens de la fortune qui ne paſſent pas cetre vie. La Reine par un choix judicieux s'en estoit fait des occasions de pratiquer la vertu, & les consacrant de cette sorte, elle a fait des biens immortels de ces biens passagers de la fortune. C'est ce que font les Saints, dont un Oracle Sacré dit que leurs œuvres les accompagnent jusques dans le Ciel : *Opera enim illorum sequuntur illos.* Ces avantages de la fortune que la Reine a fait servir à la pratique des vertus, sont la Naissance, le Rang, l'Authorité, la Puissance, la Majesté, la Magnificence, l'Abondance, l'Independance, la Reputation, la Conduite, le Domaine, le Repos, la Delicatesse, la Distinction & la Fortune.

Ces seize figures destinguées par leurs symboles, estoient couchées sur les ceintres des huit arcades qui entouroient le Chœur, comme autant d'Arcs de triomphe dressez à la gloire de la Reine, pour le bon usage qu'elle a fait de ces biens.

La Naissance de cette Reine estoit representée par une figure dont l'habit estoit semé des Tours de Castille, & des Lions de Leon. Elle tenoit une branche de Grenadier dont tous les fruits naissent couronnez.

Le Rang avoit son habit semé d'Etoiles qui ne quittent jamais leur rang, & dont l'Ecriture dit : *Stellæ manentes in ordine.*

L'Authorité avoit le Caducée en main

symbole de Mercure, dont l'authorité qui le faisoit agir au nom des Dieux, s'étendoit sur les vivans & sur les morts.

La Puissance avoit pour symbole un faisseau Romain.

La Majesté le Sceptre & la Couronne.

La Magnificence son habit semé de lys, dont le Fils de Dieu a loüé la magnificence.

L'Abondance sa corne pleine de fruits.

Le Mariage son habit semé de jougs, & de cœurs entrelassez de nœuds d'amour.

L'independance, une robe volante sans ceinture elle tenoit une hirondelle le plus familier des oiseaux, & le moins capable d'estre apprivoisé.

La Reputation estoit peinte comme la Renommée.

La Conduite ou la Politique avoit un niveau entre les mains, & le coffret des sceaux pour le secret.

Le Domaine son habit fait en carte de Geographie.

Le Repos estoit en posture d'homme, qui doit avec des pavots en main.

La Delicatesse avoit son habit semé de fleurs, & un voile delié.

La Distinction son habit en échiquier, où les pieces sont si distinguées de figure & de marche.

La Felicité avec ses symboles ordinaires,

Ces attributs de la grandeur dont la Reine a fait un si bon usage, estoient consacrez à sa memoire par ces mots,

Ortus dignitati.
Supremo ordini.
Authoritati Regiæ.
Potestati legitimæ.
Majestati perpetuæ.
Liberalitati summæ.
Conjugio felici.
Libertati Augustæ.
Bonæ famæ.
Securitati Imperÿ.
Dominÿ Æquitati.
Quieti Æternæ.
Indulgentiæ facili.
Æquo discrimini.
Magnificentiæ eximiæ.
Felicitati Temporum.

Saint Jean vit les Vieillards de l'Apocalypse devant le trône de l'Agneau avec des coupes d'or, d'où sortoient des parfums. On avoit representé ces coupes d'or sur les Arcs, comme les parfums precieux des bonnes œuvres de la Reine.

Sur les chaises du Chœur estoient de grands draps noirs plissez avec des Devises sur les principaux évenemens de la vie de la Reine, & ses vertus.

I. Pour sa Naissance le 20. Septembre.

Le Globe de la terre sous le signe de la Balance, qui fait l'Equinoxe, & que plusieurs
croyent avoir esté le temps de la Creation
du monde, avec ces mots de Claudien.

NASCERIS ÆQUÆVA CUM MAJESTATE.
Tout est auguste en vous depuis vostre
Naissance.

II. Pour les vertus de son Enfance qui se
firent d'abord connoistre, le Soleil levant
avec ces mots de S. Augustin.
CONTINUO ILLUMINANTUR OMNIA.
En un moment tout paroist lumineux.

III. Pour ses premieres actions, qui fi-
rent voir ce qu'elle seroit un jour: le plan
d'un grand bâtiment, avec ces mots de
Claudien.
DOCUMENTA FUTURI.
On void quelle sera son élevation.

IV. Dés le moment qu'elle fut mariée
avec le Roy, estant d'Infante devenuë Reine de France, elle quitta les mœurs de son
païs pour s'adjuster à nos manieres: Une
Pistole d'Espagne qui sous le balancier des
monnoyes change de figure, & devient un
Louïs d'or.
DECUS EST MUTARE FIGURAM.
Il m'est avantageux de changer de figure.

V. Son Respect pour le Roy : Un Girasol
qui suit le Soleil la teste panchée.

IPSE AMOR OBSEQUIUM EST.

Son amour est respect.

VI. Pour la Naissance de Monseigneur: Une Perle dans une Nacre, avec ce Vers de Boëce

EDIT NOBILE GERMEN.

Ce fruit est digne d'elle, & digne des Couronnes.

VII. Partageant son cœur entre Dieu & le Roy, elle n'aimoit que l'un & l'autre, leur donnant également tous ses soins. Un de ces tableaux canelez à trois diverses figures, dont l'une est un Christ, l'autre le Roy, & celle du milieu la Reine.

ASPECTU VARIO SIC REDDIT UTRUMQUE.

Sous differens aspects on y void l'un & l'autre.

VIII. Pour ses Communions frequentes la Constellation du Poisson Austral, qui selon les figures de nos Globes boit dans le Ciel un fleuve de lumiere qui sort de l'urne du verseur d'eau, l'ancien nectar des Dieux.

CÆLESTI VESCITUR ESCA.

Sa nourriture est Celeste & Divine.

VIII. Pour sa conduite exacte & reglée en toutes choses, selon les maximes de l'Evangile. Un Compas de Proportion, ou il n'y a pas la moindre ligne, le moindre point, & la moindre lettre, qui ne marque des mesures & des proportions.

NEC APEX SINE LEGE.

Rien sans mesure & sans proportion.

IX. Son obeïssance envers Dieu, accompagnée de la crainte de l'offenser. La Boussole dont l'éguille cherche le Pole en tremblant, avec ces paroles sacrées.

OBEDIT ILLI CUM TREMORE.

C'est en tremblant qu'elle suit ses attraits.

X. Pour l'accord merveilleux des plus petites actions de pieté, avec les grandes actions d'éclat & de ceremonie. Une harpe dont les cordes inégales de basses & de dessus, font un agreable concert.

SUMMA ATTEMPERAT IMIS.

Quel accord merveilleux de cordes inégales.

XI. Pour sa charité envers les Pauvres, qui luy faisoit donner avec profusion de grandes sommes. Une Grenade ouverte d'où sortent les grains, avec ces paroles de l'Ecriture.

EX ABUNDANTIA CORDIS.

L'abondance du cœur fait ses profusions.

XII. Les deux Devises suivantes faisoient voir que son authorité & sa puissance, étoient plûtôt des effets de sa vertu & de ses bons exemples que de sa grandeur. Une pierre d'Ayman qui attire le fer.

EST A VIRTUTE POTESTAS.

Son pouvoir est l'effet d'une vertu secrete.

XIII. Le Roy des Abeilles qui n'a point

d'éguillon, & qui ne laisse pas de se faire
suivre plus par amour que par force.
PRO STIMULO EXEMPLUM.
L'exemple est l'éguillon qui par tout le fait
suivre.

XIV. Pour son sage discernement dans le
choix des personnes , & la pratique des
choses. Une main qui tient la balance d'un
trebuchet pour peser des pieces d'or , &
qui a auprés une pierre de touche pour
les éprouver, avec ces paroles d'un Apôtre.

UT PROBET POTIORA.
Pour en faire un bon choix & pour les
mieux connoistre.

XV. Pour le desir ardent de voir Dieu
qui animoit sa foy, & luy faisoit passer de
douces heures dans le Cabinet & dans les
Eglises au pied des Autels. Le Soleil caché
sous des nuages, & un Aigle qui le cherche avec ces mots de l'Ecriture.

IN QUEM DESIDERAT PROSPICERE.
Le desir de le voir l'oblige à le chercher.

XVI. Pour l'innocence de sa vie, sa candeur & ses bonnes mœurs. La voye de lait
qui est une longue trace dans le Ciel, plus
blanche que le reste , & dont la blancheur
n'est qu'un amas confus de plusieurs petites étoiles, avec ces mots de l'Ecriture.

QUOD MANIFESTATUR LUMEN EST.
Ce qu'on en voit n'est que lumiere.

XVII. Pour son application singulier à faire justice à tout le monde, un bâtiment commencé avec une æquerre, un plomb, une regle, un niveau, un compas & un modele.

TANTUS AMOR RECTI.
Que de soins pour le rendre agreable & solide?

XVIII. Une Chapelle ardente avec une representation sur laquelle estoit la Couronne & les autres marques Royales.

HOC REGUM SUPEREST.
Il ne reste des Rois que ces tristes dépoüilles.

XIX. Un Bâtiment achevé où l'on met le couronnement, avec ces mots d'Ovide.

OPERIS VICTORIA FINIS.
Aprés un long travail la fin est la couronne.

Une sainte Mort est la couronne d'une sainte vie.

Entre les deux dais qui couronnoient l'Autel & la Chapelle ardente, estoit élevé un superbe pavillon semé de larmes & de fleurs-de-lis bordé d'hermine, dont les longues & larges pantes attachées aux quatre pilliers de la grande croisée de l'Eglise, couvroient le lieu où se devoient faire les Ceremonies Funebres. Quatre Pyramides de deux faces chacune flanquoient cette

enceinte

enceinte deſtinée aux Ceremonies. Elles
eſtoient feintes de marbre, femées de larmes, & ornées de camayeux antiques,
dont l'un emprunté d'une Medaille de
Plautille, faiſoit voir le Roy & la Reine qui
ſe donnoient la main, avec ces mots.

CONCORDIA FELIX.

Quelle heureuſe alliance!

Le ſecond d'une Medaille de Vitellius,
faiſoit voir l'honneur & la vertu unis enfemble en cette alliance, avec ces mots.

HONOR ET VIRTUS.

Le troiſiéme d'une Medaille de Severe,
faiſoit voir la vertu qui couronne un Heros.

VIRTUTI AUGUSTI.

La quatriéme eſtoit de Conſtantin. C'e-
ſtoit un Autel antique accoſté de deux Aigles.

MEMORIA FELIX.

Ces deux Aigles font le Roy & Monſeigneur, qui conſerveront la memoire de cette vertueuſe Reine.

Le cinquiéme eſtoit de Julia Pia: C'e-
ſtoit la Pudiçité avec le mot:

PUDICITIA.

Le sixiéme estoit d'une Medaille de Ca-
racalle, où l'image de la Felicité, avec les
simboles de la Paix & de l'Abondance.

TEMPORUM FELICITAS.

Le septiéme estoit de Faustine. C'est l'E-
ternité avec ses symboles & le mot,

ÆTERNITAS.

Le huitième estoit de Galba.

FELICITAS PUBLICA.

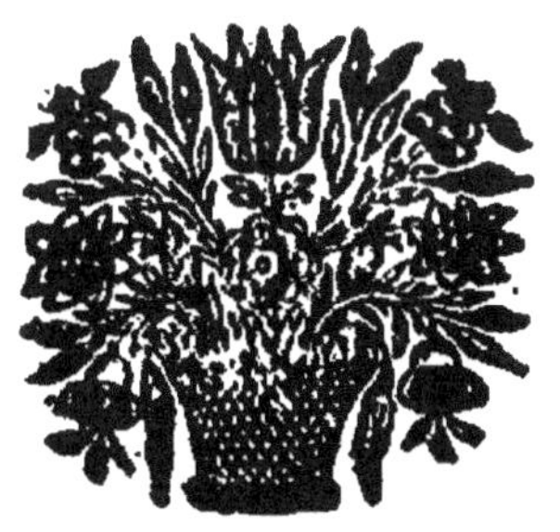

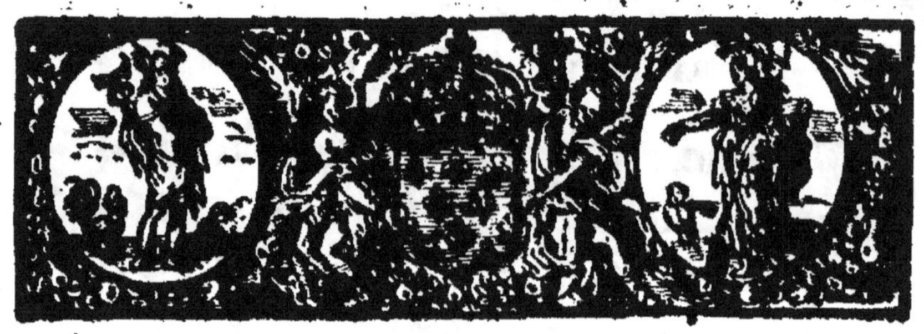

DES

DECORATIONS

FUNÈBRES.

UOY qu'il n'y ait rien de si triste que les images de la mort, la vanité n'a pas laissé d'y introduire une espece de luxe. Nous paroissions magnifiques dans les sujets les plus lugubres, soit que nous affections de faire voir par cette Pompe exterieure que l'homme ne meurt pas entierement ; soit que pour flatter la douleur que nous cause la perte des grands hommes, & la separation de nos proches, nous tâchions par cet artifice d'en consacrer la memoire en rappellant le souvenir de leurs actions glorieuses. Les Peres de l'Eglise ont fait de ce soin d'honorer la memoire des morts, une preuve sensible de l'immortalité de l'ame ;

& cet ufage eft fi naturel dans le monde,
qu'il n'eft point de Nation, ny de Peuples
quelque barbares qu'ils puiffent eftre, qui
n'ayent des manieres folennelles de rendre les derniers honneurs à la memoire des
grands hommes. Ce ne font pas ces ceremonies que j'entreprens de décrire; tant
de Sçavans y ont travaillé, & en ont fait
des recueils, que je ne ferois que traduire
& que copier ce qu'ils ont écrit en diverfes langues, fi je voulois m'arrefter à décrire
ces ceremonies.

Mon deffein eft de traiter ces Decorations que l'ufage a introduites, ou plûtoft
renouvellées depuis ces derniers fiecles,
lorsqu'on ajoûte aux tentures noires, aux
lumieres, & au chant lugubre de l'Eglife,
des infcriptions, des peintures & des reprefentations, qui font revivre les vertus
& les actions illuftres des morts, à l'exemple de ces anciennes Apotheofes fi celebres
parmy les Grecs, & fi connuës parmy les
Romains, qui les emprunterent des Juifs.
Je dis qu'ils les emprunterent des Juifs, &
il ne faut que lire le cinquantiéme chapitre du livre de la Genefe, pour voir la maniere dont Jofeph fit les funerailles de Jacob fon pere. Il fit embaumer le corps durant quarante jours. Le deüil dura foixante
& dix jours dans l'Egypte. Les Princes &

les Magistrats accompagnerent le convoy funebre avec grand nombre de chevaux & de chariots. On fit de grandes ceremonies dans la plaine d'Aral au de-là du Jourdain, & ces ceremonies furent de sept jours entiers. Enfin elles furent si celebres, que les habitans du lieu qui les virent, nommerent cette plaine *la Ceremonie funebre de l'Egypte.* Ces ceremonies si saintement instituées se continuerent parmy les Juifs jusqu'à la derniere ruine de Jerusalem, aprés la mort de Jesus-Christ.

La description du Tombeau des Machabées *au chap.* 13. *du livre* 1. *de leur Histoire,* fait voir la magnificence des funerailles qui se faisoient en ces temps-là ; puisque c'étoient des Pyramides, des Colonnes, des Trophées d'armes, & des Vaisseaux qui en faisoient les ornemens.

Ces ceremonies ne cesserent pas avec la Synagogue. L'Eglise les a receües, & l'on en verra peu d'aussi magnifiques que celles qui furent faites à la mort de Constantin le premier des Empereurs Chrétiens. Eusebe qui s'y trouva nous apprend que le corps de cet Empereur revétu de ses habits Imperiaux, avec son diademe tout brillant de pierreries, fut mis dans un cercueil d'or couvert de pourpre, & porté par ses Soldats comme en triomphe dans Constanti-

Vocatum est nomen loci illius, Planctus Ægypti. Gen. 50.

nople, où il fut deposé dans la grande ſale
de ſon Palais, avec le plus magnifique appareil, & la pompe la plus majeſtueuſe que
l'on vit jamais dans les plus auguſtes ceremonies. Le cercueil d'or tout découvert
faiſoit voir Conſtantin ſur une eſtrade élevée & entourée d'une tres grande multitude de flambeaux allumez ſur des chandeliers d'or, diſpoſez de toutes parts, dans
un bel ordre. Ses Gardes eſtoient aux en-
virons, & ſe relevoient jour & nuit, comme ils faiſoient durant ſa vie, quand ils
montoient en garde devant ſon Palais.
Tous les Officiers de l'Empire, les Generaux, les Tribuns, & les Capitaines venoient regulierément tous les jours l'un
aprés l'autre, chacun à ſon rang ſe pro-
ſterner en terre, devant l'Empereur, comme s'il eût eſté ſur ſon trone, & qu'ils fuſ-
ſent venus luy rendre hommage. Le Senat
& les autres Magiſtrats y venoient en corps
à leur tour luy rendre les mêmes devoirs,
& l'on faiſoit avec un extreme reſpect les
mêmes choſes que l'on avoit accoûtumé de
faire pour l honorer & pour le ſervir durant
ſa vie. On ne fit point ceſſer ces honneurs
& ces ceremonies, que Conſtantius, qui
eſtoit en Orient, ne fut arrivé pour achever les funerailles de ſon pere. Alors on
le porta dans le magnifique Temple des

Apôtres, qu'il avoit fait bâtir, & on l'inhuma entre les statues de ces douze Saints.

Il est vray que les Payens ont abusé de ces ceremonies : quand ils les ont fait servir à deifier des hommes morts ; mais on ne doit pas pour cela condamner l'usage des Decorations funebres, comme si elles estoient des inventions profanes, que nous eussions apprises des Payens : Elles sont au contraire des monumens de pieté, par lesquels nous faisons connoître la vanité des grandeurs humaines, l'immortalité de l'ame, & la gloire des vertus Chrétiennes. Ce n'estoit pas pour rétablir les superstitions Payennes que l'on fit à Constantin des obseques si solennelles. Les tombeaux des premiers Chrétiens estoient de marbre & de porphyre, ornez d'Emblêmes & de figures de la Resurrection. On y void Jonas, les Apôtres, & Jesus-Christ même. Les personnes de qualité y avoient leurs images & leurs representations. On y remarque des Lions, des Aigles, des Griffons, & d'autres animaux. Ces tombeaux estoient placez ous des portiques aux entrées des Eglises. On allumoit des lampes sur ces tombeaux, on y attachoit des couronnes, on y jettoit des fleurs; & quoy que les Payens eussent de sembla-

A iij

bles ceremonies , on n'accusa jamais les Chrétiens de rien faire en tout cela qui sentit le Paganisme. Il faut seulement prendre garde de ne rien introduire dans l'Eglise & dans les lieux saints, des mysteres de la Fable & de la Theologie Payenne, & que tout y soit Chrétien , & conforme à la Religion que nous professons. Il faut donc bannir des Eglises les représentations de Junon, de Jupiter, de Mercure, d'Apollon, de Mars , de Venus, & des autres fausses Divinitez , qui se pourroient souffrir en des Decorations de Colleges & d'Academies, où les Fables & la Poësie ancienne sont receües. Ainsi il y a trois choses à considerer en ces Decorations. Le *Lieu* où elles se font, les *Personnes* pour qui on les fait, & *la fin* pour laquelle on les entreprend.

A l'égard du lieu, j'ay déja observé que tout y doit estre Chrétien , si c'est dans un lieu sacré que se fasse l'appareil, & si la ceremonie doit se faire entre nos saints Mysteres, comme elle se fait le plus souvent. Quelque ingenieux que paroisse le dessein que l'on prit pour la Decoration de l'Eglise Cathedrale de Turin aux funerailles du Prince Thomas de Savoye , ou l'on representa *le Ciel en larmes* , je n'approuve pas les figures qu'on y peignit de Jupiter , de Mercure, d Orion, & des autres Constellations.

Pour les personnes j'en vois de tous ordres & de tous estats, à qui on a rendu ces derniers honneurs, quand la naissance, les emplois, la vertu ou le merite les ont distinguez dans le monde. Je trouve depuis environ cent ans plus de cinq cens de ces Decorations, faites pour diverses sortes de personnes, pour des Papes, des Cardinaux, des Archevêques, des Evêques, des Abbez, des Generaux d'ordres, & d'autres dignitez Ecclesiastiques; pour des Religieux éminens en sainteté, pour des Empereurs, des Rois, des Princes, des Magistrats, des Princesses, des Sçavans, des Academiciens, des Peintres, des Sculpteurs, des Architectes, des Hommes extraordinaires, des Femmes vertueuses, &c.

C'est sur ces exemples & sur la pratique de deux siecles, que j'entreprens de regler ces sortes de Decorations, parce que personne n'en a écrit pour nous apprendre ce que l'on doit faire. Nous avons seulement cinq ou six ouvrages, qui peuvent nous aider à trouver des sujets, à les conduire, & à les disposer. L'un est le sçavant Jaques Gouthier Advocat au Parlement de Paris, qui merita par sa profonde erudition, son eloquence, & la pureté de la langue Latine d'estre fait Citoyen, Noble, & Patrice Romain.

Pour se delasser du travail continuel du Barreau, où sa penetration, sa facilité, & la longue experience luy attiroient beaucoup de pratique, il s'appliquoit à l'étude de la sçavante antiquité ; & ce fut ce qui l'obligea à publier deux beaux traitez, l'un des offices de la maison des Empereurs d'Orient & d'Occident, & l'autre des funerailles des Anciens. Le titre de ce dernier ouvrage est celuy-cy : *de Jure manium, seu de ritu, more, & legibus prisci funeris, libri tres.* Il adressa ces trois libres au premier President du Parlement Nicolas Verdun.

Les Chapitres du premier livre les plus utiles pour les Decorations, sont le

XII. *De morte fatali & naturali. Vltima morientium verba. Vive. Vale.*

XIII. *De spiritus exceptione. Lege Mævia, osculis, lavatione, conclamatióne.*

XIV. *De Luctu domestico.*

XV. *De Lavatione & Vnctione.*

XVI. *De Feriis Denicalibus seu Novendialibus.*

XVII. *De Compositione Cadaveris.*

XVIII. *De Productione Cadaveris.*

XIX. *Funestæ Familiæ indicium Cupressus. Indictio funeris. Eclogium ad Portam.*

Les Chapitres du second livre dont on peut se servir sont.

Tout le troisiéme livre ne contient que des questions de Droit, & il n'y a que les trois derniers Chapitres qui puissent servir aux Decorations funebres.

Claude Guichard Docteur és Droits de Lagnieu en Bresse, dedia l'an 1581. à Charles Emanuel Duc de Savoye, un traité des funerailles & diverses manieres d'ensevelir des Romains, Grecs, & autres Nations tant anciennes que modernes.

Il y a trois livres en cet Ouvrage, dont voicy l'ordre des Chapitres.

LIVRE I.

Chap. 1. Des sepultures des Romains en general, & des ceremonies qu'ils obser-

Les deux Chapitres qui suivent sont inutiles à noſtre deſſein.

x. Des Sepulchres & Funerailles des Egyptiens, de la maniere qu'ils renoient à embaumer les corps, & de la somptuosité & magnificence de leurs sepulchres.

xi. Des Sepulchres & Funerailles des Juifs.

xii. Des Sepulchres & Obseques des Chrétiens.

Le P. François Pomey Jesuite a fait un traité Latin des Funerailles des Anciens sous le titre de *Libitina*, *seu de Funeribus*, où il a fait un extrait de tout ce qu'il y a de plus considerable dans Guichard, avec un abbregé des ceremonies qui s'observent aux funerailles de nos Rois, tirées du Ceremonial de France, & ce que la Colombiere a écrit des funerailles des Chevaliers en son *Theatre d'honneur*.

Roma Subterranea est aussi un grand recueil des tombeaux des premiers Chrétiens, & des anciens Cemetieres de Rome, dont on peut tirer quelque secours pour ces Decorations.

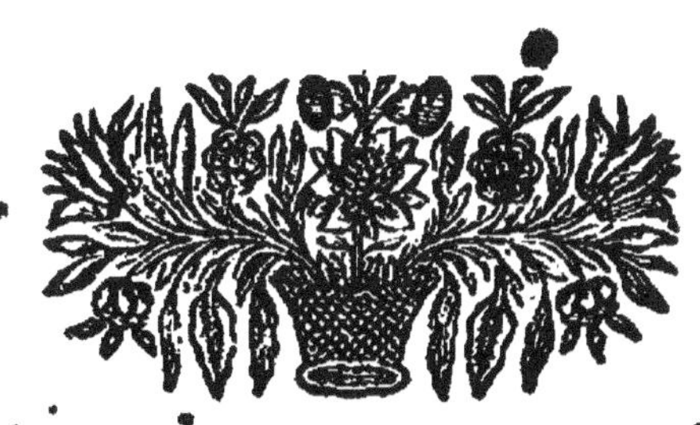

DES PERSONNES POVR
qui on fait des Decorations funebres.

QUoy qu'il soit de la pieté de rendre les derniers devoirs à tous les hommes, ce n'est qu'à ceux que la vertu ou la fortune ont distinguez durant leur vie, que l'on fait avec apparoil des Decorations funebres. On le fait pour les Souverains, & pour ceux que la naissance a mis au dessus des autres en les mettant au rang des Princes. Les premieres dignitez de l'Eglise, de la robe & de l'épée, donnent de pareils avantages. Et ceux que la Science, la Vertu, & les emplois importans ont rendu considerables, jusqu'à les faire passer pour des hommes extraordinaires, reçoivent les mêmes honneurs.

Les Romains eurent les mêmes égards, & c'est ce qui fit parmy eux la distinction des funerailles Pretoriennes, Consulaires, Cenforiennes & Triomphales. Les premieres estoient celles que l'on faisoit aux Preteurs, & les secondes celles dont on honoroit les Consuls; aux unes & aux autres on portoit des robes à bandes de pourpre. Aux funerailles des Censeurs ces robes estoient purement de pourpre, mais elles estoient tissuës d or quand il falloit assister aux obseques d'un Triomphateur. Il est aussi fait mention des funerailles des Empereurs & des Rois dans Spartien, en la vie d'Ælius Verus, & en la vie d'Opilius Macrinus.

A l'égard des Decorations funebres depuis environ cent cinquante ans que l'usage en a esté introduit, je trouve qu'on en a fait pour sept ou huit Papes, pour Sixte V. pour Leon XI. pour Gregoire X V. pour Paul V. pour Urbain V I I. pour Innocent X. pour Alexandre VII. pour Clement IX. & Clement X.

Pour les Cardinaux Campori, Monti, Ferdinand d'Austriche, Spinola, de la Rochefoucault, Trivulce, Montalte.

Pour les Empereurs Charles V. Mathias, Ferdinand II. Ferdinand I I I.

Pour les Rois de France Henry I V. & Loüis. XIII.

Pour les Rois d'Espagne Philippe II. Philippe I I I. & Philippe IV.

Pour les Ducs de Savoye Victor Amedée, François Hiacynte, & Charles Emanuel II.

Pour les Ducs de Toscane, Cosme de Medicis;

Medicis, deux François de Medicis, &
Ferdinand de Medicis.

Pour deux Landgraves de Hesse.

Pour les Archiducs Albert & Leopold.

Pour les Ducs de Parme Odoard & Ray-
nuce.

Pour le Duc de Mantouë Guillaume Gon-
zague.

Pour les Ducs de Modene François & Alphonse.

Pour les Princes Balthazar d'Espagne,
Thomas & Maurice de Savoye, & le Prince
de Condé.

Pour le Chancellier Pierre Seguier.

Pour les Princes de Piombino, Nicolas
Ludovisi, & Constance Pamphile son
épouse.

Pour Dom Ponce de Leon Guzman Gouverneur du Milanois.

Pour les Generaux d'armée, le Vicomte
de Turenne, le Marquis Ville, le Duc de
Beaufort, le Marechal de Toiras.

Pour les Seigneurs Matei, Vaini, Lucrece Gambara, &c.

Pour l'Abbé de Valleroy, pour Philippe
Caverel Abbé de S. Vaast d'Arras.

Pour Titien de Caldore celebre Peintre, & pour Michel Ange.

Pour Cozza Cozza Archiprestre de Verone.

Pour Jaques Guasco Pere des pauvres à Gennes.

Pour le P. Charles de Lorraine Jesuite.

Pour les Sçavans, François Piccolomini, & plusieurs Academiciens d'Italie.

Pour les Reines de France Marie de Medicis & Anne d'Austriche.

Pour les Reines d'Espagne Marguerite d'Austriche & Isabelle de France.

Pour la Reine de Pologne Cecile Renée d'Austriche.

Pour la Duchesse de Poli Hiacinthe Sanvitale.

Pour la Princesse de Bisignan.

Pour la Princesse de Masseran Marguerite Carrette.

Pour la Comtesse Marie Goueane Cravette.

Pour les Fondateurs & Bienfaicteurs de toutes les Maisons des Jesuites en general.

Pour Siti Manni femme de Pierre de la Valle, &c.

Voila des funerailles de Papes, d'Empereurs, de Rois, de Cardinaux, de Prelats, de Princes, de Gouverneurs, de Chanceliers, de Generaux d'armées, de Reines, de Princesses, de Duchesses, de Comtesses, de Prestres, de Religieux, de Sçavans, &c.

Voicy les titres sous lesquels ces Decorations ont paru.

Esequie della Maestà Cesarea dell' Imperadore Mattia, celebrate dal Serenissimo Cosimo secondo gran Duca di Toscana, in Firenze 1619.

Esequie della Maestà Cesarea dell' Imperadore Ferdinando II. celebrate dall' Altezza Serenissima di Ferdinando II. gran Duca di Toscana, nell' insigne Collegiata di san Lorenzo. Il di 2. d'Aprile 1637.

Esequie di Maria Cristianissima Regina di Francia e di Navarra, descrite da Simone di Gio. Berti ; celebrate in Firenze per ordine del Serenissimo gran Duca di Toscana. Il di 23. di Settembre 1642.

Racconto delle sontuose Essequie fatte in Milano alli 7. di Giugno l'anno 1621, per ordine della Cat. Maestà del Rè Filippo IV. nostro Signore, alla felicissima memoria di Filippo III. suo Padre.

Descritione della Pompa funerale fatta nell' Essequie del Serenissimo Signor Cosimo de Medici gran Duca di Toscana, nell' alma città di Fiorenza, il giorno xvii. di Maggio dell' anno 1574.

Essequie del Serenissimo D. Francesco Medici gran Duca di Toscana II. descrite da Giovani-Batista Strozzi 1587.

Essequie dell' Illustrissimo e Eccellentissimo

Principe Don Francesco Medici, celebrate dal Serenissimo D. Cosimo II. gran Duca di Toscana, descrite da Alessandro Adimari.

Narrazione delle solenni Essequie del molto illustre Sig. Francesco Piccolomini Filosofo clarissimo, fatte celebrare da molto Illustrissimo Signore Nicolo, ed Alessandro suoi figlioli in S. Francesco di Siena l'anno 1607.

Pompa funebris optimi potentissimique Principis Alberti Pii Archiducis Austriæ, veris imaginibus expressa à Jacobo Francquart Archit. Reg.

Descrizione dell' Essequie di Papa Lione XI. celebrate nel duomo di Firenze da' Signori Operai, d'ordine del Serenissimo gran Duca.

Funerale del Cardinale Spinola.

Mausoleo que construe l'Academia de los Anhelantes de ciudad de Zaragoça, à la memoria del Dottor Baltasar Andrez de Vatarros 1636.

Discours des Ceremonies, Honneurs, & Pompes funebres faites à l'enterrement de treshaut Prince Charles III. Duc de Lorraine; par Claude la Ruelle 1609.

Il Funerale fatto dal illustre Signore Massimiliano Mercuriale da Forli nelle Essequie del Signor Girolamo suo padre 1607.

Il Funerale fatto dal Senato di Bologna all' Excell. Sig. Don Carlo Barberino Generale di S. Chiesa.

Funerale celebrato dalla famiglia Doria all' Excell. Sig. Dom Carlo Doria Duca di Turſi, nella Chieſa di S. Matteo di Genoa.

Eſſequie del Rè Don Felippo II. d'Auſtria, celebrate nella città di Firenze, deſcritte da Vincentio Pitti 1598.

L'Impreſe della M. C. di Don Filippo d'Auſtria II. d'Iſpagna, rappreſentate nel tumulo per la ſua morte, eretto dalla città dell' Aquila, deſcritte da Felice Benedetti.

Libro de las honras que hizo el Collegio de la Compagnia de Jesu de Madrid, à la M. C. de la Emperatriz Dona Maria d'Auſtria Fundadora de dicho Collegio, que ſe celebraron à 21. Abril de 1603.

Breve Deſcrittione dell' apparato funerale fatto alla memoria del Principe Odoardo Farneſe in Parma 1626.

Cœnotaphium piis manibus Ferdinandi III. Rom. Imp. Hungariæ Bohemiæque Regis, Archiducis Auſtriæ, &c Cæſareis virtutibus & ſymbolis adornatum à Cæſareo & Academico Collegio Soc. Jesu, Viennæ inter Parentales mœrores erectum die 13. Iunii 1657.

Eſſequie del Sereniſſimo D. Ferdinando Medici gran Duca di Toſcana, celebrate in Venetia dalla Natione Fiorentina, deſcritte da Agoſtino Maſi 1609.

Pompa Funeral Honras y Eſſequias en la muerte de la muy alta y Catolica Señora D.

Isabella de Bourbon Reina de las Españas y del nuevo mundo; que celebraron en el Real Convento de san Geronimo de la villa de Madrid 1645.

Triumphale Mausolæum clarissimis laureati exercitus Quatuorviris Julio, Ludovico, Elia, Plinio, excitatum Luccæ in Templo Clericorum Regularium Matris Dei solemni pompa consecrato, fornicibus, signis, Emblematibus, symbolis, corona, prosa, metro, variis decoratum. 12. Kal Sep. 1644. per juvenes & adolescentes Scholarum Parthenicarum.

Essequie della Maestà Christianissima di Luigi XIII. il Giusto Rè di Francia e di Navarra, celebrate in Firenze dall' Altezza di Ferdinando II. gran Duca di Toscana, e descritte da Carlo Dati. 1644.

Apparato Funebre dell' Imperial Ciudad di Zaragoça en las exequias della S. C. M. Doña Isabel de Bourbon Reina de España, por el P. Josefe de Justicia. 1644.

Essequias, tumulo y pompa funeral que la Universidad de Salamanca hizo en las honras del Rey D. Felippe III. 1621.

Le Pompe funerali fatte in Napoli nell' essequie del Rè Felippo II. di Austria, scritte da Ottavio Caputi 1599.

Relacion de las exequias que el Excel. Señ. D. Juan. de Mendoça y Luna, Marquez del Montesclaros, Visrey del Perù hizo en la muerte de la Reina Margarita en Lima. 1613.

Obelisco historico y honorario que la Imperial Ciudad di Zaragoça erigiò à memoria del Serenissimo Señor D. Baltasar Carlos de Austria Principe de las Españas, por Iuan Francesco Andrez 1648.

Contienda Poëtica que la Imperial Ciudad de Zaragoça propuso à los ingenios Españoles en el fallecimiento del Sereniß. Señor Don Baltasar Carlos de Austria Principe de las Españas.

Relacion de las exequias que se celebraron en Napoles en la muerte de la Reina Marguerita 1612.

Enterrement de tres-haut Prince Claude de Lorraine Duc de Guise & d'Aumale, auqual sont declarées toutes les ceremonies 1620.

Funerale della Signora Siti Maani celebrata in Roma l'anno 1617. e descritto da Girolamo Rocchi.

Exequiales Pompæ in funere illustriß. Comitis Turriani Veronensis 1617.

Pyra Religiosa, Mauseolo sacro, pompe funebre, que la santa Iglesia Primada de las Españas erigiò devota, ostentò grande, consacrò piadosa à las sepulcrales memorias dell' Altezza sereniß. del Cardenal Infante D. Fernando de Austria, por Joseph Gonzales de Varola 1642.

Essequie trionfali del Marquese Giulio Villa Luogo tenente generale dell' armi del Rè Christianiß. e delle Altezze Reale di Savoïa in

Italia, celebrate nel tempio di san Francesco in Ferrara, il dì 22. di Febr. del 1649. composte da Francesco Berni.

Theodori Principis Card. Trivultÿ nox atra, ab Haymone Corio Reg. Barnabita Congreg. S. Pauli, luci data Mediolani in templo D. Petri. 1657.

Staffetta del dolore inviata all' universo nella morte del sereniss. Principe Mauritio di Savoïa in Torino 1657.

Parentalia D. Ferdinando Cæsari Aug. Patri Patriæ à Maximiliano Imp. Ferdinando, & Carolo sereniss. Archiducibus Austriæ fratribus singulari pietate persoluta Viennæ anno 1560. 8. Id. Aug.

La magnifique & somptueuse Pompe funebre faite aux obseques & funerailles de l'Empereur Charles V. celebrée en la ville de Bruxelles le 29. Decembre 1558.

Essequie d'Arrigi IV. Christianiss. Rè di Francia e di Navarra, celebrate in Firenze dal sereniss. D. Cosmo II. gran Duca di Toscana 1610.

Essequie della sacra, Catolica, Real Maestà di Margherita d'Austria Regina di Spagna celebrate dal D. Cosmo II. gran Duca di Toscana in Firenze descritte da Giovanni Altoviti.

Mausolée érigé à la memoire immortelle de tres-auguste Princesse Isabelle Claire Euge-

nie d'*Austriche Infante d'Espagne*, du commandement de la *Reine mere du Roy tres Chrestien*,
par le *sieur de la Serre* 1634.

*Theatrum extemporaneum æternitati Cæsaris
Montij S. R. E. Card. & Archiep. Medio-
lanensis sacrum, Octavio Boldonio Authore,
Mediolani in templo S. Alexandri excitatum
mense Augusto* 1634.

*Funerale celebrato nella Chiesa de Bologneß
in Roma dal Sig. Ludovico Facchinetti Resi-
dente per quella Città di Bologna appresso Ur-
bano VIII à* 9. *April.* 1644.

*Breve racconto del sontuoso funerale fatto nel
duomo di Milano, per la morte di sereniß. Bal-
daßare Principe delle Spagne.*

*Monumentum Romanum Nicolao Claudio
Pereskio in omni genere linguæ* 1638.

*Marci Antonij Gourguei Parentalia in Col-
legio Burdigalensi Soc.* Jesu *celebrata* 1626.

*Pompe funebri nel funerale di Ottavio Bot-
tarini in Verona* 1623.

*Pompa funebris Philippi Caverelli Præsulis
Vedastini, Augustissimæ Basilicæ, Collegijque
Atrebatensis Societatis* Jesu *Fundatoris mu-
nificentissimi* 1637.

*Academica Parentalia à Collegio Remensi
Soc.* Jesu, *Reverendiß. Domino D. Francisco
Brularto Abbati olim Valliregio ejusdem Col-
legij Fundatori munificentissimo* 1631.

7. *Pietosi tributi resi alla grand' anima del*

Monarca Filippo IV. da PP. Barnabiti del Collegio di S. Aleſſandro di Milano 1666.

Apparato funebre dell' anniverſario à Gregorio XV. celebrato in Bologna à 24. di Luglio 1624. dall' illuſtriſſ. e reverendiſſ. Sig. Cardinale Ludoviſi.

Il ſepolcro glorioſo ornato dalla pietà dell' inſigne Congregatione dell' Entierro di Criſto N. S. nell' eſſequie della Maeſtà di Filippo IV. nella Chieſa di S. Fedele de PP. della Compagnia di Gieſu in Milano li 16. Genario 1666.

Breve deſcrittione dell' apparato funebre fatto per le ſontuoſe eſſequie della ſereniſſima Reina Iſabella nel duomo di Milano 1644.

Il Teatro del dolore apparato funebre fatto nel duomo di Torino dall' Altezza Reale di Carlo Emanuele II. Duca di Savoia, alle Altezze Reali di Chriſtina di Francia ſua madre, & Franceſca di Borbone ſua ſpoſa, Alli 3. e 4. di Marzo 1664.

Funerale fatto nel duomo di Torino alla Glorioſa memoria dell' invittiſſimo e potentiſſimo Principe Vittorio Amedeo Duca di Savoia dalle Altezze Reali di Madama Chriſtiana di Francia ſua moglie, e del ſereniſſimo Duca Franceſco Giacinto ſuo primogenito, alli 18. di Decembre 1637. compoſto dal P. Luigi Giuglaris della Compagnia di Gieſu.

Parentalia Carolo Archiduci Austriæ fundatori suo à Collegio Græcensi Soc. J E S U , *an. 1590.*

Parentalia serenissimæ Mariæ Annæ Bavaræ, Archiducis Austriæ serenissimi Caroli Archiducis viduæ, Græcÿ defuncta die 29. April. 1608,

Pompa funebris serenissimæ Mariæ Annæ Bavaræ Ferdinandi II. Bohemorum tùm Regis conjugis, Emblematis & Elogiis expressa an. 1618.

Epicedia in funebres exequias Valeriani Episcopi Vilnensis, fundatoris Academiæ Vilnensis.

Threni in exequiis Lazari Kmitæ Czanobilski Vilnæ 1664.

Lagrime sparse per la morte de Madama Eleonora di Este, raccolte da Gregorio Ducchi.

Rhemensis Collegÿ parentalia Henrico IV, Regi Galliæ.

Piis manibus Armandi Cardinalis Richelÿ à Collegio Lugdunensi Soc. J E S U *funus erectum an. 1642.*

Exequiæ in templo S. Nazarÿ Manfredo Septalio Patritio Mediolanensi, ejusdem Basilicæ Canonico celebratæ, quas summatim exposuit Marchio Ioannes Maria Vicecomes Academicus Animosus.

Le Pompe funebri nelle solenni esequie del sereniss. & invitiss. Principe Tomaso di Savoia, Principe di Carignano Generalissimo delle Armi, e gran Maestro della Francia, celebrate nel duomo di Torino, alli cinque di Febraio 1656.

Relazione del solenne funerale e Catafalco, fatto dalli Padri della Compagnia di Giesu, nella loro Chiesa della casa professa à tutti li loro fondatori, e benefattori, per tutt' il mondo defonti inquesto primo lor secolo, con sacrificij & orationi per tre giorni continui in Roma 1639.

Racconto dell' esequie fatte in Cremona all' eminentiss. Signor Cardinale Pietro Campori vescovo desta citta, col dissegno del Catafalco eretto nel duomo per il solenne funerale fatto celebrare dagl' illustriss. Signori Nipoti, e spiegatione dell' apparato esposti in tale solennità.

L'esequie ossequioso tributo d'affettuosa memoria dell' illustrissimo Sig. Conte Francesco Antonio Goveano

Maggiordomo di S. A. R, e per essa Governatore del Castello, Città, e Provincia di Carmagnola, verso la defonta Contessa Maria Goveana Cravetta già sua amantissima Signora e Moglie, celebrate con sontuoso e nobile apparato nella insigne Chiesa Collegiata de santi Pietro e Paolo della città di Carmagnola, li 13. e 14. di Dec. dell' an. 1657.

Relatione della pompa funebre celebrata dalla città di Viterbio per la morte di Monsig. illustrissimo Enea Vaini suo Governatore à 9. di Maggio 1633. di Pietro Coretini Viterbese.

Il Trionfo della morte Architettato dal Sig. Carlo Virginio Draghi nella Chiesa de santi Nazaro e Celso sopra muro, detta volgarmente di san Georgio di Piacenza e descritto da Lorenzo Bascarini 1665.

Les Graces pleurantes sur le tombeau de la Reine tres-Chrestienne Anne d'Autriche ; dessein de l'appareil funebre dressé dans l'Eglise du College des Peres de la Compagnie de JESUS à Grenoble.

Les devoirs funebres rendus à la memoire de Madame Royale Chrestienne de France, Duchesse de Savoye, &) de Madame la Duchesse Royale Françoise d'Orleans, épouse de S. A. R. Charles Emanuel II. Duc de Savoye, le 19. & le 21. Mars par le souverain Senat &) la souveraine Chambre des Comptes de Savoye à Chamberi 1664.

L'Idea di un Principe &) Heroe Christianissimo in Francesco I d'Este di Modena, e Reggio Duca VIII. Generalissimo dell' Arme Reali di Francia in Italia, effigiata à profili delle virtu de Principi suoi Maggiori ereditate, representate alla publica luce col funerale apparato sposto nelle solenni essequie l'anno 1659. alli 11. di Aprile in Modena celebrate, composto da Domenico Gamberti della Compagnia di Giesu.

Breve racconto della transportatione del corpo di Papa Paolo V. della Basilica di S. Pietro à quella di S. Maria Maggiore, coll' apparato fatto nelle sue essequie 1623.

Cænotaphium & apparatus quæ in funere Nicolai Ludovisci Plumbini Principis , & Constantiæ Pamfiliæ conjugis , Patres Collegij Romani Soc. Jesu, in Ludovisiano S. Ignatij templo grati animi studio PP.

Las exequias y festas funerales que hizo la santa Iglesia de Orignela à la muerte del padre Mossen Francisco Hieronimo Simon 1612.

Lagrime di Parnasso in morte del Sig. Girolamo Albanese insigne statuario in Vicenza 1663.

Les devoirs funebres rendus à la memoire du deffunt Prince de Condé dans le College des Iesuites à Paris l'an 1647.

Esequie d'Anna Maria Maurigia d'Austria Cristianissima Regina di Francia, celebrate in Firenze dal serenissimo Ferdinando II. gran Duca di Toscana, descrite da Luigi Rucellai.

Relacion de las funerales exequias que la Nacion Espanola hizo en Roma à la Magestad del Rey N. S. D. Philippo

III. de Austria el Piadoso.

Il pennello lagrimato in morte della Signora Elizabetta Sirani Pittrice famosissima in Bologna.

Sentimenti dogliosi di Felsina ne funerali, celebrati per la morte del reverendissimo Padre Guglielmo Fochi Maestro di S. Theologia, e Inquisitore generale di Bologna.

Pompa funebre fatta dal Cardinale Montalto nella translatione delle ossa del Papa Sisto V. da san Pietro del Vaticano in santa Maria Maggiore, descritta da Baldo Catani.

Le lagrime di Palazzo per la morte dell'excellentissimo Signor di Toiras Maresciale di Francia in Torino dal Cavalier D Gio Battista Buschetto.

Recit veritable de ce qui s'est passé en la ville & College de la Fleche, à la reception du cœur de la defunte Reine Marie de Medicis mere du Roy.

Iusta Alberto Pio Belgarum Principi à Rhetoribus Academicis Lovanij, facta in Collegio Porcensi,   Pom-

Pompa dell' essequie celebrate al sere-nissimo Odoardo Duca di Piacenza, di Parma, &c. dal serenissimo Duca Ranuccio II. l'anno 1647. descritta dal P. Francesco Raulino della Compagnia di Giesù.

Il Mausoleo machina inalzata per le solenni esequie dell' illustriss. & ex-cellentiss. Sig. D. Luigi de Guzman Ponce de Leon, Governatore e Capitano Generale dello stato di Milano. Nella Regia Capella di santa Maria della Scala, dalla pietà del illustriss. & excellen-tiss. Signora Donna Mencia de Guzman Pimentelli sua consorte 1668.

Corona funerale dedicata alla glorio-sa ed immortale memoria del serenissi-mo Prencipe Francesco I. d'Este, Duca di Modona e Reggio nelle solenni ese-quie celebrategli dalla pia magnificenza dell' Altezza serenissima di Alfonso IV. suo primogenito, composta dal P. Do-menico Gamberti della Compagnia di Giesù 1659.

C

Apparato funerale nell' essequie celebrate in morte del Conte di Lemos Vicerè nel Regno di Napoli, descritto da Giulio Cesare Capaccio.

Passaviensis Collegij Templum Gratiarum piis manibus Leopoldi Archiducis Austriæ fundatoris sui in ipso inferiarum die dicatum. 1633.

Nicolai Caussini justa funebria Henrico IV. Regi Galliarum.

Exequiæ VVolfgangi Archiepiscopi & Electoris Moguntini morte sublati.

Funebria Serenissimo & Reverendissimo Principi Philippo Bavaro S. R. E. Cardinali Episcopo Ratisbonensi, Monachij in Collegio Monachiensi Soc. JESU.

Rugitus Leonis in funere serenissimæ Magdalenæ Bavaræ Ducissæ Neoburgicæ. 1629.

Justa funebria Augustissimæ Mariæ Austriacæ sorori Philippi II. Regis Catholici, conjugi Maximiliani II. Imperatoris, fundatrici Collegij Madridiensis Soc. JESU, ab eodem Collegio instituta.

Leonardi Perini pompa funebris Caroli tertij Ducis Lotharingiæ, & justa eidem Carolo persoluta æneis figuris expressa.

Plausus virtutum in exequiis Taurini celebratis Illustrissimi & Excellentissimi Comitis Sammartini d'Aglié 1667.

Fama posthuma de virtutibus heroïcis serenis-

sima Archiducis Mariæ Bavaræ matris Fer-
dinandi II. Imperatoris, Emblemate vario
digesta, concinnata, exposita à P. Joanne
Heumont Soc. Jesu, 1609.

Luctus publicus in funere Illustrissimi & Re-
verendissimi Joannis Godefridi Episcopi Bam-
bergensis & Herbipolensis. 1623.

Mausoleum defuncto Episcopo Vilnensi Eu-
stachio VVolovvicz, à Collegio Vilnensi.

Primæ lachrymæ Reginæ Cæciliæ Renatæ ab
Academia Vilnensi. 1644.

Lacrymæ Vectigales magnis manibus magni
Sigismundi III, Poloniæ, Sueciæque Regis in-
ter parentalia sacra persolutæ anno 1633.

Lagrimas de la Ciudad de Caragoça en la
muerte de Felipe II. Rey Catolico de las Espa-
ñas, por el padre Paulo Albiniano de Raias.

Joannis Vazin octo Corollæ funebres in exe-
quiis serenissimæ Mariæ Renatæ, Alberti Du-
cis Bavariæ filiæ exhibitæ. 1630.

Honras en la muerte del Rey Phelipe IV. por
la Ciudad di Caragoça.

Funerale per l'illustrissimo Sig. D. Agostino
della Chiesa, Vescovo di Saluzzo, descritto dal
P. Ippolito san Georgio della Conpagnia di Gie-
su. 1662.

Funebris pompæ descriptio, & inscriptiones in
funere Ducis Francisci Belfortij, Romæ à Ca-
rolo Bovio Soc. Jesu. 1669.

In funere Cardinalis Antonij Barberini

descriptio honorarij tumuli , Romæ à Carolo Bovio.

Pompa funebre nell' esequie celebrate in Roma al Cardinal Mazarini , nella Chiesa de SS. Vincenzo e Anastasio.

Mausolæum posthumæ ac perennis gloriæ, quod Collegium Conimbricense Regium & Academicum P. Francisco de Mendoça Rectori quondam suo erexit & consecravit.

Genio Henrici Magni & æternæ memoriæ Cœnotaphium honoris, à Collegio Rhedonensi Soc. JESU, in Anniversario funeris die, anno 1611.

Del funerale celebrato nel duomo di Torino all' Altezza Reale di Carlo Emanuele II. Duca di Savoia, Principe di Piemonte, Rè di Cipri, &c. da Madama Reale Maria Giovanna-Battista di Savoia Madre, e Tutrice dell' Altezza Reale di Vittorio Amedeo II. e Reggente de suoi stati, racconto del P. Giulio Vasco della Compagnia di Giesu.

C'est sur ces exemples & sur l'usage de plus de trente siecles, que j'établis les remarques que je fais pour la conduite de ces Decorations. Je les appelle remarques, ne m'estimant pas assez authorisé pour en faire des regles & des preceptes. Je ne laisseray pas cependant d'en dire mes sentimens, laissant à chacun la liberté de les suivre ou de les rejetter.

DES DECORATIONS
funebres communes & ordinaires.

IL y a deux sortes de Decorations funebres, l'une commune & ordinaire, qui
ne consiste qu'en tentures & en lumieres;
& l'autre plus solennelle, qui est accompagnée de peintures, d'inscriptions, d'Emblêmes, de Devises, de Mausolée, de lit
funebre, de Chapelle ardente, & de tous
les autres ornemens que la douleur peut
souffrir. C'est ainsi que s'en expliqua le
College de Loüis le Grand aux funerailles
de la Reine Marie Therese Infante d'Espagne. *Cum eâ duntaxat pompa quàm incre-
dibili totius Galliæ mœror pati potest.* Au
contraire celuy qui décrivit les funerailles
faites dans l'Eglise de Nostre-Dame, aprés
avoir donné à son écrit le superbe nom de
Mausolée, dit que *l'on s'estoit contenté de
grandes tentures noires, & que pour tout ornement on avoit employé beaucoup de lumieres
avec ordre en tous les lieux où l'on en avoit pû
placer.* Cette simplicité convient mal avec
l'auguste nom de Mausolée, & c'est une
C iij

pauvre raison d'alleguer *que la Reine ayant roûjours esté ennemie du faste, on n'avoit point voulu que ses obseques fussent faites avec toute la pompe qui sembloit devoir accompagner les funerailles d'une Reine.* La modestie est une vertu loüable dans les personnes qui vivent ; mais bien loin de devoir aprés leur mort estre modestes pour eux , nous devons rendre à leur merite ce qu'ils ont affecté de luy oster durant leur vie. C'est une partie de la recompense que le Fils de Dieu a promise à leur vertu , & le centuple precieux qui les couronne en cette vie. Il y a cent endroits dans l'Ecriture où les Oracles sacrez nous ordonnent de rendre ces honneurs & ces devoirs de pieté à la memoire des Justes. Et c'est un défaut d'addresse en ceux qui se chargent de ces soins, quand ils ne trouvent rien qui réponde à la grandeur & à la dignité des personnes, à qui on rend ces devoirs.

Comme le sublime dans l'Eloquence ne demande pas des mots extraordinaires , mais seulement des images qui soient nobles, & des expressions qui les soutiennent avec la même dignité ; ce n'est pas la grande dépense , ny les grandes profusions qui font la beauté des pompes funebres. C'est la dignité du sujet , & sa disposition ; & quand on se contente de tentures & de lumieres, c'est qu'on n'a pas l'esprit assez heureux pour inventer d'autres choses.

Les Romains avoient de ces simples funerailles, mais ce n'estoit que pour le peuple, qui ne pouvoit pas faire de la dépense.

Martial se moque en une de ses Epigrammes des representations de carte & de papier, qui se faisoient pour épargner.

Dum levis arsurâ struitur Libitina papyro,
Dum Myrrhâ & Casiam flebilis uxor emit, &c.

C'est de la nuit & des tenebres que l'on a appris à tendre de noir les maisons de deüil, & les autres lieux destinez aux ceremonies funebres; car depuis le commencement du monde, le jour & la nuit ont esté les symboles de la vie & de la mort, comme le blanc & le noir sont les couleurs de l'un & de l'autre. On se sert de ces deux couleurs dans les funerailles des Chrétiens, dont la mort est accompagnée des esperances d'une meilleure vie. Presque tous les peuples se sont servis de ces deux couleurs en ces occasions de tristesse.

Les Grecs revêtoient les morts de blanc. Patrocle fut vétu de cette sorte, & dés le temps de l'Empereur Severe, la couleur blanche servoit aux funerailles, comme

Φάρϋ
λευκῷ
Il. ad. 8.

ad Tacit l. 2. Annal.

Lipse a remarqué en ses notes sur Tacite.

Aujourd'huy nous partageons ces couleurs. Les tentures noires servent aux funerailles des Princes, des Grands, des Magistrats, & des personnes mêmes d'une fortune mediocre. Le blanc est uniquement pour ceux qui meurent dans le celibat, pour les filles, les enfans, & les jeunes gens qui ne sont pas mariez.

A ces tentures il faut joindre les litres ou ceintures funebres, sur lesquelles se placent les armoiries. Elles sont marques de jurisdiction, & ne se donnent qu'à ceux qui ont droit de Patronage dans les Chapelles & dans les Eglises en qualité de Fondateurs. La coûtume de Touraine article 60. dit,

Le Seigneur Chastelain est fondé d'avoir preéminence avant ses Vassaux ès Eglises estans en, & de sa Chastellenie ; comme d'avoir & tenir littres en ses armes, & timbres au dedans & dehors desdites Eglises ; & peut prohiber & défendre qu'autres ses Vassaux ne mettent littres ne armoiries esdites Eglises, au prejudice de sa preéminence : sinon que son Vassal fut Fondateur special de ladite Eglise. Auquel cas il pourra avoir & tenir littres à ses armes & armoiries à timbres, & autrement au dedans & dehors de ladite Eglise : sinon que ladite Eglise fut la principale Eglise Parochiale, en laquelle fut assise le Chastel ou principale maison de ladite Chastellenie ; auquel cas il ne pourra avoir sesdites littres & armes dehors ; mais les pourra avoir par dedans seulement ; & aussi si ledit Vassal, d'ancienneté avoir accoûtumé de tenir littres & armes au dedans de ladite Eglise, faire le pourra.

La coûtume de Loudun a la même chose en mêmes termes, chapitre v. art. 2.

C'est de *Litura* que vient le mot François de *Litre*, que nous donnons aux ceintures funebres, parce qu'une *Liture* est une ligne noire que l'on tire sur les lignes écrites pour les effacer.

C'est sur ces litres que se placent les armoiries des défunts. Cet usage vient des Tournois, où les armoiries s'exposoient sur des tapis ou bandes d'étofes de diverses couleurs, selon les livrées des Tenans & des Assaillans. L'ancien Ceremonial manuscript dit : *Or oyez Chevaliers & Escuyers, qu'on vous fait à savoir un riche pardon d'armes & tres-noble Tournoyement de par le Blanc & de par le Vermeil* (c'estoient les couleurs des deux factions) *lesquels seront en la ville du Mans le 7. jour de May, pour estre as hosteux, & lendemain faire fenestres, & des blazons de leurs armes à faire fenestre, & celuy jour faire la vesprée de leurs mon-*

ſtres pour le lendemain tournoyer.

Les armoiries ainſi diſposées ſe diſoient liſtées en vieux langages. La Chronique de Bertrand du Gueſclin.

Et boutent radement ſur les eſcus liſtez.

Comme ces litres ont toûjours eſté deſtinées à porter les armoiries, on ne les peut mettre qu'aux ſens auſquels on peut mettre les armoiries, c'eſt à dire, en ceinture tout autour de l'Egliſe, ou en ligne droite. On peut auſſi en mettre en pilaſtres, parce que les armoiries ſe placent ainſi aſſez ſouvent, particulierement pour les quartiers, & comme anciennement on ſuivoit le ſens des feneſtres où on les expoſoit, les mettant ſur les plinthes ou cordons, ou ſur les montans, ou ſur les arceaux, on les peut mettre en tous ces ſens : Mais c'eſt une extravagance d'en faire des feſtons pendans ; parce qu'on ne l'a jamais ainſi pratiqué. On peut faire d'autres feſtons de linge, de gaze, ou de creſpe rattachez aux litres ; mais il ſeroit ridicule de faire des feſtons des litres mémes. Cependant nous l'avons vû pratiquer, il n'y a pas long-temps, en une Decoration funebre faite par des perſonnes, qui ne ſçavoient pas l'uſage de ces ſortes de litres.

On en met deux aux funerailles des Princes, des Ducs, des grands Officiers, &

premiers Magistrats, qui outre le droit que leur donne leur naissance, ont à raison de leurs offices comme une double jurisdiction. Pour la même raison on en met trois aux funerailles des Souverains, dont l'authorité s'estend sur les trois ordres dont l'Etat est composé. Ces litres sont pour l'ordinaire des bandes de velours, sur lesquelles on place d'espace en espace les armoiries. On peut les semer des pieces principales des armoiries, comme seroient les fleurdelys pour les Princes & Princesses du sang de France. On peut entremêler de larmes ces pieces d'armoiries, de testes de mort, avec des ossemens croisez.

Les festons blancs ont bonne grace sur les grandes tentures noires. On tend les voutes des Eglises pour les funerailles des Souverains, & l'on n'y laisse aucun jour que celuy des lumieres. Le pavé se couvre aussi de drap noir, & comme dit Tertullien, il n'y a rien dans les lieux saints qui ne paroisse revêtu de cette couleur funebre : *Omnis substantia denigratur.*

On met un dais noir sur l'Autel, & sur la representation, ou la Chapelle ardente des personnes qui ont eu le dais durant leur vie, comme les Souverains, les Prin-

ces, les Cardinaux, & les Prelats, qui sont
Princes de l'Eglise.

Au lieu de dais on met quelquefois de
grands pavillons à longues pentes, ratta-
chées. On le fit à S. Denis pour les obseques de la Reine, entre les deux dais de
l'Autel, & de la Chapelle ardente, pour
le lieu où se devoient faire les ceremonies
de l'offrande par les Princesses, & les ceremonies de l'inhumation. C'est ainsi qu'on
le fait en Italie, & en tous les lieux, où
ces Decorations se font avec ordre & intelligence.

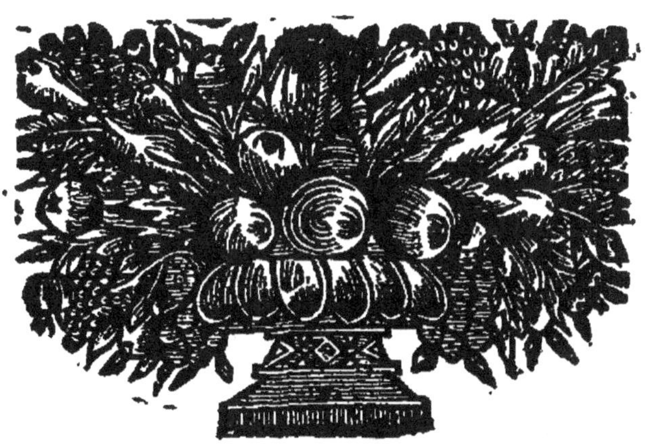

DV CHOIX DV SVIET
pour les Decorations funebres.

IL y a trois choses à considerer en ces Decorations; le lieu où elles se font, les personnes pour qui on les fait, & la fin pour laquelle on les entreprend.

Comme c'est pour l'ordinaire dans les Eglises que l'on fait ces representations, il faut que le sujet en soit grave & digne du lieu où on l'expose. Ainsi je ne sçaurois approuver les desseins que l'on prend des Fables, des anciennes Metamorphoses, & de la Theologie Payenne, parce que les Dieux de la Fable, & les extravagances des anciens Poëtes ne font pas des choses à representer dans nos Sanctuaires, & auprés de nos Autels. Il y a peut-estre en cela quelque chose à dire au dessein que l'on prit pour la decoration du Dome de Turin aux obseques du Prince Thomas de Savoye, où l'on representa *le Ciel en larmes*, à l'occasion de la mort de ce Prince. Le sujet de cet appareil estoit tres-ingenieux; mais je ne sçay si une Eglise pouvoit bien souffrir les representations de Jupiter, de Mercure, d'Orion, & de quelques autres conftellations fabuleufes, qui obligeoient à peindre ces fauffes Divinitez dans des lieux où ne doivent paroiftre que les images des trois Perfonnes Divines, de Noftre-Dame, & des Saints, & la reprefentation de nos Myfteres & de nos ceremonies.

Quand ces Decorations fe font en d'autres lieux, comme les fales des Academies, les Colleges, & les places publiques, on peut choifir le fujet parmy les Fables, ou dans l'Hiftoire profane. L'Hiftoire fainte peut fournir de grands deffeins & propres de divers eftats, fans qu'il foit neceffaire d'avoir recours aux Fables & à la Metamorphofe.

Aux obfeques d'Edoüard Farnefe Duc de Parme dans la grande Eglife de Plaifance, le P. Raulin qui en eut le foin, fit reprefenter le deüil public du peuple d'Ifrael à la mort de Jofuë, comme l'Hiftoire fainte le raconte.

S'il faut avoir égard au lieu où fe font ces Decorations, il faut auffi confiderer les perfonnes pour qui elles fe font. Jamais un deffein n'eft plus jufte que lors qu'il a plus de rapport à la perfonne pour qui on le fait. Le nom, les charges, les emplois, les armoiries, l'âge, le pays, & quelques autres circonftances, font les sources de ces rapports.

Le nom servit de sujet au dessein de la Decoration que les Polonnois firent à Rome dans l'Eglise de S. Stanislas, pour les funerailles de Cecile Renée d'Austriche, femme de Ladislas I V. puisque faisant allusion à son nom de Renée, il firent la nouvelle vie de cette Reine, & exposerent leur dessein en ces deux inscriptions.

CÆCILIA RENATA,

SOLO OLIM TRADITA,
NUNC CÆLO REDDITUR:
UBI
ALIO SCEPTRO INSIGNITA,
ALIO DIADEMATE CORONATA,
ALIA PURPURA SPLENDIDA,
IN EMPYREO DOMINATUR,
PRÆMIO VIRTUTIS POSITA.

II.

CÆCILIA RENATA MORITUR:
INCIPIT VIVERE.
TERRÆ TRADITUR:
CÆLO RECIPITUR.
PATRIAM DESERIT,
CIVIBUS ASSOCIATUR.
QUID FACTO OPUS SIT RESOLVITE
LUCTUM, TRIUMPHUMNE REQUIRAT
DECERNITE.

Aux obſeques de la feüe Reine Anne d'Auſtriche, que l'on fit à Grenoble l'an 1666. le ſujet de tout l'appareil eſtoit *les Graces pleurantes ſur le Tombeau* de cette Reine; parce que le nom d'Anne eſtoit dans la Langue ſainte le nom de *la Grace*, & que la ville de Grenoble ſe nomme en Latin *Grationoplis*, la ville des Graces.

Aux funerailles du Cardinal Pierre Campori Evêque de Cremone, on prit pour ſujet de la Decoration le levant & le coucher de l'Etoile Matiniere, à l'occaſion des armoiries de ce Cardinal qui eſtoient cinq étoiles. Ce deſſein eſtoit expliqué par cette inſcription.

> *Quando tibi occidit ſidus;*   (mona,
> *opportuné ab accenſis facibus lumen poſcis Cre-*
> *Petrus Cardinalis Camporeus*
> *à ſtellato ſibi horoſcopans ſtemmate;*
> *tuo quamdiu vixit ſub Cælo,*
> *animatum ſidus illuxit.*
> *Hinc moribus æque clarus ac inſulis;*
> *& errorum fugavit tenebras quas fugeres;*
> *Et cælicos accendit ignes quibus te incenderet.*
> *Forſan non ſemel aberraras itinere,*
> *Illud hac ſtella duce niſi cepiſſes.*
> *Nunc demùm qui tibi occidit.*
> *E Phoſphoro Heſperus viſus,*
> *Mutato in Cælo perpetuas fulget in æternitates.*

Les

Les dignitez, les charges & les emplois fourniſſent auſſi des ſujets. On peut repreſenter l'idée d'un Prelat, d'un Juge, d'un Magiſtrat, d'un General d'armée. On peut auſſi choiſir dans l'Hiſtoire ſainte un Prince, un Pontife, un Prophete, ou un Magiſtrat illuſtre, pour en faire le paralelle avec celuy dont on fait les funerailles; ou faire la Cour en deüil pour un Souverain, la Juſtice pleurante pour un Juge, le Parnaſſe en deüil pour un Poëte. Ce fut le deſſein de l'appareil funebre de Hierome Albaneſe inſigne Statuaire de Verone, à qui la celebre Academie des Olympiques fit des obſeques ſolennelles dans ſon Academie, ſous le titre de *Lagrime di Parnaſſo.* Ce deſſein regardoit plûtoſt la qualité de ceux qui faiſoient les funerailles, que de celuy pour qui on les faiſoit.

Les ouvrages d'un Autheur, d'un Peintre, d'un Sculpteur inſigne, peuvent fournir de beaux ſujets pour leurs appareils funebres. C'eſt ainſi que l'on fit paroître les plus beaux tableaux de Pierre Berretin de Cortone, à ſes funerailles dans l'Egliſe de ſainte Martine à Rome, qu'il avoit fait bâtir en partie durant ſa vie, & à laquelle il a laiſſé le reſte de ſes biens pour l'achever.

Quand la perſonne dont on fait les fu-

nerailles a eu divers talens & diverses qualitez, on peut les comparer les unes avec
les autres. Comme on fit aux funerailles
de Michel-Ange Buonarota à Florence, où
l'on fit paroître la Peinture, la Sculpture,
& l'Architecture, qui sont encore representées sur son Tombeau, où chacune d'elles luy presente une couronne.

A l'égard de l'âge, on peut representer
la Jeunesse, ou la Vieillesse glorieuse de
celuy qui est mort, s'il est mort jeune ou
âgé. Les Peres Barnabites du College de
S. Alexandre de Milan, representerent
aux funerailles de Philippe IV. Roy d'Espagne, les quatre âges qui pleuroient la
mort de ce Prince.

Pour le pays on peut representer les rivieres d'une Province, qui pleurent la
mort d'un Prince ou d'un Gouverneur.
Les Villes, les Provinces, & les Royau-
mes des Etats d'un Souverain. On fit l'un
& l'autre aux funerailles d'Isabelle de France Reine d'Espagne, au Dome de Milan
l'an 1664. le 22. de Decembre; puis qu'on
y representa l'Espagne avec le Tage, &
cette Inscription.

Sordet luctu tempestas pretiosa Tagi.
Le Milanois avec le Pò.
Suis in lachrymis naufragus it Eridanus.
L'Allemagne avec le Danube.

Quæ gelu mortis obriguit soluit istrum in lacry-
mas.

Les Pays-Bas avec la Meuse.
Par cruori, impar dolori luget Mosa.

Le Royaume de Naples avec le Vulturne.
Flores ut in Cupressus, aquas vertit in lacrymas
Vulturnus.

La Sicile avec l'Arethuse.
Ad uberiores lacrymas vel Alphèo se misceret
Arethusa.

A l'Anniversaire de la mort de Gregoire XV. on fit paroître dans la grande Eglise de Bologne son pays natal, les quatre parties du monde; parce que l'authorité des Papes s'étend sur toute la terre. L'Amerique offroit toutes ses richesses pour luy faire un tombeau; l'Afrique luy presentoit ses superbes Pyramides; l'Asie, son celebre Mausolée bâti par Artemise, & l'Europe le Tombeau d'Auguste, ou la Colomne d'Antonin.

Ce n'est pas assez pour le choix de ces desseins d'avoir égard aux lieux & aux personnes, il faut considerer l'occasion pour laquelle on fait ces Decorations. C'est pour des funerailles & pour des obseques; ainsi il faut que ce dessein ait toûjours je ne sçay quoy de lugubre, qui excite la douleur. C'est ce qu'on fit excellemment au Dome de Turin, le troisiéme & le quatriéme du mois de Mars de l'an 1664. en l'appareil funebre qu'on dreſſa pour les deux Du-cheſſes de Savoye Madame Chreſtienne de France, & Madame Françoiſe d'Orleans de Valois, mortes dix-huit jours l'une aprés l'autre. Le ſujet de cet appareil fut *le Theatre de la Douleur.*

On peut ajoûter à cela les motifs qui font rendre ces devoirs funebres, comme la Reconnoiſſance, la Pieté, l'Alliance ou la Parenté, &c. Ainſi le College de Paſ-ſaw faiſant les funerailles de l'Archiduc Leopold, frere de l'Empereur Ferdinand II. prit pour deſſein de l'appareil *le Temple des Graces,* pour témoigner ſa reconnoiſ-ſance envers ce Prince, qui avoit fait bâ-ti l'Egliſe où on luy faiſoit ces obſequcs.

Quand toutes ces circonſtances du lieu, de la perſonne, de l'occaſion, ou du mo-tif, ſe trouvent unies en un même deſſein, il en eſt d'autant plus juſte & plus mervcil-leux. C'eſt ce qui s'eſt trouvé heureuſe-ment au deſſein de l'appareil funebre de Henry de la Tour Vicomte de Turenne, dreſſé dans l'Egliſe de Noſtre-Dame de Paris, où l'on repreſenta la Tour de Da-vid pour le Mauſolée. Son nom de la Tour, & ſes armoiries qui ſont une Tour, luy ren-doient ce deſſein particulier. Il eſtoit pro-pre d'une Egliſe, & de l'Egliſe de Noſtre-

Dame, parce que cette Tour est la figure
de l'Eglise, & de la sainte Vierge dans le
Cantique des Cantiques. Elle estoit propre d'une action funebre, parce qu'anciennement les tombeaux estoient faits en forme de Tours , & la Chapelle ardente se
nomme dans les rituels, *Castrum doloris.*
La situation de cette Tour entre les palmes , & entre les trophées des dépoüilles
des ennemis , & les boucliers qui en pendoient , faisoient merveilleusement bien
pour la Decoration funebre d'un General
d'armée. C'estoit la Tour d'un Roy , & c'é-
toit le Roy qui faisoit faire ce service. Ainsi
tout y convenoit de plusieurs manieres.

Il faut donc que le dessein de ces Decorations soit grave, à cause du lieu où elles
se font ; qu'il soit propre des personnes
pour qui on les fait; qu'il ait quelque chose
de triste, & qu'il exprime les motifs de reconnoissance & de pieté de ceux qui le
font dresser.

Il faut outre cela qu'il soit ingenieux,
agreable à la vûë , diversifié, & reduit à
l'unité; c'est à dire qu'il faut qu'il soit heureusement inventé, qu'il soit agreablement
disposé, qu'il y ait de la varieté en sa disposition, & que cette varieté n'empêche
pas que tout ne se reunisse à une seule
pensée, qui soit l'ame de tout le dessein.

L'Allegorie fournit pour l'ordinaire des desseins ingenieux, particulierement à cau-se des representations Poëtiques des Vertus, du Temps, de la Mort, de l'Immortalité, & de ces Estres Moraux, que l'on exprime sous des figures humaines.

Le rapport de ces desseins avec les anciennes ceremonies des Juifs, des Grecs, & des Romains dans les funerailles, fait que ces Decorations sont plus sçavantes, & mieux entenduës. C'est ce que l'on fit aux funerailles d'Isabelle de France Reine d'Espagne, où l'on representa les quatre sortes de personnes qui servoient aux funerailles; les Crieurs publics, qui invitoient à ces ceremonies; les Magistrats, qui les honoroient de leur presence, les Pleureuses, & la Famille du défunt.

La Magnificence, la Fidelité, la Pieté & le Respect, faisoient l'office des Herauts, & par autant d'inscriptions invitoient le peuple à pleurer sur la mort de cette Reine. Au lieu des Magistrats on avoit representé les Provinces de ses Etats, qui assistoient à ses funerailles. Les Pleureuses estoient la Pauvreté, la Faim, la Maladie, la Necessité, la Vieillesse & l'Affliction, que cette pieuse Princesse avoit soulagées durant sa vie. Elles paroissoient inconsolables de sa mort, pour avoir perdu toute

esperance de secours. Pour la Famille ils
avoient representé la Majesté, la Noblesse,
la Richesse, la Beauté, la Modestie, la
Pureté, la Fecondité, la Grace, la Religion, la Providence, la Magnanimité, la
Liberalité, la Clemence, l'Egalité d'esprit,
l'Amour conjugal, &c.

L'unité manque souvent à ces desseins,
particulierement quand ils sont conduits
par diverses personnes, qui n'ont pas les
mêmes pensées.

Il y a dans l'Ecriture sainte plusieurs sujets historiques pour les appareils funebres,
que l'on peut appliquer à diverses sortes
d'états & de personnes.

Au chapitre XXIII. de la Genese sont les
funerailles de Sara, faites par Abraham,
qui acheta un champ & une grotte, qui
estoient déja pleins de tombeaux élevez entre des arbres. On pourroit faire une fort
belle Decoration de ces tombeaux entre
des arbres, & faire de ces tombeaux les
sepulchres des Heroïnes, ou des Dames
vertueuses, avec leurs inscriptions. On
pourroit faire servir le même sujet pour un
Magistrat, parce qu'Abraham fut enseveli
au même lieu par Isaac & Ismaël ses enfans. Jacob & Rebecca y furent aussi en- *Gen. 4*
sevelis.

Au chapitre XXXV. il y a un autre beau
D iiij

sujet. Ce sont les funerailles de la nour-
rice de Rebecca, qui fut enterrée sous un
chesne, dans le lieu même où Dieu se fit
voir à Jacob, quand son frere Esau le pour-
suivoit, & où ce Patriarche avoit dressé
un Autel, & offert des sacrifices pour témoigner sa reconnoissance envers Dieu,
ayant nommé ce lieu *la Maison de Dieu.*
Les Jesuites de Naples se servirent de ce
dessein aux funerailles de la Princesse de
Bisignan de la maison de Rouere, qui
avoit un Chesne pour armoiries ; & le sujet de tout l'appareil fut compris en ces
mots de la Genese : *Mortua est Debbora*
nutrix Rebeccæ, & sepulta est ad radices Be-
thel subter quercum, vocatumque est nomen
loci illius Quercus fletus.

Au chapitre 20. du livre des Nombres
sont les funerailles de Marie sœur de
Moyse & d'Aaron, au desert de Sin. Et
au 10. du Deuteronome, les funerailles
d'Aaron frere de Moyse, & premier grand
Prestre des Israëlites, qui mourut à Mose-
ra au milieu du camp.

Au chapitre 34. sont les funerailles de
Moyse, qui durerent trente jours. Dieu
l'enterra luy-même, afin que nul homme
ne sceut le lieu où il avoit mis son corps.
On pourroit faire porter son corps ou son
cercueil par les Anges ; ce qui feroit un

beau sujet de Mausolée, & se servir de diverses troupes de ces esprits, pour faire ses obseques. Ce dessein seroit fort propre pour l'appareil funebre d'une personne morte en odeur de sainteté.

Au chapitre 24. du livre de Josué sont les funerailles de ce Chef des Israëlites; celles de Joseph, quand on transporta ses ossemens; & celles du grand Prestre Eleazar successeur d'Aaron, & son fils.

Au chapitre huitiéme des Juges sont les funerailles de Gedeon grand Capitaine, & celles de Samson au chapitre seiziéme. Celles du Prophete Samuel au chap. 25. du premier livre des Rois. Au chapitre 3. du livre 2. sont les funerailles d'Abner General d'armée. La mort de David est au 2. chap. du livre 3. des Rois : Et celle de Salomon au chaq. XI. du même livre.

Au ch. XXIII. du 4. livre des Rois sont les funerailles de Josias, l'un des plus zelez & des plus Religieux Princes qui eussent paru sur le trône d'Israël. Il est dit de Tobie au ch. 14. de son Histoire, qu'il fut inhumé avec beaucoup d'appareil dans Ninive. Les funerailles de Judith durerent sept jours, & sont décrites au chap. 16. de son histoire. Au 2. chap. du 1. livre de l'histoire des Machabées, sont les funerailles du brave Matathias pere des défenseurs de Jerusalem.

Celles de Judas Machabée sont au chap.
ix. Quoy qu'il y ait peu de choses en la
description de ces funerailles, où l'Ecriture se contente assez souvent de dire de
ces Princes, de ces Prophetes, de ces Capitaines, & de ces Patriarches, qu'ils sont
morts, qu'on les a pleurez, & qu'on les a
ensevelis : Un homme qui a un peu d'invention & un peu de connoissance des anciennes ceremonies des Juifs, ne laissera
pas de former de beaux desseins, & de les
appliquer heureusement à diverses personnes. On pourra aussi trouver dans l'Histoire sainte du vieux & du nouveau Testament les morts, & les funerailles des Prophetes, des Pontifes, des Saints, des Evêques, & des Dames Juives & Chrétiennes,
qui pourront servir de modele à faire des
Decorations graves & lugubres.

L'Allegorie peut fournir aussi bien que
l'Histoire une infinité de sujets, puis qu'il
n'y a point de vertu ny de qualité naturelle, morale, civile, politique & sçavante,
qui ne puisse offrir de riches sujets. Comme la Valeur, la Justice, la Sagesse, la Jurisprudence, la Philosophi, la Beauté, la
Noblesse, la Majesté, la Jeunesse, la Vieillesse, le Temps, la Mort, l'Immortalité,
la Pieté, la Grace, la Nature, la Foy, &c.
On peut joindre deux ou plusieurs de ces

qualitez ensemble ; comme seroient les larmes de la Beauté & de la Majesté à la mort d'une jeune Princesse ; les larmes de la Nature & de la Grace, de la Philosophie, de l'Eloquence, des Arts, de la Medecine, &c. suivant la qualité des personnes.

Aux funerailles de François Piccolomini fameux Philosophe Siennois, on representa les quatre anciennes sectes pleurantes, l'Ionique de Tales, l'Italique de Pythagore, l'Academique de Platon, & la Peripatheticienne d'Aristote.

On peut aussi introduire dans ces desseins d'une maniere Allegorique les choses naturelles, le Soleil, les Astres, les Elemens, les quatre parties du Monde, l'Ocean, les Rivieres, les Fontaines, les Bois, les Fleurs, les Arbres, les Plantes.

Aux funerailles de Philippe II. Roy d'Espagne faites à Florence, on representa les quatre parties du Monde en deüil pour sa mort. On fit le même en celles du Pape Gregoire XV. à Bologne, & en celles de Marguerite d'Austriche Reine d'Espagne, faites par la Nation Espagnole à Rome, le 23. Fevrier 1612. L'une de ces parties du Monde pleuroit son pouvoir perdu en la mort de cette Reine ; l'autre, la douceur de ses parfums ; une autre sa beauté, & une autre ses richesses. Ainsi l'une avoit laissé

tomber son sceptre & sa couronne, c'estoit
l'Europe; l'Afrique avoit laissé tomber ses
parfums, l'Asie ses perles & ses pierreries,
& l'Amerique son or.

Aux obseques d'Hyacinthe San vitale
Duchesse de Poli, on representa à Parme
l'an 1652. le tribut des fleurs sur le Tombeau d'Hyacinthe. Comme on fit celuy des
parfums & des couronnes aux funerailles
de la Princesse de Bisignan à Naples l'an
1619.

On peut aussi dresser des Temples, des
Pyramides, des Autels, des Triomphes,
des Trophées, un Camp, un Palais, un
Chemin, un Theatre, une Galerie, & les
faire les Temples de la Gloire, de la Pieté,
les Triomphes des Vertus, de la Mort,
&c. les Trophées des Vices vaincus, le
Camp de la Valeur, de la Victoire; le
Theatre de la Douleur, le Palais de l'Honneur, le Chemin de l'Immortalité, pour
les Heros; la Voye de Lait, qui paroit au
Ciel; l'Autel des Sacrifices, des Parfums,
&c. l'Ecole de la Sagesse, l'Academie de
la Verité.

On representa à Plaisance dans l'E-
glise de saint George l'an 1665. le Triomphe de la Mort. Toute l'Eglise estoit decorée de Trophées d'armes pour la guerre, de Livres & d'Instrumens sçavans pour

les Sciences, de Marques d'honneur pour les Dignitez, d'Instrumens de Pieté, & de Religion pour les Vertus, d'Instrumens de tous les Arts Liberaux & Mechaniques, des dépoüilles de tous les Peuples, &c.

Quand ces appareils se dressent en d'autres lieux que dans des Eglises, la Fable & l'Histoire profane peuvent fournir de riches sujets. Comme on fit aux funerailles de Henry IV. en divers Colleges, où on le compara avec tout ce qu'il y a jamais eu de Princes & de Capitaines illustres dans la Grece, & dans l'Empire Romain.

Un Texte de l'Ecriture, un Passage des Peres, une Sentence d'un Poëte, ou de quelque autre Autheur celebre, peuvent fournir de grands sujets, & de belles inventions pour ces Decorations. Ainsi les Jesuites l'an 1639. qui acheva le premier siecle depuis l'établissement de leur Compagnie, voulant témoigner leur reconnoissance envers les Fondateurs & les Bienfaicteurs de toutes leurs Maisons établies en divers endroits du Monde, leur firent un magnifique appareil funebre dans l'Eglise du Jesus de Rome, où durant trois jours plusieurs Prelats & leur General officierent, & où trois de ces Peres pro-

noncerent des Panegyriques funebres.
Ils prirent pour sujet de l'appareil ces
paroles de saint Paul : *Sicut in Adam*
omnes moriuntur , sic & in Christo omnes
vivificabuntur. Ainsi du costé de la porte
on voyoit Adam & Eve vétus de peaux ,
que la Mort tenoit enchaînez avec leur
posterité , & du costé de l'Autel, la nouvelle Vie & l'Eternité , qui tenoient la
Mort enchaînée , triste , & melancholi-
que.

La Congrègation de l'Enterrement éta-
blie à Milan dans la Maison Professe des
Jesuites , voulant rendre les derniers devoirs à la memoire du Roy d'Espagne Philippe IV. qui avoit pris cette Congrega-
tion sous sa protection Royale , & qui
avoit voulu estre du nombre de ses Confreres , ayant ordonné à Dom Loüis Ponce de Leon Gouverneur du Milanois, d'y
faire pour luy les fonctions ordinaires
aux autres Confreres : cette Congrega-
tion, dis-je , voulant rendre les derniers
devoirs à la memoire de ce Prince, forma
le dessein de tout l'appareil funebre sur
ce passage d'Isaïe : *Erit sepulcrum ejus glo-*
riosum. Et representa le sepulcre glorieux
de Philippe IV. orné de toutes les vertus
de ses Ancestres.

Il faut que ces desseins ne soient pas seulement graves, ingenieux, agreables à la vûë, diversifiez, & lugubres, mais il faut qu'ils soient grands ; parce que tout ce qui tient de la machine doit donner de l'admiration. Il est vray qu'il est difficile qu'il soit grave, ingenieux, beau à voir, lugubre, & bien diversifié, qu'il ne tienne du grand ; mais cette grandeur se tire de l'image que le dessein de tout l'appareil represente à l'esprit. Et comme il y a certaines idées, qui sont naturellement grandes, & sur lesquelles nous sommes comme prevenus, quand le dessein a du rapport avec ces idées, il ne sçauroit manquer d'estre grand. Comme le Triomphe de la Mort est un dessein qui est grand naturellement, parce que tout ce qui tient du Triomphe est grand. On se represente aussi d'abord les Triomphes de Petrarque, qui sont de grandes idées déja connuës, & authorisées par les suffrages publics.

Devant que d'entreprendre de former aucun dessein pour ces appareils funebres, il faudroit avoir lû les quatre livres de Kirkmannus, des funerailles des anciens Romains ; les trois livres de Gutherus, du Droit des Manes ; Guichard,

des Funerailles des Anciens ; le Pere
Pomey, *Libitina*, *feu de Funeribus An-
tiquorum.* Un livre Italien des Funerailles
de toutes les Nations du monde ; & les
Commentaires sur certains livres de Virgile, où les funerailles d'Anchise, de Pal-
las, & de quelques autres sont rapportées;
parce que tous ces livres peuvent servir à
former de grands desseins, & propres de
ces appareils, & des personnes pour qui on
les dresse : Comme j'ay remarqué dés le
premier Chapitre de cet ouvrage, où j'ay
rapporté les principales choses qui sont
traitées dans ces livres.

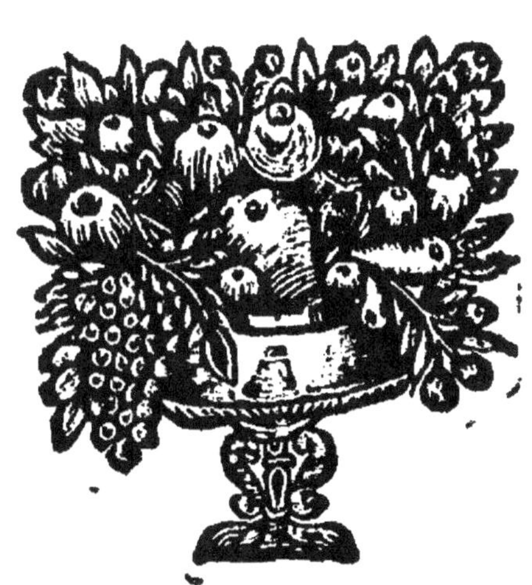

DE LA DISPOSITION
du Sujet.

CE n'eſt pas aſſez d'avoir trouvé un grand deſſein pour ces Decorations, il faut le bien diſpoſer, & le bien diſtribuer en toutes ſes parties.

Il y en a qui ſont deux-meſmes naturellemét diſtribués, & d'autres qui dépendét du jugement de celuy qui a inventé le deſſein.

Quand on repreſenta la femme forte aux fune7railles de Marie de Medicis, ſur l'idée qu'en fait le Sage au trente-unième des Proverbes, il falut neceſſairement ſuivre cette idée & cette peinture article par article, & y faire entrer les vingt-deux verſets qui contiennent cette peinture. C'eſt ce quo'n fit ingenieuſement, en attribuant autant de vertus, ou autant de qualitez Royales à chacun de ces verſets.

La premiere de ces vertus eſtoit la Magnanimité, qui s'éloignant des extremitez, ne cherche que les choſes grandes. C'eſt cette vertu qui fit Marie de Medicis épouſe de Henry le Grand, pour la deſtiner aux grandes choſes. C'eſt auſſi en cette vertu que conſiſte le courage d'une femme forte,

E

qui n'eſt pas née pour la guerre, mais pour
les grandes choſes qui ſont propres de ſon
ſexe dans une vie plus tranquille. Sous cette figure de la Magnanimité, on liſoit ce
Verſet.

Mulierem fortem quis inveniet, procul, & de
vltimis finibus pretium ejus?

L'Amour conjugal eſtoit la ſeconde figure, avec cét autre Verſet.

Confidit in ea cor viri ſui, & ſpolÿs non
indigebit.

La troiſiéme eſtoit la Reconnoiſſance,
avec ces mots.

Reddet ei bonum, & non malum omnibus
diebus vitæ ſuæ.

La quatriéme eſtoit l'Occupation, qui eſt
oppoſée à l'oiſiveté, avec ce Verſet.

Quaſi vit lanam & linum & operata eſt
conſilio manuum ſuarum.

La cinquiéme eſtoit la Charité, toûjours
preſte à faire du bien, & comparée pour
cela à un Vaiſſeau chargé de pain. Et le Verſet qui accompagnoit cette figure étoit.

Facta eſt quaſi navis inſtitoris de longe
portans panem ſuum.

La ſixiéme eſtoit la Juſtice, qui diſtribue
à chacun ce qui luy eſt dû.

Et de nocte ſurrexit, deditque prædam
domeſticis ſuis, & cibaria ancillis ſuis.

La ſeptiéme eſtoit la Prevoyance.

Consideravit agrum, & emit eum, de fructu manuum suarum plantavit vineam.

La huitiéme estoit la Force.

Accinxit fortitudine lumbos suos, & roboravit brachium suum.

La neuviéme estoit la Foy.

Gustavit & vidit quia bona est negotiatio ejus, non extinguetur in nocte lucerna ejus.

La dixiéme representoit une femme majestueuse, qui d'une main tenoit un sceptre & de l'autre un fuseau entre ses doigts pour exprimer cette disposition naturelle, qui fait que certaines personnes sont également propres à toutes choses, aussi bien aux petites, comme aux grandes, avec ces mots.

Manum suam misit ad fortia, & digiti ejus apprehenderunt fusum.

L'onziéme estoit la Beneficence, ou la Liberalité.

Manum suam aperuit inopi, & palmas suas extendit ad Pauperem.

La douziéme estoit la Misericorde qui pourvoit aux besoins des miserables.

Non timebit domui suæ à frigoribus nivis, omnes enim domestici ejus vestiti sunt duplicibus.

La treziéme estoit la Magnificence.

Stragulatam vestem fecit sibi : byssus & purpura indumentum ejus.

La quatorziéme la Noblesse.

Nobilis in portis vir ejus, quando sederit
cum Senatoribus terræ.

La quinziéme l'Industrie.

Sindonem fecit & vendidit, & cingulum
tradidit Chananæo.

La seiziéme l'Esperance de la vie eternelle, fondée sur les merites de Jesus-Christ,
qui fait que l'on méprise la mort.

Fortitudo & decor indumentum ejus; &
ridebit in die novissimo.

La dix-septiéme la Clemence.

Os suum aperuit sapientia, & lex clementia
in lingua ejus.

La dix-huitiéme la Prudence.

Consideravit semitas domus suæ, & panem
otiosa non comedit.

La dix-neuviéme la Fecondité.

Surrexerunt filij ejus, & beatissimam prædi-
caverunt, Vir ejus & laudavit eam.

La vintiéme la Gloire.

Multæ filiæ congregaverunt divitias: tu
supergressa es universas.

La vint-uniéme la Religion.

Fallax Gratia, & vana pulcritudo, mulier
timens Dominum ipsa laudabitur.

La vint-deuxiéme la Felicité.

Date ei de fructu manuum suarum, & laudent
eam in portis opera ejus.

Il faut de l'esprit pour appliquer de cet-

te forte un Chapitre de l'Ecriture, auffi
heureufement que celuy-cy eft appliqué.

Il y a des deffeins qui font plus aifez à
conduire & à diftribuer, comme celuy que
l'on fit pour le Fondateur du College de
Rheims, on reprefenta *la Maifon de dueil*,
& parcequ'en une Maifon il y a l'entrée où
le veftibule, la court, l'appartement & la
Chappelle domeftique, on s'en tint à ces
quatre chofes, fous ces titres Latins. *Vefti-*
bulum, Atrium, Cubiculum & Lararium.

Au Veftibule on reprefenta les Armoiries du défunt, parceque c'eftoit la coûtume des anciens d'y mettre les armes, &
oh accompagna ces Armoiries de fept Emblêmes tirez des figures de ces mefmes
Armoiries.

On fit paroître dans la Cour les images
de fes anceftres, felon l'ufage des Romains,
qui les plaçoient dans ces lieux-là; ainfi on
y fit paroiftre fept portraits, celuy de Gaf-
pard Brulart, Grand Maiftre de l'Artille-
rie fous Charles VI. & Charles VII. Gi-
rard Brulard Baron d'Agues, Colonel de
Cavalerie, Noël Brulart Procureur General du Parlement de Paris fous Charles VII.
Denis Brulart premier Prefident du Parlement de Dijon, Nicolas Brulart fucceffeur
de fon pere en cette mefme dignité. Pierre
Brulart Prefident aux Enqueftes au Parle-

ment de Paris, & Nicolas Brulart Chancelier de France.

Pour la Chapelle on representa le Fils de Dieu pleurant sur le tombeau de Lazare, Noſtre-Dame pleurant ſur le Calvaire, S. François d'Aſſiſe, S. François de Paule, S. Ignace & S. François Xavier pleurans.

Pour la Chambre, comme c'eſtoit la coûtume des anciens d'y mettre les images & les portraits des perſonnes qu'ils aimoient, on y mit les images des Arts & des Sciences à qui l'Abbé de Valleroy avoit fondé le College ; ainſi on y voyoit la Grammaire, la Poëſie, la Rhetorique, la Mathematique, la Philoſophie & la Theologie en dueil.

Il y a d'autres deſſeins qui ſont naturellement diſtribuez non pas par une ſuite, comme ces deux deſſeins que je viens de propoſer, mais par un nombre fixe & arreſté, comme les quatre parties du monde, les quatre Elemens, les douze maiſons celeſtes, les quatre Vertus Cardinales, les trois Vertus Divines, les douze Ceſars, &c.

Pour le Roy Louys XIII. on repreſenta les douze Louys qui l'avoient precedé; pour le Pape Gregoire XV. les quatorze Papes de ce nom ſes predeceſſeurs; pour le Duc de Savoye Victor Amedée, les neuf Amedées ſes ayeux.

On represente de cette maniere toute une suite de Rois, de Princes, & de Heros, Comme on fit aux Obseques du Duc de Modene François d'Este, ou l'on fit paroistre les Statuës ou les Medailles de cent vingt quatre Princes de cette maison.

Aux obseques que la Nation Florentine fit à Venise pour le Grand Duc de Toscane Ferdinand de Medicis l'an 1609. On representa les quatre âages de la vie de ce Prince : son Enfance, sa jeunesse, son âage viril, & sa vieillesse. Les quatre voyes par lesquelles il s'estoit avancé à la gloire en ces quatre Estats, par l'innocence en son Enfance, par l'Estude en sa jeunesse, par le desir de la gloire & des-belles actions en son âage viril, par la Sagesse & le conseil en sa vieillesse, & les quatre recompenses qu'il en avoit receuës, estoient l'Honneur, la Reputation, la Gloire & l'Immortalité.

Les actions de la vie des personnes dont on fait les Funerailles font le sujet le plus ordinaire des decorations, particulierement quand ce sont des Souverains, & des personnes illustres, qui ont fait de grandes actions, C'est ce qu'on fit à Florence pour le Roy Henry IV. avec tant de magnificence d'esprit, d'ordre, & de sagesse que l'on n'a jamais rien fait de si grand, de si juste & de si regulier. Aussi le Grand Duc commit pour ce deſſein quatre Senateurs habiles gens pour examiner toutes choſes, & pour veiller à l'execution. Ils choiſirent l'Egliſe de S. Laurent, qui eſt la Chappelle Ducale, & parce que c'eſtoient des funerailles Royales ils éleverent à l'entrée de l'Egliſe un grand & ſuperbe Pavillon ſous lequel eſtoit l'écu des armoiries de France & de Navarre avec tous leurs ornemens. Sur les coſtez eſtoient dans des ovales portées par des morts les deux deviſes du Roy. L'une de l'épée avec les deux Sceptres croiſez, & ces mots.

Duo protegit unus.

Et l'autre de deux colonnes droites l'une ſurmontée de la Couronne de France, & l'autre de la couronne de Navarre avec ces mots.

Qui dedit hæc, dabit his ultrà.

A chaque porte de l'Egliſe eſtoient deux grandes figures de mort armées de leurs faux comme les gardes du Temple : Cette majeſtueuſe inſcription apprenoit à tout le monde le ſujet de ce triſte appareil.

HENRICO IV. GALLIARUM ET NAVARRÆ REGI CHRISTIANISSIMO, MAGNO, PIO, FELICI, PACIS AC PUBLICÆ QUIETIS FUNDATORI, VICTORIIS, TRIUMHISQUE CLARISSIMO. GAL-

LICÆ LIBERTATIS VINDICI
ACERRIMO, IMPERATORI SEM-
PER INVICTO; MENTE, VIR-
TUTE, PIETATE CÆTERISQUE
LAUDIBUS OB QUAS DIVINOS
HONORES DECERNERE · SUE-
VIT ANTIQUITAS PRÆSTAN-
TISSIMO.

Qui cum decies quatuor annorum spatio po-
tentissimi hostis exercitus profligasset , occlu-
sum sibi ad Regnum aditum Prudentia Forti-
tudine Clementia aperuisset, Imperium Medi-
ceo conjugio, ac numerosa prole firmasset, anti-
quæ Galliæ splendorem, humano generi pacem
restituisset , ac demum seipsum ne quid invi-
ctum relinqueret, hostibus ignoscendo superasset,
in summo gloriæ fastigio, in urbe quam servā-
verat, inter cives quibus vitam fortunasque red-
diderat casu cecidit funestissimo

Pridie idus Maii MDCX.

Cosmus II. Magnus Dux Etruriæ IIII.
Maximo Regi, affini optimo,
De se, deque Christiana Rep. optimè merito
Iusta Mœstissimus solvit.

Sur chaque pilastre de l'Eglise estoit une
grande mort, avec un symbole particulier
& une inscription propre de chaque symbole.

La premiere tenoit une porte avec ces
mots

Unus introitus est omnibus ad vitam
& unus exitus.

Une autre tenoit un joug avec ce paſſage de l'Ecriture.

Jugum à die exitus de ventre matris
uſque ad diem sepulcuræ.

Celle qui tenoit un livre dechiré diſoit

Non glorietur sapiens in sapientia sua.

Celle qui tenoit des armes briſées.

Non glorietur fortis in fortitudine sua.

Celle qui tenoit une corne d'abondance
renverſée.

Non glorietur dives in divitiis suis.

Celle qui tenoit une Clepſydre

Numerus dierum hominum quaſi guttæ aquæ.

Une autre tenoit une botte de paille allumée.

Sicut Palleæ ante faciem venti, & ſicut
favilla cum turbo diſperdet.

Celle qui tenoit une couronne & un Sceptre briſez.

Rex hodie eſt, cras morietur.

Vingt-ſix grands Tableaux diſpoſez, ſur
les deux coſtez de l'Egliſe repreſentoient
les principales actions de la Vie de Henry
le Grand, avec une inſcription au deſſous
pour l'intelligence de chaque Tableau.

Le premier eſtoit de ſon éducation avec
ces mots au deſſous.

Severa pueritiæ diſciplina, & Laconica in-

ſtitutio Henricum ad virtutem & militarem
gloriam fingit.

Le 2. eſtoit pour l'action de Clemence
qu'il fit en pardonnant à ceux qui avoient
eſté pris à la bataille de Coutras.

Dans le 3. On le voyoit joint au Roy
Henry III. pour le defendre contre la Li-
gue.

Le 4. Eſtoit la bataille donnée auprés de
Dieppe.

Le 5. La Reduction de Paris.

Le 6. Eſtoit le combat des Suiſſes.

Le 7. La bataille d'Yvri.

Le 8. Son entrée dans Chartres.

Le 9. Le combat de Caudebec & les ennemis mis en fuite.

Le 10. Sa reconciliation avec l'Egliſe.

L'onzieſme la Reduction de Meaux, Orleans, Bourges, Lion, & autres Villes.

Le 12. Son entrée dans Paris & ſes actions
de Clemence.

Le 13. La Reduction de la Ville de Laon.

Le 14. Le combat de Fontaine Françoiſe.

Le 15. La priſe de la Fere.

Le 16. L'Ambaſſade d'obeïſſance au Pape.

Le 17. Le Siege d'Amiens, & le ſecours
défait.

Le 18. Son entrée dans Amiens.

Le 19. Les Villes de Bretagne reduites
à l'obeïſſance.

Le 20. La Paix jurée dans Noſtre-Dame de Paris.

Le 21. La priſe de Montmeillan.

Le 22. Le faiſoit voir Maiſtre de toute la Savoye.

Le 23. Son Mariage avec Marie de Medicis.

Le 24. Faiſoit voir le reſtabliſſement de la Religion.

Dans le 25. Il obtenoit par ſes Ambaſſadeurs la conſervation du S. Sepulchre que le Grand Seigneur vouloit détruire.

Le 26. Eſtoit le Couronnement de Marie de Medicis.

Au deſſus des Morts qui occupoient les pillaſtres, eſtoient écrits en caracteres d'or des paſſages de l'Ecriture, qui nous aſſeurent de l'Eternité.

Dominus mortem non fecit, nec lætabitur in perditione vivorum.

Cùm dederit dilectis ſuis ſomnum ecce hæreditas Domini.

Implebit ſplendoribus animam tuam, & oſſa tua liberabit.

Revertatur pulvis in terram ſuam undè erat, & ſpiritus redeat ad Deum qui fecit illum.

Erit tibi Dominus in lucem ſempiternam, & Deus tuus in gloriam tuam.

Conſurgam cum ſedero in tenebris, Dominus lex mea eſt.

Consurge induere fortitudine, induere vesti-
mentis gloriæ.

Finitus est pulvis, præparabitur in miseri-
cordia solium.

Aux Funerailles de Cozza Cozza, Archiprestre de Verone, faites le 19. Aoust
1656. L'on prit pour sujet de l'appareil les
plaintes des Vertus de l'Honneur de la Gloire & de l'Antiquité sur la mort de cet Illustre, avec cette inscription.

Hocce non unius viri funus est.
Ast
Juris periti, Protonotarii Apostolici, Canonici,
Archipresbyteri, Pro Abbatis, Pro Episcopi
Vno nomine & Augustiore
Cozza Cozzii.
Quem natura unum fecit,
Virtus multiplicem.

Toutes ces vertus estoient distribuées sur
les quatre faces de l'Eglise avec leurs plaintes. Celle de l'Honneur estoit cellecy.

Proh! quantum honoris
Honor amisi
Amisso Cozza Cozzio,
Quem ego non tam honestabam
Quam ille me!
Hei mihi!

Celle de la Gloire estoit celle-cy.

Heu Gloria! quid gloriari jam possum?
Projice palmas tuas in rogum
Cozza Cozzii.

Qui uti vivus Gloriam fecit Gloriosam
Ita moriens in gloriam reliquit
Hei mihi !

Aux Funerailles d'un Pape ou d'un Prelat, on pourroit representer les Prophetes, ou les Docteurs qui pleurent, avec des passages tirez de ces Autheurs & propres des larmes.

ISAYE. *Permitte mihi ut amarè fleam.*

JEREMIE. *Quis dabit capiti meo aquam ; & oculis meis fontem lacrymarum?*

S. Basile pleurant la mort d'un de ses amis dit *si fluviorum unda in lachrymas vertantur casus hujus lamenta adimplere nequibunt.* On pourroit sur cette idée à la mort d'un Prince ou d'une Princesse faire pleurer toutes les rivieres de ses Estats, comme j'ay remarqué qu'on avoit fait à Milan aux Funerailles de la Reine d'Espagne:

On pourroit aussi representer que la Mort est le terme de la vie, & de toutes les grandeurs, & faire autant de squelets ou d'Images de Mort en forme de termes tout autour de l'Eglise.

Le terme de la vie avec un flambeau qui est au bout. Le Terme de l'authorité avec un baston de commandement brisé. Le Terme des plaisirs. Le Terme des entreprises. Le Terme des amitiez, des alliances &c. avec ces passages de l'Ecriture.

Terminum poſuiſti quem non transgredien-
tur Pſ. 103.

Huc uſque venies, & non procedes amplius.
Pour un General d'Armée on pourroit
repreſenter ſur l'Autel le Dieu des Armées
au milieu de la milice celeſte. Et tout au
tour de l'Egliſe un Camp de Tentes, & de
Pavillons noirs à chaque Arcade avec cette
inſcription generale. *Caſtra Dei ſunt hæc.*
Particulierement pour les guerres faites
contre les Infideles, & les Heretiques.

Enfin il y a trois choſes à conſiderer dans
un deſſein, la penſée, l'ordonnance, & l'e-
xecution de la penſée. La penſée demande
une perſonne ſçavante qui ait du genie &
de l'invention pour imaginer ces ſortes de
choſes. L'ordonnance & la diſpoſition demande une perſonne, qui ait l'uſage, la pratique, & l'experience des choſes, & l'execution regarde les perſonnes neceſſaires
pour mettre en œuvre ce qu'on a penſé,
& ce qu'on a ordonné. C'eſt-à-dire qu'il
faut un homme d'Eſtude, un Ingenieur, &
des ouvriers pour ces ſortes d'entrepriſes.
Il y a beaucoup d'excellens ouvrages, qui
ſont mal imaginez, parce qu'ils n'ont pas
eſté conçeus par une perſonne éclairée. Il
y en a de mal ordonnez, parce qu'il leur a
manqué un Entrepreneur habile, & il y en a
de mal executez par le défaut des ouvriers.

Pour conduire un grand deſſein il faut plus d'eſtude, & d'intelligence de l'Hiſtoire, de la Fable, de la Philoſophie, & de la nature des choſes, que n'en ont pour l'ordinaire les Peintres, les Architectes & les Ingenieurs les plus habiles. Auſſi les plus excellens Peintres n'ont jamais fait de grands Tableaux qu'ils n'ayent conſulté des ſçavans, & dans les grandes entrepriſes qu'ils ont faites pour les Decorations des Palais on leur a toûjours aſſocié des perſonnes ſçavantes pour en avoir la conduite. Quand on n'a pas eu ce ſoin, on a vû qu'il n'y avoit ny ordre, ny entente dans la compoſition de leurs ouvrages. Chaque piece en eſtoit belle, elle eſtoit dans les regles de l'Art, mais l'eſprit n'eſtoit pas auſſi content, & auſſi ſatisfait que les yeux.

Aux Funerailles que l'on fit à Florence pour Philippe II. Roy d'Eſpagne, le ſujet general eſtoit expoſé par ces mots, qui regnoient le long de la friſe.

Accipit coronas quas illi Dominus præparavit.

La decoration eſtoit de vingt-quatre actions de la vie de ce Roy qui meritoient des couronnes.

Ces actions eſtoient peintes en autant de tableaux entre leſquels eſtoient des trophées:

phées d'autant de vertus que les Anges couronnoient.

La Temperance d'une couronne d'olive.

La Force d'une couronne de Chesne,

La Prudence d'une couronne de Meurier.

La Justice d'une couronne de Palme,

La Foy d'une couronne de Lys

L'Esperance d'une couronne de diverses fleurs.

La Charité d'une couronne de Roses

La Religion d'Hissope.

La Clemence de Baume.

Chaque couronne avoit une inscription.

La couronne d'Olive. *Corona circumligata sit tibi qui dominaris animæ tuæ.*

La couronne de Palme. *Possedisti justitiam & corona inclyta protegat te.*

La couronne de Lys. *Quia fidelis usque ad mortem coronam vitæ impones tibi.*

La couronne de Roses. *Accipe coronam quam repromisit Deus diligentibus se.*

La couronne d'Hissope. *Sic sperans in Domino ornavit se.*

La couronne de Baume. *Coronatus in misericordiis & miserationibus.*

La couronne de la Magnificence de Laurier.

Magnificentia tua in diademate capitis tui.

Il faut que tous les ornemens de ces decorations se rapportent à un seul dessein.

Comme aux Funerailles du dernier Duc de Savoye, dans le dessein general estoit un Mausolée élevé à la gloire de ce Prince par la Magnificence. Madame Royale de Savoye ayant voulu imiter la pieté de la Reine de Carie, qui fit à la memoire de son mari un tombeau, qui fut l'une des merveilles du monde.

Sur la porte du Dome de Turin destiné à cette pompe funebre se lisoient ces mots de l'Ecriture.

MAGNIFICENTIA OPVS EIVS.

La magnificence d'un costé fouloit aux pieds l'Envie, & la Medisance, & de l'autre la Gloire tenoit sous les siens le temps & la mort.

Et comme le Prince avoit esté surpris de la fiévre dont il mourut en faisant à Cheval le tour de la nouvelle enceinte des Murailles de Turin, accompagné de toute la Noblesse, on avoit peint un Architecte qui luy presentoit en cette occasion le plan d'un superbe Palais & la Mort qui arrestant son cheval par la bride luy faisoit signe qu'il estoit temps de penser à d'autres choses.

L'Inscription de la porte estoit celle-cy.

ADESTE POPULI
SPECTARE JUSSIT HEROICE MORIENS.
CAROLUS EMANUEL II.
MAXIMOS PRINCIPES SUBESSE MORTI.
AGNOSCI JUBET MAGNIFICE
PARENTANS
MARIA JOANNA BAPTISTA
A SABAUDIA
OPTIMO PRINCIPI MORTEM SUBESSE.

Toute la voute de l'Eglise étoit tenduë de noir semé d'Etoiles d'or, & de larmes d'argent, avec de grandes testes de mort aillées, & des faux passées en sautoir sur les croix des Augives.

Toute l'Eglise estoit remplie d'un ordre d'Architecture composite dont les chapiteaux des Colonnes estoient portez par de grands squelets en forme de Termes, qui soutenoient chacun une grande Table remplie d'une inscription. Entre les Termes estoient des Niches remplies de Statuës & accostées de quatre devises chacune. Au dessus de chaque statuë estoit un grand Tableau qui representoit quelque action de la vie du Prince, expliquée par une inscription mise au dessus du tableau sur le tout de la corniche qui regnoit dans toute l'Eglise. Au dessus de la corniche estoit un rang de flambeaux avec les Ecussons des Armoiries si proches les unes des autres, qu'elles faisoient en cette disposition la premiere ceinture funebre. La seconde estoit de grandes Armoiries jointes à des Testes de mort par des Festons de crespe, & la plus haute estoit à l'ordinaire de velours noir avec les écussons des armoiries.

Le sujet de toute la decoration estoit comme j'ay déja dit la Magnificence, divisée en quatre parties sous ces titres.

La Magnificence Sacrée.
La Magnificence Militaire.
La Magnificence Civile.
La Magnificence Delicieuse.

Pour marquer la Magnificence dans les œuvres de Pieté & de Religion comme sont les Eglises, & leurs ornemens, la Magnificence dans les Fortifications, Arsenaux, & Equipages de guerre, la Magnificence dans les ouvrages publics, & la Magnificence dans les divertissemens.

Les Vertus qui accompagnoient ces diverses Magnificences estoient la Foy, la Religion, la Paix, la Justice, la Sagesse, la Charité, la Splendeur la Gayeté, la Liberalité, la Constance, la Force, & la Prudence.

L'Amour Divin, & l'Amour de la Vertu estoient aux costez de la Magnificence Sacrée.

L'Amour conjugal, & l'Amour filial autour de la Magnificence civile. L'Amour des peuples, & l'Amour des Amis auprés de la Magnificence delicieuse.

L'Amour de la Gloire & l'Amour de la Patrie auprés de la Magnificence militaire.

La Bienseance, l'Honneur, la Somptuosité, & la Grandeur estoient aux pieds de la Magnificence.

Les principales Villes des Estats du Duc de Savoye deça & delà les Monts estoient representées comme des pleureuses avec chacune leur inscription.

La Concorde, la Fidelité, l'Abondance & la Felicité accompagnoient ces Villes.

Les actions de la Magnificence sacrée estoient

Le zele pour la Foy

La devotion envers la sainte Vierge

La Pieté envers les Pauvres.

Le mépris de la mort.

Pour la Militaire.

La Magnanimité.

Le Courage hardi.

La Promptitude.

La Prevoyance.

Pour la Civile.

Le Conseil.

La Penetration.

La Clemence.

Pour celle de Plaisir.

L'honnesteté.

La douceur.

La réjouïssance.

Pour son zele pour la Foy estoit peint un combat contre les Heretiques des Vallées de Luzerne, & l'inscription estoit

Regno rebelles & Deo

Ferro subegit

Hostes sibi, & Cœlo communes.

Pour la devotion envers la sainte Vierge, le Duc vestu de l'habit de l'Ordre des Chevaliers de l'Annonciade offroit son Sceptre & sa Couronne à la sainte Vierge. Ainsi des autres sujets dont cette decoration estoit composée,

Les figures Iconologiques sont tres-propres pour ces decorations, & il faut estre tout-à-fait ignorant pour les condamner comme profanes, puisque l'Eglise les a toûjours receuës en ses Festes & en ses ceremonies.

En combien d'Autels voyons nous la Foy, l'Esperance, la Charité, la Pieté, la Religion, la Justice & les autres vertus representées? j'en parleray en un chapitre exprés.

Quand la decoration a plusieurs parties il faut observer avec soin leur disposition parce qu'il y a des parties plus propres de l'entrée de l'Eglise, que de l'Autel & d'au-

tres qui conviennent mieux au Mausolée,
qu'aux deux faces de l'Eglise. C'est à quoy
on ne fit pas reflexion aux funerailles de
la Reine faites dans l'Eglise de nostre-Dame le 4. Septembre puisqu'on mit son
Apotheose à l'entrée du Chœur & son tombeau dans le Chœur.

Quand le sujet à deux parties on peut
appliquer l'une à l'un des costez de l'Eglise,
& l'autre à l'autre costé. Comme on fit à
Rome pour la Reine de France Anne d'Espagne, *il Mondo Piangente,* & *il Cielo Fe-
steggiante.* Le Monde en pleurs, & le Ciel
en joye.

On peut partager les sujets aux deux,
quatre, six, ou huit, faces du Mausolée.
Comme les quatre parties du monde, les
quatre estats de la vie, les quatre vertus.

Il faut aussi prendre garde à la disposition des figures pour les diverses ordonnances hautes & basses d'une mesme face.

Ces desseins doivent estre proportion-
nez à la qualité des personnes pour qui on
les fait. Si c'est un Peintre, un Architecte,
un sçavant, il y faut introduire leurs plus
beaux ouvrages.

L'Academie des Peintres, des Statuaires, & des Architectes de Florence ayant
entrepris de faire un service solemnel à
Michel Ange, qui avoit excellé en tous

ces Arts, en demanda la permission au grand Duc, & l'ayant obtenuë, elle chargea des soins de la Decoration le Bronzin, le Vasari, Benvenuto Cellini & Barthelemy Ammanati celebres Peintres & Sculpteurs, qui concerterent leur dessein avec l'Abbé Borghini l'un des plus scavans hommes d'Italie, & tres versé dans les belles Lettres.

Le sujet de la Decoration fut la Reputation que Michel s'estoit acquis, & à son Païs par le moyen de ces trois Arts, qu'il avoit particulierement fait fleurir à Florence & à Rome ; Aussi voyoit-on d'abord deux grandes statuës de l'Arne & du Tibre, qui arrosent l'un Florence, & l'autre Rome, ils soutenoient l'un & l'autre une grande Corne d'abondance, d'où au lieu de fruits sortoient des instrumens de peinture, de sculpture & d'Architecture, pour marquer le grand nombre d'habiles gens que ces deux Villes ont elevez & perfectionnés dans ces Arts.

Les principales actions de la vie de Michel Ange y estoient peintes. La premiere estoit la reception que luy fit dans son jardin le magnifique Laurent de Medicis, qui ayant admiré son genie & sa disposition dés son enfance à faire de grandes choses, le mit entre les mains d'excellens maistres pour le former.

En un autre tableau Michel Ange prezentoit au Pape Clement VII. de la Maison de Medicis le Plan de la Sacristie de saint Laurent, tandis que des Anges tenoient les modeles de la librairie & de quelques autres ouvrages.

En un autre Michel Ange traçoit les fortifications de Poggio Samminiato.

Les statuës representoient l'Esprit, la Pieté, l'Art, & l'Etude. L'Esprit avoit sous ses pieds l'ignorance, la Pieté fouloit aux pieds l'Impieté. L'Art avoit l'Envie sous les siens, & l'Etude la Paresse.

La Peinture, la Sculpture, l'Architecture & la Poësie qui sont les Arts ausquels il avoit excellé, estoient accompagnés d'autant de Tableaux. En l'un de ces Tableaux à costé de l'Architecture Michel Ange prezentoit au Pape Pie IV. de la Maison de Medicis, le modele de la Couppole de l'Eglise saint Pierre. Pour la peinture, on le voyoit qui peignoit le Jugement dernier dans la Chapelle de Sixte au Vatican. Pour la sculpture, on voyoit cet Art qui raisonnoit avec luy, & quantité de statuës auprés de luy avec ce vers de Boëce.

Simili sub imagine formans.

Pour la Poësie on voyoit le Parnasse, les Muses, & Apollon, qui couronnoit Michel Ange, avec ces mots.

Sic ars extollitur arte.

Sur un grand Obelisque estoit élevée l'Urne des cendres de Michel Ange, avec une Renommée au dessus preste à porter par tout sa gloire.

Les autres Tableaux marquoient l'estime qu'il s'estoit acquise. En l'un on le voyoit aux Champs Elysiens avec les Architectes, les Peintres & les Statuaires de l'antiquité, qui reconnoissoient chacun en Michel Ange quelque chose de leur genie. Praxitele en un satyre qui est dans la vigne de Jules III. Apelle au Portrait d'Alexandre ; Zeuxis en un petit Tableau de fruits où estoit peint un raisin au naturel comme le sien, Parrhasius en un voile qu'il peignit pour couvrir une de ses figures, & qui trompa Zeuxis. Enfin tous les plus habiles Peintres morts avant luy se voyoient peints en ce Tableau avec ces vers.

Tutti L'ammiran, tutti honor li fanno.

Dans un autre Tableau estoit une Academie de jeunes gens, qui consacroient leurs premiers ouvrages à Michel Ange comme à la divinité de la Peinture, de l'Architecture & de la Sculpture ; avec ces vers.

Tu Pater & rerum inventor, tu Patria nobis.
Suppeditas præcepta tuis Rex Inclyte chartis.

Dans un troisiéme Tableau le Pape Ju-

les III. assis dans sa vigne avec Michel Ange raisonnoit avec luy , tandis que des Cardinaux & des Prelats attendoient au bout
du jardin pour parler au Pape.

Au quatriéme , le Doge de Venise , &
les Principaux Senateurs envoyoient des
Gentilshommes à Michel Ange , pour le
visiter de leur part , & luy faire des presens.

Au cinquiéme , on voyoit la visite que
Michel Ange fort aagé fit à Rome au Prince François de Medicis, qui dés le moment
qu'il l'apperçeut se leva de son siege ,alla au
devant de luy , & quelque resistance qu'il
luy pût faire l'obligea de s'asseoir sur sa
chaise & l'écouta debout.

Dans un autre , les plus celebres Rivieres du monde, le Nil , le Gange , & le Po,
estoient conduites par la Renommée pour
aller consoler l'Arne sur la mort de Michel
Ange qui l'avoit rendu si celebre , l'Arne
couronné de Cypres , tenoit une Urne dont
il ne couloit plus d'eau , mais il en couloit
deux Torrens de ses yeux , tandis qu'on
voyoit l'Ame de Michel Ange monter au
Ciel par une longue trace de lumiere avec
ces mots.

Vivens orbe , peto laudibus Æthera.

il y avoit dans toute l'Eglise quantité
d'Images de mort, des Emblémes , des De-

vises ; des Sentences , &c. Entre ces Emblémes estoit celuy de la Mort à qui l'immortalité tenoit le pied sur la gorge, luy reprochant d'avoir enlevé au monde Michel Ange. La Mort s'excusoit par ses mots,

Coegit dura necessitas.
Pour obeïr au sort il l'a fallu ravir.

Mais l'Immortalité tenant une palme en main disoit,
Vicit inclyta Virtus.
Sa vertu le fait vivre, & le rend immortel,

La Devise ordinaire de Michel Ange estoit de trois anneaux enlassez l'un dans l'autre, par lesquels on veut qu'il ait eu dessein de representer l'union de la Peinture, la Sculpture & l'Architecture, auxquelles il s'estoit appliqué avec tant de succez durant sa vie. L'Academie changea ces trois anneaux en trois couronnes avec ces mots,

Tergeminis tollit honoribus.
Ces trois couronnes sont encore aujourd'huy gravées sur son Tombeau.

On fit moins de ceremonie pour Annibal Carrache : mais le peu que l'on fit ne laissa pas de paroître grand, puisqu'on fit ses funerailles dans le celebre Pantheon , & on l'inhuma auprés de Raphaël comme son rival. On pretendit que le Pantheon qui avoit esté le Tëple de tous les Dieux luy ser-viroit d'un Auguste Mausolée, & que la vuë de ce Temple autrefois consacré à tant de Divinitez rappelleroit le souvenir de ces ouvrages admirables ou cét habile Peintre avoit renouvellé leurs Fables & leurs Me-tamorphoses. Cependant pour representer quelque chose de plus saint dans un Temple qui est aujourd'huy consacré à la memoire de tous les Saints, on avoit élevé une estra-de à plusieurs marches sur laquelle son corps estoit posé avec un grand nombre de lumieres, & à la teste du cercueil on avoit mis l'un de ses plus beaux ouvrages fait pour le Cardinal Farnese, c'estoit le couronnement d'épines de Nostre Sei-gneur. Toute l'Academie de S. Luc assista à ses Funerailles avec la Noblesse Romai-ne.

Cette Academie delibera de luy faire graver cette Epitaphe à costé de celle de Raphaël.

D. O. M.
ANNIBALI CARRACIO
BONONIENSI
PICTORI MAXIMO
IN QUO OMNIA ARTIS SUMMA
INGENIUM ULTRA ARTEM
FUIT.

Et ces quatre Vers.

Quod poteras hominum vivos effingere vultus,
Annibal, heu cito Mors invida rapuit.
Finxisses utinam te, Mors decepta sepulchro
Conderet effigiem, vivus & ipse fores.

ſ Ces Vers ſont la traduction d'une Epigramme du Cavalier Marin.

L'Academie des *Incaminati* de Bologne,
fit de plus pompeuſes Funerailles à Auguſtin Carrache frere d'Annibal. Elle choiſit
pour l'invention du deſſein JeanPaul Buon-
conti, dont elle rendit ce glorieux témoi-
gnage au Cardinal Farneſe, que c'eſtoit
un homme à qui les longues eſtudes, une
profonde intelligence, un excellent jugement, & une grande exactitude avoient
acquis une reputation ſinguliere. On choiſit pour la ceremonie l'Egliſe de l'Hoſpital
de la Mort comme la plus propre, & on
mit ſur la porte dans un grand Cartouche
la deviſe de l'Academie, qui eſtoit le Globe Celeſte avec ces mots.

Contentione perfectus.

Toute l'Egliſe eſtoit tenduë de noir, &
d'eſpace en eſpace on y voyoit des Conſo-
les qui portoient de grandes Urnes allumées d'un beau feu, pour repreſenter les
grands genies de l'antiquité, dont Auguſtin
Caracche avoit comme rallumé les Cendres, & renouvellé la memoire en les fai-

sant revivre & par son Pinceau, & par son Burin. Au milieu de l'Eglise s'elevoit sur un piedestal une Colomne quarrée d'ordre dorique, remplie de Hieroglyphiques, de Symboles, d'Emblèmes, de Devises & d'Inscriptions, qui tendoient toutes à faire voir que l'esprit d'Augustin Carrache estoit dans le Ciel, sa reputation répanduë par tout le monde & la mort vaincuë. C'est ce qui estoit exprimé par les devises du Capricorne, d'un Globe celeste avec le Soleil & la Lune, d'une Ancre, du Cheval Pegase, & d'une Espée rompüe. L'inscription estoit celle-cy.

Spiritus tenet cælum,
Fama orbem.
Mors victa.

Les images de la Poësie, de la Peinture, & de la Sculture, faisoient une partie de la Decoration avec cette Inscription.

Augustino Carraccio.
Quem si propter vim ingenij,
Studium disciplinarum.
Operum præstantiam.
Primarios cujusque ætatis viros
Pingendo, Incidendo.
Arte, inventione, judicio,
Non exæquasse dixeris,
Eius meritis plurimùm detraxeris.

Dum ætate, nomineque vigeret.
Vita funɛto
Academici Incaminati
Socio optimo suaviſſimo.
Merentes.
P. P.

Au deſſus eſtoit ſon image de relief, faite par Loüis Carrache ſon Couſin. L'Honneur & la Vertu le couronnoient d'une couronne de Laurier.

Au milieu de la Colonne eſtoit l'ébauche d'une Teſte de Chriſt, aprés laquelle travailloit Carrache quand il mourut, & cét ouvrage tout imparfait qu'il eſtoit ne laiſſoit pas de faire honneur à la memoire du defunt. Une douzaine de Tableaux achevoit cette Decoration. Mais les Peintres qui les avoient faits, avoyent eu plus de ſoin de ſatisfaire leur genie, que d'égard au lieu où ſe faiſoit la ceremonie, puiſque la plus part des ſujets de ces Tableaux eſtoient des Metamorphoſes. Comme la Fable de Promethée, le raviſſement de Cephale, Minerve, Pandore, &c. d'autres s'en eſtoient tenus à des Emblêmes de la vertu qui mépriſoit la fortune & fouloit aux pieds l'envie. De la Peinture pleurante, que la Poëſie taſchoit de conſoler. De l'Eſtude & de la vigilance qui achevoient

de

de grands ouvrages , avec ces Inscriptions
Hoc virtutis opus.
Non est solatium.
Vigilantia & studio Immortalitate donatur.
On avoit fait quelques allusions aux sept
estoiles de ses armoiries, qui sont les sept
estoiles de l'Ourse ou de la constellation
du Chariot, sur laquelle paroissoit sa figure comme en triomphe avec cette inscription. *Augustino Carraccio pictæ Poësis in-*
genij fœcunditate principatum tenenti : Virtu-
tibus diuturno labore acquisitis , prudentia &
Eloquentiâ præstanti.

On voyoit dans cét Appareil trois rivie-
res, le petit Rhein qui arrose la ville de
Bologne , le Tibre & la riviere de Parme.
Sous la premiere estoit écrit.

DEDIT
Parcequ'il estoit né à Bologne. Sous la
seconde.

PERFECIT
Parcequ'il s'estoit perfectionné à Rome.
Sous la troisiéme.

ABSTVLIT
Parcequ'il mourut à Parme.
On se contente quelquefois pour les habiles Peintres, d'exposer les plus beaux de
leurs Ouvrages, comme autant d'illustres
trophées qu'ils se sont eux mesmes élevez,
&on peut accompagner ces ouvrages d'ins

G

criptions propres & appliquées à ces sujets.

Les ouvrages des Sçavans peuvent servir à la pompe de leurs funerailles, aussi
bien que les ouvrages des Peintres & des
Sculpteurs. C'est ce qu'on fit à Milan pour
le Chanoine Manfredo Septale, que son
rare Cabinet, sa vertu, ses experiences &
son travail continuel dans la recherche des
Mathematiques; & des choses Physiques
avoient rendu celebre par toute l'Europe.
Ses Neveux luy firent des funerailles dans
l'Eglise de S. Nazaire où est le tombeau de
la famille : & le College des Jesuites pour
honorer la vertu & le merite, de ce grand
homme, luy rendit les mesmes honneurs
dans la classe de Rhetorique.

L'Inscription mise sur la porte pour l'invitation estoit celle-cy.

CIVES, EXTERI, PRINCIPES,

A D E S T E.

MANFREDUS SEPTALIUS
Cujus toties mira spectastis,
è Pyra funebri
Spectaculo nunc vobis est.

Pour la Mathematique en laquelle il
avoit excellé, on avoit peint un cercle tra-

cé fur un grand papier, & un compas couché aupres, avec ces mots.

Satis eft imple vimus orbem.

La feconde Devife eftoit une efpece
de mufette organisée de plufieurs tuyaux,
qu'il avoit luy-mefme inventée, eftenduë
fur une table, les foufflets pliez, avec ces
mots de l'Ecriture.

Defecit fpiritus meus.

Il avoit dans fon Cabinet une machine
fur laquelle rouloit en lignes fpirales une
boule d'airain, laquelle eftant defcenduë
en bas, eftoit repouffée en haut avec vio-
lence, pour donner une idée du mouve-
ment perpetuel que cherchent les Philo-
fophes. La mort arreftoit avec le doigt
cette boule & difoit.

Nihil perpetuum.

Comme il avoit dans fon Cabinet une
belle fuite de Medailles, on les avoit ani-
mées de ces mots d'un Poëte.

Majus ab exequijs nomen.

Parcequ'en effet ces antiques font aujourd'huy plus rares & plus precieufes, que
quand les Empereurs qu'elles reprefentent
vivoient.

Une Infcription apprenoit qu'apres avoir
vû, remarqué & ramaffé tout ce qu'il y
avoit de plus curieux dans la nature & dans
les Arts fur la terre, il eftoit allé au Ciel.

MANFREDUS SEPTALIUS

Naturæ investigandæ, scientyis, atque artibus
promovendis,
Excutiendæ Antiquitati ;
Peragrando, & colligendo orbi
Octoginta propè annis impensis ;
Cum terras ulteriùs scrutari non posset ;
Cælum adijt.

Entre les raretez de ce mesme Cabinet, estoit un grand miroir concave exposé aux rayons du Soleil, devant lequel la mort presentoit une piece de bois qui s'allumoit & s'en alloit en cendres & en fumée avec ces mots.

Sic splendor collectus abit.

C'est à quoy cét éclat à la fin se termine.

Le titre de la pompe funebre du College estoit celuy-cy.

MANFREDO SEPTALIO

Academia funebris
Publice habita in Classe Rhetoricæ
Collegij Braydensis Societatis I E S V,

En cette decoration on imita l'ufage des anciennes funerailles, & pour les reprefenter on ne fe fervit que des pieces du Cabinet de Monfieur Septale, de fes Armoiries & des ornemens de fa famille.

Huit jours apres la mort on invitoit le peuple aux funerailles. En cette Ceremoniefon fe fervit de laRenommée pour faire la fonction de Heraut, & au lieu de fa trõpette ordinaire, on luy avoit donné la trompette parlante d'Angleterre, avec cette Epigramme.

Fletus & toto divifas orbe querelas
Sedula vocali collige fama tubâ :
Ad populos omnes fatis es Manfrede locutus;
Orbis Manfredo debet uterque loqui.

La Renommée eftoit accompagnée de la Douleur de laTriftefle & du Dueil, avec des flutes pour chanter des airs lugubres à la maniere des anciens. On avoit auffi peint un Lachrymatoire antique, que le Cavalier del Pozzo avoit donné au Chanoine Septale, & on l'avoit accompagné de cette Infcription.

In Phiala collectas lacrymas
ad pompam doloris
fervate Septalij:
fletus alieni donari poffunt ;
Huic funeri
lacrymæ noftræ debentur.

Au lieu des pleureuses des anciennes
funerailles on introduisit la Musique, la
Physique & l'Optique, qui reciterent d'excellens Vers sur la mort de Monsieur Septale.

L'OPTIQUE.

Insontes radÿ & furtiva copia lucis,
Quam cava crystallus, calybesque, orbesque
    reflexis
Ductibus, ac rectis ab Apolline Patre trahe-
    bant.

LA MUSIQUE.

Innocuæ, dulcesque fides, & eburnea plectra;
Organa disparibus calamis ramosa, nec Orpheo
Nec Thebis audita :

LA PHYSIQUE.

           Reposta silentia, rerum
Difficiles aditus, causæque latere volentes,
Quas natura parens Manfredo aperire solebat

Toutes trois ensemble.

Ite.

L'OPTIQUE.

    Rogos & funereas accendite flammas
Crystalla.

LA MUSIQUE.

    In fletus & lamentabile carmen
Ite fides.

LA PHYSIQUE.

    Tacitis natura reposta tenebris
Æternum sileat.

L'OPTIQUE.

Sine te Manfrede nec ignem
E cœlo in terras deducere.

LA PHYSIQUE,

Nec pretiosa
Explorare umbras naturæ

LA MUSIQUE.

Nec juvat auras
Reddere & accipere alternas, nec fidere cantu.

L'OPTIQUE.

Ereptos terris, vetitosque Prometheus ignes
Restituit, cùm furtivas à sole favillas
Excepit fidens animis, radiosque sequaces
Exanimi inclusit busto, partemque diei:
Oh ! animæ Manfredæ tuæ deducere cœlo
Partem aliquam in læves calybes, crystallaque
  possem :
Immortalis honos & gloria surgeret arti,
Quanta Syracusio fuit olim fama Magistro.

LA MUSIQUE.

Euridicen fato ereptam cum posceret Orpheus
Auditi gemitus, & vota canora precantis,
Difficilesque umbras vocum concordia flexit.
Haud equidem Cytharis hæc est audacia nostris;
Sed Cytharas etiam nostras laudavit Apollo,
Per quæ hæc quondam fila manu radiante cu-
  currit.
Verùm si quis amor Cytharis, aut ulla canendo
Gloria, Manfredum mea carmina reddite
  terris.

LA PHYSIQUE.

Sideris Arctoi magnes sectator, ab Austro
Avertit vultum, & tremulo luctamine sese
Linea concutiens, velut indignata rigentis
Cœli duritiem, occiduum respexit ad orbem.
Occasus Manfrede tuos quoque ferrea sensit
Virgula, quam Magnes pretioso dente mo-
mordit,
Et te visa sequi est, & eodem occumbere fato.

L'OPTIQUE.

Vitrea cum medio se sisteret orbita soli
Non flammas lux iuncta dedit, neque luminis
usus
Ille fuit, tetras crystallus abivit in umbras;
Nec solitum admisit radiato corpore solem.

LA PHYSIQUE.

Lævis ubi vitreo late patet area campo
Magnetis ductus acus indignata resedit;
Æquore nec patulo facili pede, ut ante cu-
currit,

L'OPTIQUE.

Scilicet & speculis lucem,

LA MUSIQUE.

Calamisque, lyrisque

Dulcem animam;

LA PHYSIQUE.

Et rebus motum Manfrede ferebas.

LA MUSIQUE.

Nec solitam specula accipientia lucem

Itc;

LA PHYSIQUE.

Nives puræ gemmarum, roscida cœli
Gaudia, vosque Arabum lacrymata e cortice
　　gutta
Nativos iterum ad fletus electra redite.
Te natura fleat.

LA MUSIQUE.

Te Musica.

L'OPTIQUE.

Te Optica.

LA MUSIQUE.

Dulcem
Musica frango chelym.

LA PHYSIQUE.

Mixtos adamantibus ignes
Extinguo.

L'OPTIQUE.

In tragicas pinus, piceasque cupressus
Immittam posthæc tristes sine lumine flammas
Sic votum est.

TOUTES TROIS.

Hæc Manfredo funebria sunto.

Les Images & les Medailles des Heros
& des hommes illustres de la Maison Septale furent introduites en cette Pompe,
avec cette Epigramme.

Nos quondam pace, & bello dùm vita ma-
　nebat
　Egregios, tumulus claudere non potuit.

Tu quoque post cineres volitas Manfrede per
     orbem ,
  Posteritas nostris ladibus adde tuas.

Les quatre faces du Mausolée representoient le Chanoine Septale en quatre âges
differens.

En son Adolescence, il voyagea en divers
païs & alla en Orient. L'Inscription de ce
tableau étoit.

    Partem orbis lustrasti ;
       Quod Reliquum est
        Peragrat fama.

En son âge viril il visita les grottes soû-
terraines de Rome, les Cimetieres & les
Catacombes, & faillit à s'y perdre.

Nature arcana , & latebras scrutaris ubique :
  Arcere e domibus mors nequit ipsa suis.

Dans un âge plus avancé , les Archiducs,
Dom Jean d'Austriche, le Duc de Mantouë,
& le Marquis de Caracene le visiterent souvent dans son Cabinet, & travaillerent au
Tour avec luy.

      Assiduo rotatu
Subjecta attollere, deprimere, circumagere
      Divine mentis ludus,
         opus fortunæ,
      Principum labor est.

Sur la derniere face étoit le portrait de Monfieur Septale, en l'état auquel il mourut, avec cette Infcription.

Ille utrique orbi notus Septalius, hic eft.

Quand les fujets des Decorations fe tirent de quelque Paffage de l'EcritureSainte, ou de quelque autre Autheur ou facré ou profane, il eft aifé de conduire un deffein, pareeque fouvent les parties du deffein font expofées dans ces Paffages. Ainfi l'un des plus beaux fujets que l'on pût prendre pour les funerailles d'un Heros Chrétien qui auroit fait de belles actions pour la Foy & la Religion, feroit le Chapitre 5. du Livre de la Sageffe. On pourroit le faire armer par le Zele, la Juftice, la Prudence, l'Equité, &c. conformement à ce paffage. *Accipiet armaturam zelus illius, induet pro Thorace Iuftitiam, & accipiet pro galea judicium certum. Sumet fcutum inexpugnabile aquitatem.* C'eft ce que l'on fit à Anvers pour le Roy Ferdinand. Ce Religieux Prince offroit à l'Eglife fes Armes, on voyoit d'un côté le cafque, avec ces mots *Galea falutis*, de l'autre fa Cuiraffe, avec ceux-cy, *Lorica Iuftitiæ.* Deux Trophées fur l'un *Fernandus Deo hæc*, & fur l'autre, *de Perduellibus arma.* Il paroiffoit à cheval preft de charger les ennemis, & regardant vers le Ciel dont il invoquoit le secours, avec ces mots, *Non nobis Domine.*

Dans le même Chapitre de la Sageſſe, on lit ces mots. *Iuſti autem in perpetuum vivent, & apud Dominum eſt merces illorum, & cogitatio illorum apud altiſſimum.* On peut ſur ce Paſſage former un riche deſſein diviſé en trois parties. La premiere de la vie des Juſtes qui regardẽt l'eternité. *Iuſti autem in perpetuum vivent.* La ſeconde de leurs penſées & de leurs deſſeins, qui ſe rapportent uniquement à Dieu. *Cogitatio illorum apud altiſſimum,* & la troiſiéme des recompenſes que Dieu leur prepare. *Apud Dominum eſt merces eorum.* Il y a trois choſes à examiner dans la premiere partie, la Juſtice qui eſt la plenitude des vertus, la vie & l'eternité. On peut repreſenter pour le premier mot la foy du Juſte, l'Eſperance du Juſte, ſa charité, ſa patience, ſa douceur, ſon humilité, ſon obeiſſance, &c. ou l'on peut choiſir un nombre de Juſtes tels que l'on voudra, de l'ancien ou du nouveau Teſtament, & voir tous ceux à qui l'Ecriture a donné ce nom. Secondement on peut prendre toutes les ſortes de vies, naturelle, civile, ſpirituelle, dans la Cour, dans les Armées, la vie publique, la vie privée, les quatre âges de la vie, l'enfance, l'adoleſcence, l'âge viril, la vieilleſſe. L'Eternité ſe peut auſſi conſiderer comme heureuſe, douce, glorieuſe, &c. avec un peu d'eſprit on trouvera cent choſes.

S. Ambroiſe dit de l'Empereur Theodoſe *ſolvamus Principi bono ſtipendiarias lacrymas.* Sur ce Paſſage on pourroit repreſenter le Tribut des larmes des Provinces, des Villes, des Communautez, des Rivieres, des Arts, &c. en changeant *ſtipiendiarias lachrymas* en *ſtipiendiarias voces,* on pourroit expoſer les éloges de la Theologie, de la Philoſophie, de la Geometrie, de l'Eloquence, de la Poëſie, de l'Hiſtoire, &c. comme on fit pour Monſieur de Valleroy, Fondateur du College des Jeſuites à Rheims.

On peut oppoſer les Trophées de la Mort aux trophées de la vie, & les trophées de l'Immortalité aux trophées de la Mort.

On peut repreſenter les victimes de la mort, la jeuneſſe, la ſanté, la force, la fortune, la grandeur, l'authorité, le merite, la beauté, &c.

Les coûtumes des Anciens fourniſſent un grand nombre de ces riches ſujets. Les Romains aux funerailles de leurs proches crioient à haute voix à leurs oreilles, pour éveiller leurs ames, ſi elles eſtoient endor

mies dans leurs corps. On pourroit representer les cris de l'Eloquence, de la Majesté, de l'amour des peuples, des pauvres,
des vertus, qui rappelleroient les ames de
ceux qui sont morts, comme encore necessaires au monde. Ou peindre les Anges,
qui citeront un jour les hommes au Jugement de Dieu, avec des trompettes pour
appeller ces Ames aux recompenses que
Dieu leur prepare.

Les Anciens applaudissoient à leurs
Triomphateurs par des acclamations, que
Pline dit à Trajan estre d'autant plus avantageuses, qu'elles sont comme des premiers
mouvemens de l'Ame, qui n'a pas loisir de
songer à se déguiser dans des mouvemens si
soudains qui naissent de la joye du cœur &
d'une estime sincere. *Sciamus nullum esse
acceptius genus gratiarum, quàm quod accla-
mationes illas æmulemur, quæ fingendi tempus non habent.* On pourroit representer
les acclamations des Provinces & des Villes pour un Prince. Des vertus pour un
homme de bien, des Arts & des Sciences
pour un Sçavant, ou pour un Protecteur
des Sçavans, &c.

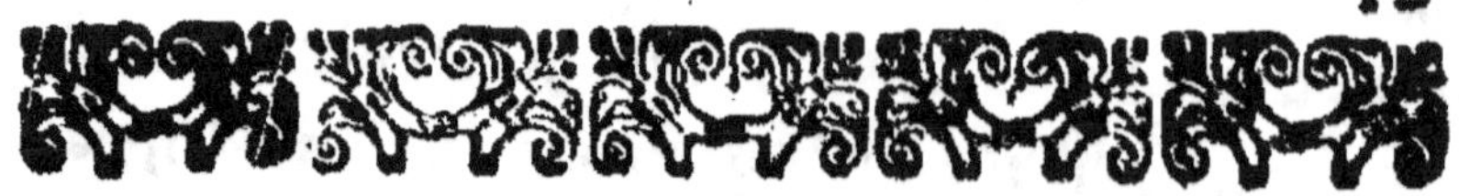

DES MOYENS QUI
peuvent faciliter l'Invention &
la disposition des sujets propres
pour les Decorations Funebres.

POUR ne manquer à rien de tout ce qui peut rendre aisée l'invention des sujets, outre les exemples que j'ay proposez, je veux ouvrir de grandes sources à ceux qui ont plus de peine à trouver & à imaginer les choses.

Outre les Passages de l'Ecriture Sainte & des Autheurs, qui sont de grandes sources, comme j'ay déja remarqué au Chapitre precedent, il faut lire les Oraisons funebres, & les Poësies faites pour la mort de diverses Personnes. Dans les premieres on trouvera une infinité de pensées qui peuvent servir à ces desseins, parceque c'est le propre de l'Eloquence, de peindre, d'imaginer, de tourner les choses, & de les figurer d'une maniere qui approche de la conduité de ces desseins. Les plus anciens discours funebres peuvent estre d'un grand secours. Ils ont moins d'eloquence, & sont pour l'ordinaire des fatras de passages ;

d'exemples & de remarques prophanes ; qui n'eſtant pas propre de la chaire en un ſiecle auſſi ſage, auſſi delicat & auſſi ſpirituel que l'eſt celuy-cy, ne laiſſent pas d'offrir un bon nombre de deſſeins, qu'il eſt facile d'ajuſter & de rendre plus raiſonnables qu'ils ne ſont en la plûpart de ces diſcours.

Les Italiens dont la plûpart des Panegyriques ont des ſujets Poëtiques, peuvent fournir beaucoup de ces deſſeins.

La Poëſie dont tout l'artifice conſiſte à trouver des inventions nouvelles & ingenieuſes, nous offre un grand nombre de ſujets, & il ne faut que lire dans les Poëtes Grecs & Latins, François, Italiens, Eſpagnols, anciens & modernes, ce qu'ils ont fait pour les tombeaux de leurs amis, la mort de leurs proches, & les funerailles des Princes, des grands Hommes & des Magiſtrats.

Nicolas Bourbon en une lettre qu'il addreſſe à Monſieur Pinon Conſeillër au Parlement, ſur la mort de Scevole de Sainte Marthe, fournit un deſſein de Decoration funebre, le faiſant paroître dans le Ciel avec les Heros de ſon temps, en cette trace de lumiere que les anciens ont crû eſtre le chemin par lequel les Heros montoient au Ciel.

Non eſt

Non est properato funere raptus
Sammarthanus, agitque bonis feliciter avum
Cum superis, comes & magnis heroibus he{ro}s
It Phaetontea qua candet semita flammæ.

Cét excellent homme pour qui Bourbon
fit ces beaux Vers, en fit luy mesme pour
Jean Morel qui peuvent fournir un riche
sujet, le representant en son Enfance sous
des Muses, en sa jeunesse à la Cour, dans
l'âge viril sous la conduite de la sagesse en
l'étude de la Philosophie, & en sa vieillesse
allant au Ciel.

Quem puerum Musa Aonijs pavêre sub antris,
Quem juvenem aula, virum casti fovere penate
Vilesque oblitum curas, neque plura potentem
Florentis virides sophiæ deduxit in hortos
Vraniæ, optatisque senem mox intulit Astris.

Theophraste Renaudot faisant au Palais
de Loudun l'Oraison funebre de Scevole,
de Sainte Marthe la commença par ces
Vers qu'il luy appliqua. Ce grand homme
né sous le regne de François I. le Pere des
Lettres, fut à l'âge de 19. ans deputé vers
le Roy Henry II. & quelques années apres
au Roy Charles IX. Le Roy Henry III.
l'admira aux Estats de Blois. Henry IV.
l'appelloit le mieux disant du Royaume.
Le Roy Loüis XIII. l'employa aussi uti-

H

lement. Le Roy de la grande Bretagne ör-
donna au Prince de Galles son fils, qui pas-
soit *incognitò* par la France, de l'aller visiter, ce qu'il fit. Ne pouvoit-on pas sur de
si grandes choses former à ce grand Homme des funerailles dignes de luy. On pouvoit encore le representer sortant du monde pour aller au Ciel, precedé de ses glorieux travaux, & exhortant ses Enfans de
le suivre, comme il a fait par ces beaux
Vers.

Solum relinquo lætus & cœlum peto.
Vos ô Nepotes discite exemplis meis
Quàm sit decorum blanda mollis ocÿ
Vitare fomenta , & labore prævio
Suprema rerum tendere ad fastigia.

En Italie on a coûtume de ramasser en
un volume les Poësies qui se font sur la
mort des Princes, des Illustres & des Academiciens. On l'a fait en France pour Scevole de Sainte Marthe, pour Mr. Bignon,
pour le P. Fronteau & le P. L'Allemant
Chanceliers de l'Université de Paris & pour
quelques autres. On peut trouver parmy
ces compositions de riches sujets de Decorations.

Entre les compositions qui furent faites
pour Madame Eleonor d'Este, on lit ces
six Vers.

Non più l'infania del figlivol del fole
Piangon le fue forelle afflitte e mefte
Ch'in Pò cadendo il ciel di brun fè tinto;
Mà ben il tuo partir ch' al mondo duole
Quant' eri più del fol donna celefte,
Ch' al tuo fparir s'è più bel lume eftinto.

On pourroit fur ces Vers pour les funerailles d'un Poëte, faire dans une Academie les Mufes pleurantes au tour de fon Tombeau & changées en lauriers pour le couronner.

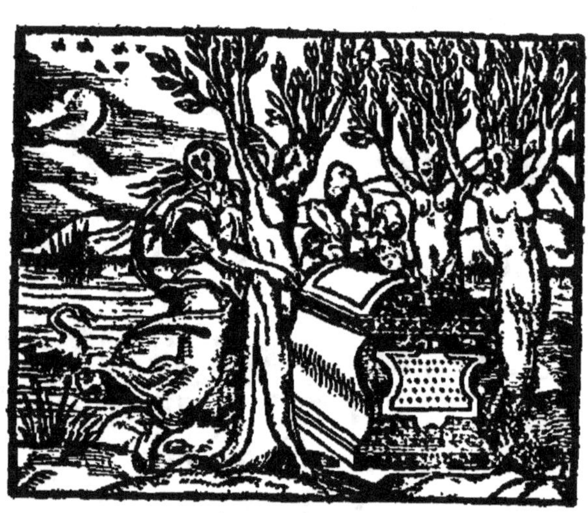

Un autre la reprefente dans fon lit, auprès duquel il introduit les Vertus qui viennent l'avertir qu'il eft temps d'aller au Ciel, recevoir la recompenfe de fes merites.

H ij

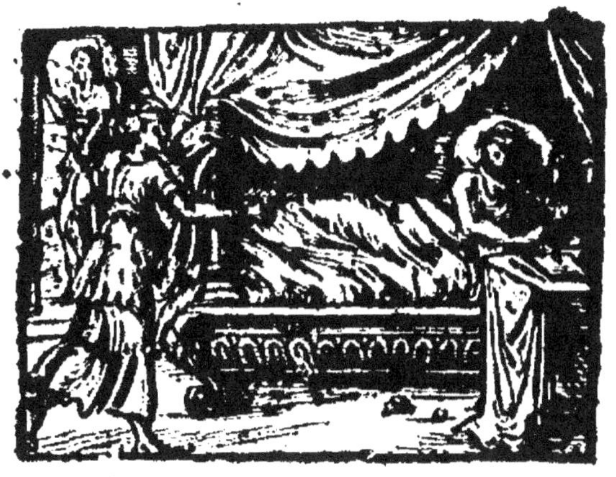

Marsilio Peregrini en fait une Meta-
morphose, & à cause de sa virginité, il la
change en un arbre qui se nomme *Agnus
Castus*, parceque l'on dit qu'il inspire la
pureté à ceux qui le touchent. Il fait aupres de cét arbre une danse de Vierges,
qui se réjoüissent de son sort.

Verde, fiorita degna, è colta pianta
Già al mondo grata, hora diletta al Cielo,
Deh mira, come i tuoi devoti in terra
Odian chefosse così iniquo il fato,
El influsso celeste de le stelle
Che avanti il tempo ti rapisse al mondo.

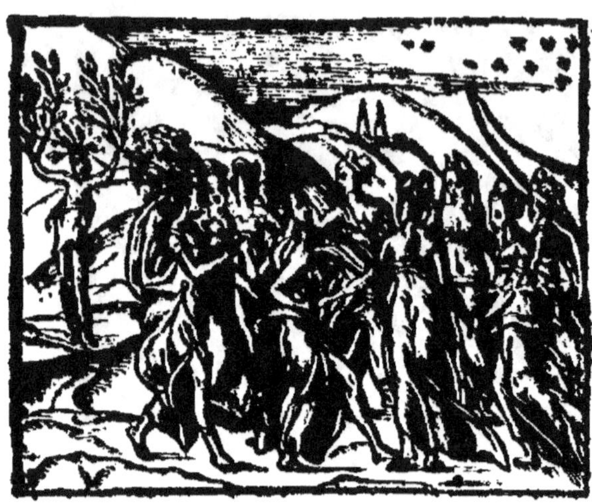

Un autre le fait inviter par Iris à monter
au Ciel, pour y prendre sa place auprés
de l'Arc-en-Ciel.

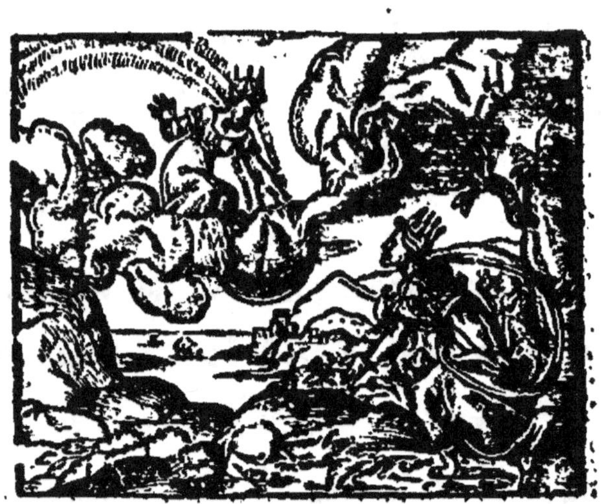

Lucille Martinengo la fait monter au
neuviéme Ciel, & les Constellations estonnées de sa gloire, tandis quelle ne s'occu-
pe qu'à contempler la Divinité.

H iij

Per la secura strada, ove la sfera
  Gira del capro, che di foco ardea:
  Saliva in atto humil, di glorie altera,
  Vergine bella, anzi novella Dea.
Al grande ardente lume, ch' allor fèra
  Alzato al Ciel, Cassiope e Citherea;
  Priva del suo maggior splendor credea
  Perder l'usata luce antica è vera:
Ma poich' à l'altro novo cerchio sopra,
  Lasciando li più bassi, e men sereni,
  Ornata di virtù donna saliò;
A splender ritornar, ne la bell'opra:
  Fatti gli aspetti lor dolci e ameni;
  Et ella a contemplar l'Eterno Dio.

Un autre la place entre les Signes du
Lion & de la Balance, pour faire celuy do
la Vierge.

Enfin Dominique Fortunio la fait passer
par tous les Cieux des Planetes, estonnées
du grand éclat de cette Dame, & craignãc
qu'elles ne viennent leur ôter leurs places. Mais elle passe jusqu'au Firmament ou
elle est changée en étoile polaire, pour
servir de guide aux autres astres.

Quindi del bel fregiato firmamento
Passò al Latteo sentier, ch' al fin conduce,
Stava ogni nume a contemplarla intento:
Pien di stupor per così chiara lucce,
E come il lume in ciascun fosse spento

La braman tutti per lor guida e duce.
Segue al desio la voce: e s'vdi alhora,
Stella noua fra noi, noi stel LE ONORA.

A la mort du Comte Gentile Torriano
de Verone, on fit un grand Recüeil de
Poësies imprimé sous ce titre.

Pompe funebri n'ella morte dell' Illustrissimo
Sig. Co. Gentile Torriano Veronese,
Procurate e raccolte da Celio
Maphioli Salodrano.

Entre les pieces Latines il y en a une,
ou faisant allusion à la Tour des Armoiries
des Turriani, il en fait l'azile des vertus,
la demeure & la retraite des Dieux, que
les Divinitez des eaux reveroient, qui de-
fendoit la campagne, & l'Autheur introduit les Parques & la Maladie, qui se glissent
daus cette Tour pour en faire sortir l'Ame
du Comte Gentile.

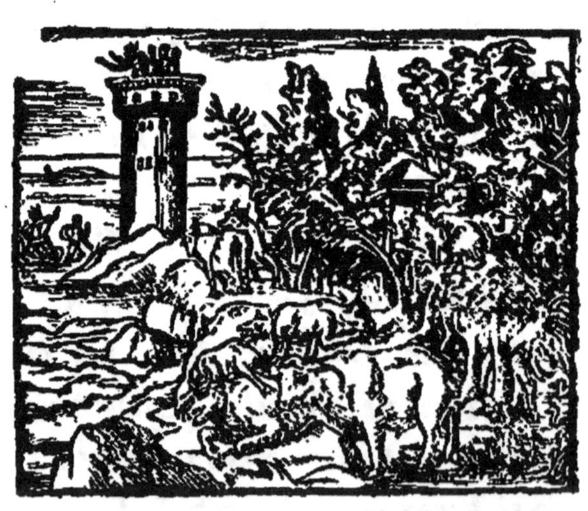

Sed quid noſtras triſte gementùm
Clamor dubius perculit aures?
Num Gentiles impete faſto
Inimica Phalanx ſuietat arces ?
Ah jam muros poſſidet hoſtis
Ah Proſerpina vertice flavum
Iam demeſſuit invida crinem !
Iamque maligno forcipe Comitis
Secuit celeres Atropos annos !.
En carceribus laxata ſuis
Inter rigidos, umbras , ſatellites
Magni Herois, qua conſuerat
Imperterrita venit inceſſu, &c.

Un autre luy éleve pour Tombeau une
Tour qui va juſqu'au Ciel, & toutes les
ſciences avec des trompettes, viennent au
tour de cette Tour pour chanter ſes loüan-
ges.

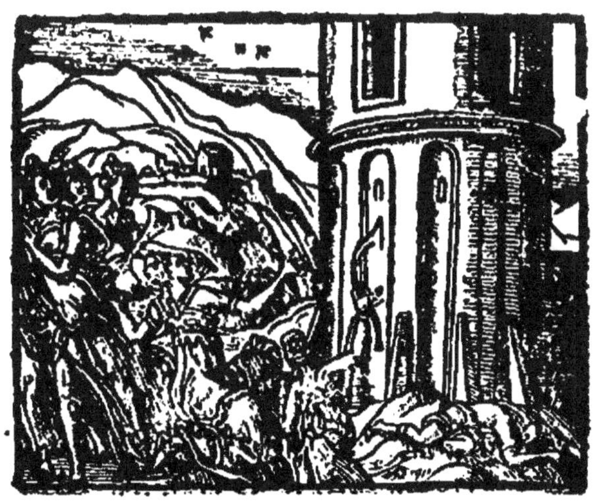

Æmula sublimi quæ surgit machina templo?
Patria Gentilis funera mœsta colit.
Debita Gentili celebrentur funera ; templa
   Tollatur superis Machina digna plagis.
Haud ulla æquabunt Gentilem pegmata Turrim
   Sola sibi Turris pro tumulo esse potest. :

Jean Balcianelli faisant allusion à la Tour du Comte Turrian, & à la Devise que ce Comte avoit portée dans l'Academie des *Philarmoniques,* d'un Phare avec ces mots, *Tutum monstrat iter.* Le representa comme un Phare, & sous l'Emblême de Leandre & d'Ero , il representa cette Academie qui éclairoit avec un flambeau du haut de cette Tour, ceux que l'amour des belles lettres attiroit à elle.

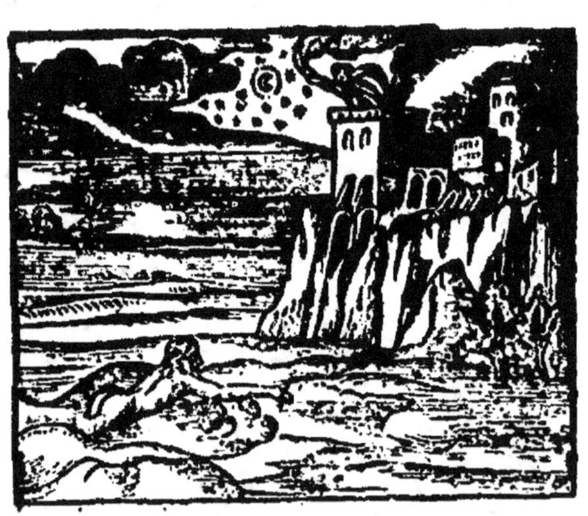

Il y a en ce Recueil plus de cent pieces differentes, qui font allusion à toutes sortes de Tours conniies dans l'Histoire ou dans la Fable.

Ces desseins tirez des Fables & des Metamorphoses ne sont propres que pour les Academies & les Colleges, où ces Decorations se font dans des sales & d'autres lieux publics, sans aucune fonction sacrée. C'est ainsi que le College des Jesuites de Paris fit des funerailles Academiques pour là Reine le seizième Aoust 1683. au lieu de la Tragedie, qui se fait toutes les années à pareil mois, pour la distribution des Prix.

Au lieu du Theatre magnifique que l'on éleve tous les ans sur l'une des quatre faces de la Cour, on avoit choisi la grande Sale, qui sert à present d'Eglise, comme un lieu plus propre à des Funerailles. Elle estoit toute tenduë de noir, & dés l'entrée un grand Tableau, faisoit voir le Sceptre de France, & la Main de Justice croisez avec des ossemens, le Manteau Royal étendu avec un suaire; & des testes de mort couronnées, & preparoit à cette lugubre Ceremonie par cette Inscription.

INGREDERE HOSPES,
ET QUALEM NOBIS HOC ANNO
TRAGŒDIAM
MORS DEDERIT
LACHRYMANTIBUS OCULIS
CERNE.

C'est à dire,

Entrez & voyez avec des larmes, quelle Tragedie la Mort nous represente cette année.

Un Theatre élevé au même lieu où se dressent tous les ans celuy des Enigmes, faisoit voir un grand Tombeau de marbre, auprés duquel la Poësie, la Musique, la Tragedie & l'Eloquence pleuroient, & abandonnoient leurs instrumens. Au dessus de la couverture du Tombeau estoit une teste de mort couronnée; traversée de deux ossemens, sur lesquels on lisoit ces mots.

MARIA THERESIA
REGINA CHRISTIANISSIMA,

Et sur la teste de mort.

II.

KAL. AUG.

OBIIT

1683.

Sur la face du Tombeau on lisoit cêt Epitaphe.

CÆSARUM NEPTIS,
REGUM FILIA,
LUDOVICI MAGNI
CONJUX,
DELPHINI PARENS,
POPULORUM AMOR
ET DESIDERIUM,
EHEU JACET.

Et fur les Inftrumens rompus de la Poëfie, de la Mufique, de la Tragedie & de l'Eloquence, JACET, JACET, comme le trifte Echo de ces beaux Arts au milieu de la douleur publique.

Au deffus de ce Tombeau paroiffoit un grand Arc-en-Ciel, quisfut remarqué de tout le monde au Convoy funebre, qui fe fit de Verfailles à S. Denis, puisqu'au moment que le Soleil leva du côté de S. Denis, il fit un grand Arc-en-Ciel du côté du Bois de Boulogne, d'où fortoit le Convoy. L'ame de la Reine eftoit élevée fur cét Arc-en-Ciel, fimbole de la Paix qu'elle trouve dans le Ciel, apres l'avoir donnée à la Terre par fon heureux mariage avec le Roy. C'eft ce que difoit ce Vers.

Quam dederat terris reperit fuper æthera pacem.

Elle trouve la Paix qu'elle nous a donnée.

Au deffus de cette figure la Juftice & la Paix apportoient à l'ame de la Reine la Couronne de Gloire, que S. Paul appelle une Couronne de Juftice, quand il dit. *In reliquo repofita eft mihi corona juftitiæ.*

Comme cét appareil fe faifoit à l'occafion de la diftribution des Prix, on avoit reprefenté dans les trois faces de l'Eglife la diftribution des Prix que la juftice Divine faifoit dans le Ciel aux vertus de la Reine. C'eft ce qu'apprennoit l'Infcription posée au fond de l'Eglife.

HEU RERUM VICES!
DUM SOLENNEM PRÆMIORUM POMPAM
INSTRUIMUS,
REGE AGONOTHETA PERPETUO,
REGIIS MARIÆ THERESIÆ
VIRTUTIBUS
ÆTERNA PRÆMIA CONFERRE
VOLUIT
DIVINI JUDICIS ÆQUITAS.

C'eſt à dire,

O incertitude des choſes humaines ! lorſque nous preparions des jeux pour la diſtribution des Prix fondez par ſa Majeſté, la Juſtice Divine a voulu donner dans le Ciel d'autres Prix aux vertus de la Reine.

Ces Prix ſont repreſentez par autant de Couronnes differentes, avec ces mots.

PRÆMIUM FIDEI.
Prix de la Foy.

C'eſtoit une Couronne de Giraſols, qui ſuivent les lumieres & les mouvemens du Soleil.

PRÆMIUM SPEI.
Prix de l'Eſperance.

C'eſtoit une Couronne de feüilles vertes, dont la couleur eſt le ſymbole de l'Eſperance.

PRÆMIUM CHARITATIS.
Prix de la Charité.

C'estoit une Couronne de Roses, dont les fleurs sont autant de cœurs.

PRÆMIUM PIETATIS.

Prix de la Pieté.

C'estoit une Couronne de Verveine, nom-mée par les Anciens l'*Herbe sacrée*.

PRÆMIUM RELIGIONIS.

Prix de la Religion.

C'estoit une Couronne de Grenatilles, fleurs de la Passion.

PRÆMIUM MODESTIÆ.

Prix de la Modestie.

C'estoit une Couronne de Viollettes, les plus humbles des fleurs.

PRÆMIUM CANDORIS.

Prix de la Candeur.

C'estoit une Couronne de Lys.

Les autres Prix estoient d'autres Couron-nes de fleurs, avec ces mots.

Liberalitati Augustæ.

Facilitati Augustæ.

Clementiæ Augustæ

Indoli Augustæ.

Paci Augustæ.

Prudentiæ Augustæ.

Providentiæ Augustæ.

Indulgentiæ Augustæ.
Concordiæ Augustæ.
Humilitati Augustæ.
Patientiæ Augustæ.
Æquitati Augustæ.
Perseverantiæ Augustæ.
Commiserationi Augustæ.
Devotioni Augustæ.
Precationi Augustæ.

Les evenemens de sa vie & ses vertus estoient representez par des Devises.

Son Origine par un Cabinet de Medailles antiques, dont une planche tirée faisoit voir la suite des Empereurs, avec ces mots.

QUANTA AUGUSTORUM SERIES ?
De combien d'Empereurs montre-t'elle la suite?

Sa Naissance par un grand May planté à la porte d'un Louvre, avec ces mots d'Ovide à Livie.

NATA QUOD ES ALTE'.
Son élevation répond à sa naissance.

Le Sapin qui est le plus élevé de tous les arbres naist sur les plus hautes montagnes, & sert de mast aux plus grands Vaisseaux, & de May aux Palais des Princes.

Son Mariage avec le Roy, l'Etoile de Venus en conjonction avec celle de Jupiter.

CONSOCIATA JOVI.

De leur conjonction quel bien pour l'Univers?

Il n'est point de Planetes dans le Ciel dont la conjonction soit plus heureuse que celle de ces deux Planetes.

La Paix donnée par son Mariage, une Paix d'Eglise que l'on donne à baiser au milieu des saints Mysteres.

SACRA PER OSCULA PACEM.

Par un baiser sacré nous recevons la paix.

En son Mariage elle a pris les inclinations du Roy, & s'y est conformée, les Cercles diferens du Soleil & de la Lune, qui se croisent en deux intersections, & dans l'un desquels la Lune observe les démarches & les aspects du Soleil, avec ce demy Vers de Virgile.

OBSERVATA SEQUOR VESTIGIA.

J'observe du Soleil les justes mouvemens.

Pour la Naissance de Monseigneur au milieu de plusieurs petites Nacres remplies de perles, une grande Nacre où est une seule de ces grosses perles, que les Latins nomment *Vnions* parce qu'elles sont uniques.

PARTU FELICIOR UNO.

Plus feconde en un seul que les autres en mille.

Pour

Pour sa Mort.
Les Ruïnes du Colisée.

OLIM MIRACULUM, NUNC STUPOR.

Ce qui fut autrefois la merveille du monde ;
N'est plus qu'un objet de pitié.

POVR SES VERTUS.

Pour sa Foy.
Une montre à rouës, dont la petite corde fait mouvoir tous les ressorts.
SOLA FIDES SUFFICIT.
L'Ame de sa justesse & de ses mouvemens.

Elle vivoit de la Foy.
Pour l'Esperance.
Une fleur immortelle avec ces mots de
l'Ecriture.

IMMORTALITATE PLENA EST.

De cette fleur le fruit est l'Immortalité.
La Vie Eternelle est le fruit de nos es-
perances.
Pour la Charité.
Un Aigle qui regarde le Soleil.
A JOVE SOL SOLUS.

Aprés Jupiter le Soleil.

La Reine aprés Dieu n'aimoit rien tant que le Roy.

Pour la Pieté.

Un chandelier d'Eglise avec un flambeau allumé.

SACRIS SOLEMNIIS.

Aux Mysteres sacrez, je consume ma vie.

Pour la Religion.

Un Encensoir fumant.

CONSECRAT ARDORES SUPERIS.

Au Ciel je consacre mes feux.

Pour sa Modestie.

Un dez à joüer, dont on ne voit qu'un deux & trois points, les autres plus grands étant cachez.

POTIORA RECONDIT.

Je dérobe à vos yeux mes plus grands avantages.

Pour sa Candeur.

La Neige qui tombe.

SIC OMNIA PROTINUS ALBA.

Bien-tost tout n'aura plus qu'une même couleur.

Les vertus de la Reine ont été l'exemple de toute la Cour, qui a été sainte & vertueuse, quand elle a imité cette Reine.

Des parties qui composent les Decorations funebres.

LEs parties qui composent les Decorations funebres, & les parties qui
composent les Funerailles sont des choses
bien differentes.

Les Parties des Funerailles sont l'invitation, le Convoy, le Service, les Eloges Funebres, & l'inhumation.

L'invitation se fait par les officiers des
Ceremonies lugubres, le Grand Maistre
des Ceremonies, le Maistre des Ceremonies, l'aide des ceremonies, les Herauts
d'Armes, & les Crieurs.

Le Convoy est le transport du corps, ou
de la representation, de la maison de dueil
à l'Eglise, l'ordre de la marche, & l'equipage
des personnes qui composent le Convoy.

Le service est l'office qui se fait à l'Eglise
par les Prelats, Prestres, & autres Ministres sacrez, les Vigiles, les Messes, la Musique, les Prieres & le chant de l'Eglise, &
les ceremonies de l'Absoute qui se font autour du corps, ou de la representation.

Les Eloges funebres sont les discours,
Sermons & Harangues Funebres qui se

prononcent en ces ceremonies, avec les ouvrages qui se font à la loüange des morts.

L'inhumation est l'enterrement du corps avec les Fonctions, que font les officiers sur le tombeau.

Ces cinq choses demandent un traité particulier que je pourray donner un jour. Je m'attache icy uniquement aux decorations funebres, qui ont aussi cinq parties, dont il faut traiter icy. La decoration de l'Entrée, façade, & portes des Eglises.

La decoration des Autels & Chappelles.

La decoration du corps de l'Eglise.

La decoration des voutes.

Et le Mausolée ou Chapelle ardente où se place le Corps, ou la representation durant les ceremonies.

Toutes ces decorations ont quelque chose de particulier, qui doit estre consideré.

Les Parties des Funerailles ont quelques rapports avec celles des Decorations, qu'il necessaire est d'observer pour ne rien faire qui ne soit dans l'ordre. La decoration de l'Entrée se rapporte aux invitations. La decoration du Corps de l'Eglise peut avoir beaucoup de choses communes avec le Cõvoy. C'est à l'Autel que se fait le Service.

Les inscriptions, & la plufpart des ornemens font des Eloges qui ont beaucoup de ressemblance avec les Eloges funebres, &

enfin les prieres, & la pluspart des ceremonies de l'Inhumation se font autour des
Mausolées, & de la representation.

On ne sçauroit mieux remarquer ces
rapports, & leurs usages qu'en l'appareil
funebre que firent les Peres Jesuites d'Arras pour Dom Philippe Caverel Abbé de
S. Vaast d'Arras fondateur de leur College
l'an 1637. Voicy l'invitation qui fut expo-
sée à la porte de l'Eglise.

ADESTE

Quicumque Belgarum censemini vel incolæ,
vel advenæ.

Funus est modò in Ianuis.

ADESTE.

Seù pueri sitis, seù senes, seù viri, seù fœminæ,
Seù copiosi, seù pauperes, seù plebeii:
Seu Magistratus, seu privati; seu soluti;
seu regulis adstricti:

ADESTE FREQUENTISSIMI.

Non ætatem, non sexum, non conditionem,
non gradum excipimus.

ADESTE, ADESTOTE UNIVERSI.

Effertur ille, cujus omnium interest maximè
exequiæ comitarier.
In eo siquidem
Pueri Mæcenatem,
Senes sustentatorem,
Viri ad fortia ductorem;

I iij

Fœminæ pudicitiæ propugnatorem,

Copiosæ munificentiæ designatorem ,

Pauperes malorum sospitatorem,

Nobiles ordinis sui splendorem ,

Plebeii fortunarum tutatorem,

Magistratus authoritatis publicæ conservatorem,

Privati Reipublicæ defensorem,

Soluti pietatis admiratorem ,

Regulis adstricti necessariorum procuratorem

VNIVERSI

Clarissimum , Dulcissimum , desideratissimum
Parentem prosequuntur.

Au lieu du Convoy funebre ils avoient
representé les Pauvres nourris, les Pri-
sonniers delivrez , les miserables soula-
gez. Les bonnes œuvres qui marchoient
devant luy avec cette plainte ingenieuse
contre la charité de ce Prelat, qui avoit
trop tost acheté le Ciel.

Ocyus ah! votis emisti Præsul Olympum,

    Dùm largam tanto dividis ære stipem!

Debueras retinere manum, ne prodiga cœlum
Cogeret emerito solvere justa viro.

Ils envoyerent les Enfans de la Renommée par toute la Terre dans toutes les
maisons des Jesuites annoncer la mort
de cet Abbé afin qu'on priast Dieu
pour luy selon l'usage de ces Peres qui disent dans tous les endroits du monde chacun trois Messes pour les Fondateurs vivans de chacune de leurs maisons en quelque endroit du monde qu'elles soient, & autant aprés qu'ils sont morts.

Fama leves puelli,
Citi, vagi volucres?
Celeri volate pennâ
In Galliæ penates,
Iberiaque regna,
Et nuntiate genti
Mortis manu revulsam
Antistitum coronam,
Clarissimum PHILIPPVM.
Fama leves puelli
Citi, Vagi, Volucres?
Ite & suprà Gadita,
Et Bactrios, & Afros
Ite & suprâ Molucos
Et Iapones, & Indos
Et Nuntiate cunctis
Clarum jubar Vedasti
Felicitatis astrum

Arthesiæque Solem
Ter maximum Philippum
Terre quidem occidisse,
Novam, sed æviternum
Cælo micare filus.

Apres quoy on disoit ces deux mots pour le Convoy.

POMPA VENIT.

C'estoit la suitte des Abbez du Monastere de S. Vaast depuis Hatta qui fut le premier jusqu'à Mr Sarrazin qui fut Abbé & Archevesque de Cambray. Ils venoient honorer les Funerailles de Dom Philippe Caverel, qui les avoit tous fait revivre en imitant leurs vertus.

Comme aux Convois des Anciens on faisoit paroistre les dépoüilles des Ennemis qu'ils avoient vaincus, les meubles precieux qu'ils avoient apportez des pays éloignez, & les Images, des grandes choses qu'ils avoient faites, on avoit representé tous les ouvrages publics qu'il avoit faits, la Sacristie de S. Vaast qu'il avoit remplie de meubles & d'ornemens sacrez. Le cloistre qu'il avoit restabli, la Bibliotheque qu'il avoit remplie de Livres, deux Maisons & un College fondé pour les Religieux de S. Vaast, un autre à Doüay pour les Benedictins Anglois, l'Eglise & le College des Jesuites d'Arras, les Capucins & les Religieuses de Ste Claire, le College des Peres Augustins à la Bassée &c.

La Representation paroissoit élevée sur un char conduit par la Magnificence accompagnée de la Verité, de la Religion, de l'Honnesteté, & des autres vertus & bonnes qualitez qui l'avoient accompagné durant sa vie. On voyoit autour du char un grand nombre de cornes d'abondance, d'où couloient toutes sortes de biens.

De petits Amours jettoient des fleurs sur ce char à mesure qu'il avançoit.

Toutes les Vertus portoient chacune un grand flambeau allumé avec une devise attachée à chaque flambeau.

La Charité, un Phenix qui se brûloit sur son bucher.

Vt vivat.

La droite intention une boussole.

Vertitur uni.

L'humilité, un balon.

Deprimor ut attollar.

La force, un Rocher au milieu de la mer.

Inconcussa malis.

La Chasteté, un Laurier.

Intacta.

La Compassion, de l'huile.

Vulnera Mulcet.

La Prudence, une Licorne, qui trempoit sa corne dans une riviere avant que d'y boire.

Nulla venena nocebunt.

La Liberalité une corne d'abondance renverfée.

Non fibi, aft aliis.

La Fidelité envers Dieu & le Roy, deux cœurs liez d'une forte chaifne.

Nunquam divelles.

Pour les autres vertus en General, une Grenade ouverte.

Plura latent.

Tous les Ordres Religieux dont il eftoit le bien-faiéteur achevoient la pompe du Convoy.

Les Parties de la Decoration dont je dois traiter icy reçoivent divers ornemens. Les Corps d'Architecture, les lumieres, les Images, les Feftons, les Trophées, les Infcriptions, dont il faudra faire autant de Chapitres.

Pour commencer par les Corps d'Architecture, ils ne font neceffaires que quand on veut faire un grand deffein: On s'en fert en deux manieres, ou en appliquant les parties du corps de l'Eglife au deffein, ou en formant un nouveau corps fur la Tenture noire qui couvre toute l'Eglife.

Quand le lieu où fe font les funerailles

est d'une Architecture reguliere, il y en a qui se contentent de revestir de noir le corps des Colonnes & des Pilastres, de dorer ou d'argenter les chapiteaux, & de poser dans le vuide des Arcs des Tableaux d'Emblêmes, ou de Devises, ou des actions de la vie du mort, rattachez avec des crespes volans des gazes, ou des pavillons d'étoffe noire. Ce qui a fort bonne grace dans les Eglises, qui sont d'un bon goust, & d'un ordre Dorique, Ionique, Corinthien ou Composite. Ces Decorations sont moins lugubres, mais elles ont souvent plus de propreté, & sont d'une moindre dépense. Ainsi quand il est libre de prendre le lieu que l'on veut pour ces ceremonies, il est bon de choisir des lieux avantageux. C'est ce qui manquoit aux funerailles que l'Academie des Arts fit pour Mr le Chancellier Seguier, la Chapelle des Peres de l'Oratoire de la ruë S. Honoré n'estant pas assez grande pour bien faire paroistre la Decoration que l'on y fit.

Aux funerailles qui se firent pour l'Anniversaire du Pape Gregoire XV. à Bologne l'an 1624. dans l'Eglise Cathedrale, on ne prit qu'une partie de cette vaste Eglise pour la decoration, & l'on y fit un nouveau corps d'Architecture Composite au lieu du Corinthien qui fait le corps de toute l'Eglise. Les deux coftez eftoient chacun de deux grandes Chapelles, & d'une autre petite au milieu enfermées entre fix pilaftres, ceux qu'enfermoient la Chapelle du milieu eftant couplez, comme l'ouverture de la Chapelle eftoit de deux arcs l'un fur l'autre, feparez par une baluftrade à hauteur d'appuy. De chacun de ces Arcs pendoient des Lampes à l'antique dans des cornes d'abondance avec des feftons de crefpe rattachez aux coftez des ceintres. Le long des pilaftres pendoient des trophées de Thiares, de Mitres, de Croix, & de Vafes facrez liez de crefpe, & fur les piedeftaux de ces pilaftres regnoit une petite baluftrade avec les images des quatorze Papes qui ont porté le nom de Gregoire, & des grands vafes fumans.

Le vuide des Chappelles eftoit tendu de grands draps noirs retrouffez, avec de grandes Armoiries du Pape accompagnées de tous leurs ornemens, & au bas eftoient quatre grands tableaux des quatre parties du monde, fur lefquelles s'étend la Jurifdiction du Pape.

Les lumieres couronnoient la grande corniche, & dans les efpaces vuides des Chapelles, eftoient les Amphiteatres pour les perfonnes de qualité. On fit quelque chose de semblable à S. Denis pour les funerailles de la Reine Marie Therese le 1. jour de Septembre, où le Sieur de Lobel feignit huict grandes arcades, avec des bandes de velours étenduës en pilastres avec leurs bases, leurs impostes, & leurs chapiteaux dorez, & seize figures feintes de marbre blanc couchées sur les ceintres, le vuide de ces arcades servant aux Amphitheatres, qui rendoient la disposition de cette Eglise & lugubre & majestueuse.

Aux funerailles de François & Alphonse Ducs de Modene & du dernier Duc de Savoye, on fit des corps d'Architecture entiers assortis de toutes leurs parties. Quoy que tous les ordres soient également propres pour ces Ceremonies, le composite y reüssit d'autant mieux qu'il laisse plus de liberté à l'invention & à la disposition des ornemens.

Les Italiens, qui sont si reglez en ces Decorations, & qui ont le goust des belles choses, ne fient la conduite de ces ouvrages pour l'execution qu'aux plus habiles Architectes. Car il y a bien à dire d'une decoration d'Eglise pour les fonctions serieuses à une decoration de Theatre, & il est à craindre que ces lieux Saints & ces ceremonies ne se ressentent du Bal, de la Comedie, ou de l'Opera, quand on en laisse le foin à des gens qui n'ont accoûtumé de travailler que pour ces fortes de chofes.

On leur voit coëffer des teftes de mort, comme des teftes de joüeurs de farces, mettre des bougies au lieu de cierges fur les chandeliers, & parer un autel comme un bufet, ou une fcene de Theatre.

Quand on fit à Naples les funerailles du Comte de Lemos Vice-Roy de ce Royaume, on choifit pour l'invention du deffein Jules Cefar Capaccio, qui nous a donné de fi beaux ouvrages, & pour l'execution on fit choix de Dominique Fontana ce grand & celebre Architecte, à qui on doit l'élevation des obelifques de Rome, & qui eut pour recompenfe d'une fi grande entreprife, outre cinq mille écus d'or qui luy furent délivrez deux jours apres, tous les materiaux & les inftrumens qui avoient fervi à cette élevation, dont il retira plus de vingt mille écus, deux mille écus d'or de penfion, dix places à donner de Chevaliers de Lorette, & la dignité de Gentilhomme Romain, & de Chevalier, qui luy fut conferée par le Cardinal Azzolin.

Pour les funerailles de Philippe II. Roy d'Efpagne, Octavio Caputi fut deftiné par le Comte d'Olivares pour l'invention & la conduite du deffein, & le Cavalier Sereno pour l'Architecture *fù l'Inventione di Otta-*

vio Caputi , il quale col Cavalier Sereno ne diede il diſſegno a gli ſcultori , dit la Relation de ces funerailles. En France les Ouvriers veulent eſtre les maîtres, & faire à leur fantaiſie leurs inventions & leurs deſſeins , & ne pouvant pas ſe paſſer de quelqu'un qui leur fourniſſe des Inſcriptions & des Deviſes, ils choiſiſſent des ignorans pour en eſtre les maiſtres, & n'en prendre que ce qu'ils veulent. Ce qui eſt cauſe que l'on void ſouvent des extravagances, des ſoleciſmes , & des fautes conſiderables en ces ſortes de choſes par les changemens de genres , les fauſſes applications, les méchans vers, & le mauvais latin qui paroiſſent en ces ceremonies. Ainſi aux funerailles que fit pour le feu Roy une Compagnie de fondation Royale, on vid ſur la porte cette Inſcription.

Juſto juſta facit Societas Regia Regi.

Et depuis nous avons vû de pitoyables Deviſes copiées, mal imitées, & auſſi mal appliquées. Un tombeau poſé ſur une urne, & une repreſentation placée ſur un tombeau élevé, un autre tombeau ſuſpendu en l'air avec une corde, des bas reliefs attaçhez comme des tableaux, & des inſcriptions qui n'avoient ny pieds ny teſte, parce qu'elles avoient esté faites par des personnes ignorantes de la Peinture & de l'Architecture, qui pensent qu'il ne faut avoir que de la hardiesse à tout entreprendre, du credit, & de la faveur pour se faire valoir.

Aux funerailles de Victor Amedée Duc de Savoye, qui furent si superbes & si ingenieuses, le P. Juglaris forma le dessein, & en fit la description. Le Comte de Castellamonte l'un des plus celebres Ingenieurs de ce temps-là, fut chargé des soins de l'Architecture, & s'en acquitta avec tant de succez, que l'on n'avoit rien vû de si grand & de si magnifique.

Les funerailles du fils ne cederent en rien à celles du pere : Elles se firent l'an 1675. L'invention fut du P. Giulio Vasco, & la conduite de l'Architecture donnée au Comte Amedée de Castellamonte.

Aux funerailles du Duc de Parme Odoardo Farnese, le P. François Raulin fut chargé de tout le dessein, le sieur Christofle Rangoni de l'Architecture, & Luca Reti des statuës, & des ouvrages de relief.

DE LA DECORATION

qui se doit faire à l'entrée des lieux où se fait la Pompe funebre.

C'Est ordinairement dans des Eglises que se font les funerailles, ou dans des sales de Colleges & d'Academies. L'entrée de ces lieux doit estre decorée conformément au sujet. Quelques-uns se contentent d'y mettre de grandes armoiries des défunts sur une tenture noire, d'autres y mettent des inscriptions, qui invitent aux funerailles, & qui en expliquent le dessein en peu de mots. Enfin il y en a d'autres qui font une façade de Temple, ou de Palais, avec des statuës, des armoiries, des emblêmes, & des inscriptions.

Aux funerailles qui se firent à Bologne pour l'anniversaire du Pape Gregoire XV. on mit au milieu du frontispice de la porte une grande armoirie du Pape couronnée de la Thiare sans clefs, parce qu'elles ne se mettent plus aux armoiries des Papes morts, estant les marques de la jurisdiction

Ecclesiastique dont ils ont esté dépoüillez.
Deux medailles de la Foy & de la Charité
accompagnoient cette armoirie, deux Anges pleurans estoient couchez sur les ceintres de l'arcade. La Devotion & la Mansuetude, deux des principales vertus du Pape, avoient leurs statuës dans des niches.

La Religion & la Charité envers les pauvres tenoient une inscription, par laquelle on apprenoit ce que ce Pape avoit fait de plus considerable durant son Pontificat ; le sujet de l'appareil funebre, le nom & les qualitez de celuy qui luy faisoit rendre ces devoirs, & les motifs qui l'avoient obligé à le faire.

Nom & dignité.	*Gregorio XV. Pont. O. M.*
	Qui Catholicæ Religionis propagandæ
	Studio ubique terrarum impenso ,
	Italiæ pace semel restitutâ , rursus servatâ ;
Abbregé des actions.	*Cælitum cultu & numero ritè aucto ,*
	Optimis quibusque ad honores delectis ?
	Sanctissimâ de eligendo Romano Pont.
Dessein de l'appareil.	*Constitutione feliciter sancitâ ,*
	Superiores Gregorios non magis
	Nomine retulit quam virtute
Nom & qualité de la persóne qui rend les derniers devoirs.	*Lud. Card. Lud. S. R. E. V. Cancellarius ;*
	Justa solemnia
	Hac funebri pompa
	Tot rerum præclarè gestarum
	Vtcumque indice

Ad sui Patriæque solatium ;
Ad grati animi documentum ;
Ad virtutis incitamentum ,
Patruo optimè merito
Exolvit.

Aux funerailles des deux Duchesses de
Savoye l'an 1664. on fit une façade de temple de vingt-quatre pieds de haut , d'ordre Dorique , feinte de marbre blanc &
noir , avec les armoiries de ces deux Princesses élevées sur les deux frontons , qui
regnoient sur les quatre pilastres. Deux
pleureuses dans les niches , & quatre autres assises sur les frontons à costé des armoiries exprimoient par leurs larmes la
douleur que causoit cette double perte ;
L'Inscription estoit celle-cy.

Doloris Theatrum ingredere ;
Disces quàm sit attigua
Summæ felicitati summa infelicitas.

Au dessus estoit en pied une grande image de la mort enveloppée d'un suaire , s'ap-
puyant d'une main sur une grande faulx ,
& de l'autre tenant une trompette , qu'elle
enfloit pour inviter aux funerailles.
Pour le Senateur Berlingiero Gessi l'A-
cademie des Gelati de Bologne decora les

trois arcades du portique de l'Eglise, où
se faisoient ses obseques. Tout fut tendu
de noir avec un grand nombre d'armoiries
du deffunt, & dans un obelisque porté sur
les dos de quatre lions : on lisoit ce vers
d'Horace.

DIGNUM LAUDE .
VIRUM
FAMA VETAT
MORI.

Et parce que les armoiries de la maison
des Gessi sont deux lions affrontez , qui
soûtiennent un tronc écoté sur une montagne à six coupeaux, on avoit mis sur la
pointe de l'obelisque ces deux lions , qui
soûtenoient un grand tronc terminé en cypres.

On se contente quelquefois d'une seule
Inscription , comme on fit à Milan au service que les Peres Barnabites firent pour
le Roy d'Espagne Philippe IV.

Philippo quarto
Regum optimo, ac piissimo Religionis patrono
Posthuma pietatis tributa ,
Congregatio Clericorum, Regularium S. Pauli
Omni flebilem ætati deflens jacturam,
Meritissimo mœrens persolvit
Impares exequias ne mirere spectator ;
Ubi Rex obiit, leges dolor non servat.

Aux Funerailles de l'Empereur Mathias,
& de Ferdinand II. celebrées à Florence
l'an 1619. & l'an 1637. On expofa un Abbregé de la vie de l'un & de l'autre en cette maniere.

IMP. MATHIÆ CÆSARI
Germaniæ, Hungariæ, Boemiæ, Dalmatiæ,
Croatiæ, Sclavoniæ, Regi.
Auftriæ Archiduci
Ex longâ utrinque Cæfarum ferie Pio, inclyto, femper Augufto Principi.
Sacratiffimo Religionis ac Pacis cultori

Cofmus fecundus Magnus Dux Etruriæ affinitatis, atque obfequii monumentum mæftiffimus pofuit.
Quod magnis præliis Victor Hungariæ, Auftriaque imminentem Turcarum Tyrannidem propulfaverit, munitiffima oppida in ditionem receperit, labantem in Germaniâ Catholicam Religionem firmaverit, ad avita Regna, & Imperii faftigium evectus Germanica gloriæ, Hungarorum libertati, Auguftæ domus felicitati, ac totius Reip. Chriftianæ quieti, honeftiffima pace confuluerit, ac demum Ferdinando Patruele Hungariæ, ac Boemiæ Regnis inaugurato, feptimo Imperii anno humanitatem fanctiffimè expleverit.

Celle de l'Empereur Ferdinand II. eft en-

core plus longue , & fait de la mesme maniere le tableau de toute sa vie , & de ses
plus belles actions.

Imperatori Ferdinando II. Cæsari
Germaniæ, Hungariæ, Boemiæ, Dalmatiæ,
Croatiæ, Sclavoniæ Regi,
Archiduci Austriæ.
Caroli Archiducis filio , Ferdinandi I. Impera-
toris nepoti.
Germanico, Boemico, Pio, Felici, invicto, &
semper Augusto.
Catholicæ veritatis cultori sanctiss. Vindici
acerrimo, propugnatori gloriosiss.
& felicissimo.
Qui cum orthodoxam fidem inculpatæ vitæ
exemplo, & præclaris victoriis Deo antiqua
miracula renovante asseruisset,
Ei Regnandi artibus sapienter posthabitis,
Maximam potentiam sibi imperare, laudem
Regiam magna largiri,
Pulcherrimum triumphum subjectis parcere
arbitratus.
Pietatem erga Deum summum Regis Præsi-
dium & decus esse expertus,
In rebus secundis moderatissimus, in adversis
constantissimus,
Mansuetudinis & Clementiæ summus,
Domitis Rebellibus
Hæreseos, cujus universus furor
In eum eruperat,

Fracta pervicacia,
Præliis multis,
Bellis omnibus victor,
Immortalitate dignus
Mortalitatem explevit.
Ferdinando filio prius Rege Romanorum
Inaugurato.
Quo imperante
Christianus orbis optimum Cæsarem
Amisisse non sentiet,
Ferdinandus II. Magnus Dux Hetruriæ
Gratitudinis & obsequii pignus,
Iusta mæstissimus persolvit.
Avunculo incomparabili
A quo unicè diligebatur.
Et Heroï maximo, in lucem edito.
Vt ostenderet quid summa animi probitas
In summâ fortunâ posset

On retint durant long-temps cette maniere d'Inscriptions à Florence, puis qu'on
s'en servit aux funerailles du Roy Henry
IV. de Marie de Medicis son Epouse, &
du Duc François de Medicis. Celle de Marie de Medicis estoit

Mariæ, Galliæ, & Navarræ
Reginæ Christianiss.
Francisci, & Ioannæ Austriacæ
M. M. Ducum Hetruriæ filiæ.
Henrici Magni uxori : Ludovici Iusti
Isabellæ Reginæ Hispaniarum,

Henricæ Mariæ Reginæ Magnæ Britanniæ, &
Christinæ Ducis Sabaudiæ Matri,
Præcipuo fidei Christianæ studio
Animi celsitudine & obvia beneficentia
Heroïnæ Maximæ.
Incertum tanto conjugio, an tanta prole
Digniori.
Ferdinandus II. Magnus Dux Hetruriæ
Consanguineæ Incomparabili
Exequiarum munus
Mœrens persolvit.

Ces Inscriptions font une belle image de
la vie de ceux à qui on rend ces devoirs lugubres, & preparent les spectateurs au reste de l'appareil. Particulierement quand
on prend soin d'y exaggerer le merite des
personnes, & quand on y fait entendre la
perte que le public a faite en la mort de
ces personnes. Comme on fit pour le Ma-
reschal de Toiras.

Lugete Posteri Mortuum;
Quem vix credatis extitisse mortalem.
Thoerasius hic est
Ex Assertore eversor Hærreseos
Sine quo nec componi potuere bella,
Nec geri.

En voicy deux autres.

La premiere fut mise sur la porte de la
Chapelle du Palais à Viterbe pour les obseques d'Enée Vaini Prelat, & Gouverneur

pour le Pape, de cette Ville, & Chevalier de S. Estienne de Florence.

Æneæ Vainio
Patritio Imolensi
Equiti præclarissimo
Prælato Religiosissimo
Præsuli Amplissimo
Gubernatori optimò, atque Munificentissimo
Virtutibus omnibus ornatissimo
Integerrima, benè merito
Civitas Viterbiensis
Ejus beneficentia memor
Requiem precatur Æternam.

La seconde est celle que l'on mit sur la
porte de l'Eglise des Ss. Nazare & Celse à
Plaisance pour la solemnité que l'on y fit
pour les ames du Purgatoire.

Adeste Huc cives
Vt Luctuosâ è Scenâ
Ad lætitia Theatrum;
E pœnis ad gaudia;
Ex igne transeant ad solem;
Vestra Animæ poscunt suffragia
Piis redditure precibus
Aliquando Mercedem.

Il y a là deux Metaphores qui ne nui-
sent pas à la gravité du sujet.

L'autre inscription mise sur la mesme
porte estoit neantmoins beaucoup plus grave.

Ferte huc vota, huc preces:
Vbi Parentum, Fratrum, Amicorum
Vox mœsta sonat.
Miris cruciantur modis.
In flammis cum sino,
Rores à vobis expectant ;
Fluat igitur Pietas
Cum Imbre lachrymarum.
Hoc Imbre possit incendium extingui.

Le College de Lion aux funerailles du
feu Roy se servit de cette invitation.

Nom & qualitez du mort.

Ludovico Iusto Regi Christianissimo
Parenti suo Munificentissimo.
Societas JESU.

La Cõpagnie qui fait les Funerailles.

Arbitra olim conscientia, nunc cordis Hæres
Sacro & erudito luctu facit parentalia.

Motifs.

Funus indixit Gratitudo : Virtutes exequan-
tur.
Mœrorem Amor Æternum facit.

Dessein general.

Accede Lugdunum tui Collegii votis.
Hic erit Regiis Manibus gratus in lacrimis
favor.

Dessein en particulier.

Rien ne manque à cette inscription, elle commence par le nom & les qualitez de
celuy dont on fait les obseques, le nom de

Invitation à la ceremonie & aux larmes.

la Compagnie qui les fait suit immediatement, les motifs y sont exposez, Enfin
elle finit par l'invitation à la ceremonie &
aux larmes.

On ne decore pas seulement d'inscriptions la façade des Eglises où se font ces appareils, on les orne quand on veut de peintures, de Statuës, & d'un corps d'Architecture. Aux funerailles de Mr de Turenne on avoit mis sur une porte la vertu Militaire, & sur l'autre la Vertu Chrestienne qui tenoient chacune une inscription.

Aux funerailles de l'Empereur Mathias faites à Florence la Religion & la Noblesse soutenoient le Diademe Imperial sur un Ecusson des Armoiries de l'Empereur avec ces mots.

Ipsi me deduxerunt.

Qui signifioient que ces deux qualitez l'avoient conduit à la gloire. Sous l'Image de la Religion on lisoit ces mots.

Beatus homo quem tu erudieris

Et sous la Noblesse estoient ceux-cy.

Beata Terra cujus Rex nobilis est.

Huit squelets portoient ces inscriptions tirées de divers endroits de l'Ecriture.

Iustus si morte preoccupatus fuerit in refrigerio erit.

Ecce quomodo computati sunt inter filios Dei, & inter sanctos sors illorum est.

Omnia pergunt ad unum locum, de terrâ facta sunt, & in terram pariter revertuntur

Dies mei pertransierunt quasi naves poma portantes, & sicut aquila volans ad escam.

On peut non seulement decorer les portes d'Inscriptions d'Armoiries, & de figures, mais on peut y dresser des portiques
propres du sujet. C'est ce qu'on fit aux funerailles de l'Empereur Ferdinand II. On
dressa trois portiques aux trois portes de
l'Eglise. Et entre ces Portiques estoient
deux squelets à Cheval armez de toutes
pieces avec la lance à la main l'une avoit
cette inscription au piedestal.

Dico intranti Potes non exire amplius

Et l'autre.

Dico exeunti potes non ingredi amplius.

Deux autres piedestaux & les soubasse-
mens des colomnes estoient remplis de ces
salutaires avis.

*Ad qua gemimus, qua expaveſcimus tributa
vivendi ſunt.*

Maturè fias ſenex, ſi vis diu eſſe ſenex.

Longa noſtra deſideriâ increpat vita brevis.

*Incaſſum multa portantur, cùm juxta eſt quo
pergitur.*

On pourroit representer les Portes de
la Mort, qui sont les pechez, que celuy que
l'on pleure a vaincus & tenant ces portes
fermées, on pourroit faire de la grande
Porte les Portes des Vertus, & mettant au
dessus de ces deux portes l'Image de celuy
pour qui on fait l'appareil on pourroit representer J. C. qui le tirant du Tombeau

côñme Lazare , l'introduiroit dans le
Ciel, avec ce verſet du Pſ. 9. en inſcription.

Qui exaltas me de portis mortis ,
Vt annunciem omnes laudationes tuæ
In portis filiæ Sion.

On pourroit auſſi faire trois portes, la
porte de la vie, la porte de la mort, & la
porte de l'éternité. Les trois portes d'Occident du Temple de Jeruſalem, ou les
trois portes d'Orient : *Ab Oriente portæ tres,* *Apoc. 21.*
& ab Occidente portæ tres.

On pourroit repreſenter les portes par
leſquelles on entre dans le Ciel; le Jeûne,
la Priere & l'Oraiſon. L'Innocence, la
Penitence & les bonnes œuvres. Les trois
portes de Jeruſalem du coſté du Septen-
trion, dont l'une eſtoit nommée de Ruben, *Ezech.*
l'autre de Juda, & l'autre de Levi; & en *48.*
faire la porte des Richeſſes, la porte de
l'Honneur, & la porte de la Pieté ; ou
prendre celles qui portoient les noms de
Joſeph, de Benjamin, & de Dan, & les
appliquer aux avantages de la fortune, aux
avantages de la nature , & aux avantages
de la grace.

Pour un Roy dont la vie auroit eſté glorieuſe & toute ſainte, on pourroit repreſenter les portes de l'éternité, & mettre

dans des niches les ſtatuës des Princes ver-
tueux, & des Rois ſaints, avec cette Inſcription ſur la friſe.

Pſ. 23.

Attollite portas Principes veſtras,
Elevamini portæ Æternales,
Et introibit Rex gloriæ.

Pour une Princeſſe ou une grande Dame qui auroit fait de belles actions, on
pourroit les repreſenter ſur les portes de
l'Egliſe, avec ce mot des Proverbes.

Prov. 31.

Laudent eam in portis opera ejus.

On pourroit repreſenter l'Honneur, la
Gloire, la Vertu, la Renommée, le Merite, qui feroient l'office des Herauts pour
inviter aux funerailles.

Enfin la lecture des Poëtes peut fournir
de riches idées pour ces Decorations d'entrée, qui ne demandent pas toûjours d'être
auſſi graves que celles que l'on fait pour
les Egliſes.

La Cour de Savoye qui eſt ſi magnifique
dans les grandes Feſtes, ne l'eſt guere
moins aux Decorations funebres; elle leur
donne tous les ornemens que la douleur
peut ſouffrir. C'eſt ce qu'on a vû aux funerailles de deux de ſes Ducs, Victor
Amedée, & Charles Emanuel II. Aux funerailles du premier la porte eſtoit deco-

rée d'un grand corps d'Architecture, dont quatre squelets au lieu de colonnes portoient la Corniche, & tenoient chacun une longue table noire remplie d'une inscription écrite en caracteres d'argent. Au dessous de ces squelets dans les piedestaux, on voyoit le Rhosne & le Po qui arrosent les Estats de Savoye & de Piedmont pleurans. Sur le tout de la grande Corniche estoit une Inscription dans une table quarrée, & deux autres sur les retours, Dans le corps attique estoit un grand tableau, où l'on voyoit la Vertu montée sur un char en triomphatrice & couronnée; le nom de l'Eternité estoit écrit sur les roües de ce char, & derriere le char paroissoit un étendard, où on lisoit ces mots : *Super omnia Virtus.* La Gloire conduisoit ce char, & sur les deux costez du fronton estoient les images de la France & de la Savoye, toutes deux affligées, mais dont l'une sembloit consoler l'autre, en luy faisant voir la Gloire qui accompagnoit son Prince jusqu'aprés sa mort. Enfin tout au haut de cet edifice la Renommée enfloit sa trompette, & tenoit une branche de cyprez.

Aux funerailles qui se firent à Rome pour le Cardinal Mazarin dans l'Eglise des Saints Vincent & Anastase, on avoit mis sur la porte un grand trophée de la Mort;

qui fouloit aux pieds la Thiare, les Cha-
peaux de Cardinaux, les Sceptres, les
Couronnes, & les autres marques d'honneur. Deux autres Morts estoient couchées fur le fronton de la porte ; & entre
les colonnes estoit d'un costé un tableau de
l'action qu'il fit à Cafal, empêchant les
deux armées de fe battre avec cette Infcription : *Pugnantium Compofitor :* Et de
l'autre costé la Paix de S. Jean de Luz,
avec ces mots : *Regum Conciliator :* & immediatement fur la porte.

JULIUS S. R. E. CARD.
MAZARINUS.

Sept grands pots à feu estoient mis fur
autant de piedestaux, au deffus de la corniche & du fronton.

Pour ces Decorations d'Entrée il ne s'est
jamais rien fait de fi fuperbe que ce qu'on
fit à Rome pour la Reine Mere Anne d'Austriche. On remplit tous les vuides de la
façade de l'Eglife de S. Loüis des François
de tableaux & de figures, pour en faire un
Arc de triomphe, dont le fujet de la Decoration estoit le Monde en deüil & le
Ciel en joye fur la mort de la Reine : Ce
qui faifoit de cette entrée un objet magnifique & lugubre tout enfemble. Cet Arc
a trois ouvertures comme la plûpart des
anciens,

anciens, estoit composé de deux ordres
d'Architecture, dont toutes les parties
estoient remplies de peintures & d'ornemens de clair obscur, relevez d'or, qui representoient les vertus & les actions de la
Reine, ou des trophées de mort & de victoire entremeslez.

Auprés de la croix qui couronne le fronton estoient deux grandes figures assises la
Charité & la Misericorde, que cette pieuse
Reine avoit toute sa vie exercées à l'egard
de ses Sujets. Elles estoient aussi placées
les plus hautes, comme les deux vertus qui
ont ouvert le Ciel à cette vertueuse Reine.
Sur les deux extremitez du fronton, au
dessus de la grande corniche, estoient assises deux grandes Morts, qui portoient
chacune une grande urne allumée, tandis
que le reste des montans du mesme fronton
estoit rempli de semblables urnes.

Sur les chapiteaux des coins de la façade
estoient deux grandes figures en pied, la
Paix & la Victoire.

Dans le Tympan du fronton estoit une
grande armoirie de la Reine environnée
de palmes, & portée par deux Anges, &
tout autour de part & d'autre estoient toutes les Provinces du Royaume affligées
pour la perte qu'elles avoient faite, & distinguées chacune par les armoiries &

L

des symboles qui leur sont propres.

Au dessous de la corniche de l'ordonnance la plus haute estoit un éloge de la Reine,
qui comprenoit les principaux évenemens
de sa vie, sa Naissance, son Education,
son Mariage, la Naissance du Roy, sa Regence, sa Conduite, les Disgraces, & ses
Victoires, la fin de la Regence, le Mariage de son fils, la Paix donnée à l'Europe, sa Retraichoordanssa derniere maladie,
& sa Mort.

ANNA AVSTRIACA

Philippi III. Hispaniarum Regis
Filia.

Inter discalceatas Regis Regum sponsas
Exemplo magna Matternera Margarita,
Imperatoris filia, Imperatorum sororis,
Regnandi hausit rudimenta,
Servire Deo

Collectis maximarum virtutum ornamentis
Ad Galliarum Regis
LVDOVICVM XIII.
Electa conjugium
Sua deplorare sterilitatis fæcunditatem
Cælo evocavit :

Vnde fructus orbi terrarū præstantissimus
A DEO DATVS.
Rege conjuge orbata,
In tutela Regiæ Sobolis iterùm mirifica
Parens,
Innumera dedic admirabilis prudentiæ
experimenta,
Æquè prosperis & adversis constans :
Regni gubernatula ità moderata est,
Vt conscientiæ caveret, coronæ consuleret,
Perduelles compesceret,
Exterorum inuasiones frangeret,
Bello & studiis pacem instrueret,
Christianæq; Reipublicæ tandem dederit :
Datamque, Filij ac Neptis matrimonio
firmauerit :
Et cum in uberrimū efflorescerent fructū,
Quæ Regis filij animo
Documentis inseuerat, exemplis educa-
verat,
Cunctas Heroïnæ laudes excellentissimè
transcendit ;
Quod regnare sponte desiit ;
Quodque in diuturni atrocisque morbi

Fortissimâ patientiâ
Mortem placidissimè obiens,
Mori docuit.

Ætatis suæ anno LXIV. *Salutis* MDCLXVI.

Au dessous de cette Inscription estoit un
grand tableau, où l'Immortalité portoit le
portrait de la Reine, qu'elle arrachoit à la
Mort. Deux Anges tenoient au dessus ces
mots de Tertulien : *Mors non capit immor-*
talitatem.

Deux Devises estoient aux costez de ce
tableau.

L'une estoit une urne rompuë dans laquelle estoit une lumiere , avec ces mots.

Magis emicat.

L'autre estoit une piece de pourpre mise
sous la Calendre , qui est une presse sous
laquelle elle prend un nouvel éclat.

Compressa nitescit.

Dans la même ordonnance sur la droite
estoit un grand tableau du sage gouvernement de la Reine , qui paroissoit avoir
sous ses pieds la Rebellion, la Discorde,
les Intrigues du cabinet, & plusieurs autres monstres qu'elle avoit glorieusement
surmontez par sa prudence. Ce tableau
estoit aussi accompagné des figures du Ju-

gement, de la Constance & du Conseil,
qui sont les aides avec lesquelles cette Reine avoit triomphé de ces monstres. Cette
Inscription mise au dessous en faisoit l'application.

Sanctitas domi, foris fortitudo,
Vbique prudentia.

A l'opposite estoit un grand tableau où
la Reine assise à l'ombre des palmes, re-
cevoit les clefs de plusieurs Villes conqui-
ses durant sa Regence. Les figures de la
Vigilance, de la Valeur, & de la Felicité
publique accompagnoient ce tableau, &
l'Inscription apprenoit que cette vertueuse
Reine n'avoit fait servir tous ces grands
succez qu'à la Paix.

Suas paci devovet victorias.

Les Devises estoient un Soleil couchant,
avec ce mot qui en promettoit le lever.

Orietur.

Et un Phenix sur son bucher.

Ex Morte, Vita.

L'ordonnance la plus basse faisoit voir sur
le fronton de la grande porte la Mort & la
Gloire assises, qui soûtenoient un grand
Cartouche où on lisoit ces mots.

SPECTATOR

Ne mirere pro funere triumphum,

Capitolium pro Tumulo

ANNÆ

Suas laureas Cælo dedicantis hac pompa

Noster dolor

Questu in planctum conuersa,

Ejus gloria itd venerabundus obsequitur,

Sed utcumque nouam speciem induas.

Vsque nostris animis dolor est.

Au dessous de ces figures & immediatement sur le frontispice de la porte un
autre Cartouche, avec cette Inscription.

MATRI INCLYTÆ

Non tam quod Mater

Quàm ob præclarè gesta Charissima

LUDOVICUS.

Sur les deux autres portes estoient deux
autres Inscriptions.

VIATOR

Præpropero ablata est fata

Dans un des grands tableaux la Reine
remettoit au Roy son fils la conduite de ses
Estats, auec ces mots,

A N N ...

Si noſtris lacrimis credas :

... chariſſimo, ...

Si ipſius magnitudinem factorū perpendas.
Viuis immortaliorē, ſi ſpectes gloriam.

... Tecum ...

Si vitam homini brevem conquereris,

... Deſtice ...

Natura ne incuſes noxam, an hominis.

INGREDERE VIATOR:
Vt mortalitatem tuam explores,
Dùm Regina potentiſſima parentatur.
Cogita quod

Serius, aut citius ſedem properamus ad
unam

Latetque ultimus, ut omnis obſervetur
dies.

Si vis triumphare de morte,
Ità vive,

Vt ne timeas mortem.

Generose filio imperium remisit,
Sibi soli imperatura.

Dans l'autre tableau on voyoit la Reine
retirée dans le Val de Grace, ou dans les
Hôpitaux, avec ces mots.

Suæ Charitatis solatium.

Au dessus estoient deux Emblêmes, l'un
de la Mort, qui precipitoit Phaëton de son
char, en prenant elle-même les resnes
avec ces mots.

Nulli parcit.

Dans l'autre elle triomphoit montée sur
un char tiré par des Rois, des Artisans,
& des Esclaves.

Sive Reges, sive inopes.

Dans une Academie d'Italie pour le service solennel d'un Academicien, qui avoit
écrit des livres pour la défense de la Foy
& de la Religion, & à la gloire de la sainte Vierge, on avoit peint sur la porte de
l'Eglise cet Academicien avec une Renommée, qui portoit sur la banderole de
sa trompette une image de la Vierge ; le
Triomphe de la Foy & de la Religion
estoit assis au dessus, & cet Academicien
tenoit un livre ouvert sur trois bas reliefs,
l'un du Clergé, l'autre des gens d'épée, &
le troisiéme d'une Academie de Docteurs;

parce que ces trois estats avoient honoré
cet Academicien. Enfin parce qu'il avoit
pension du Roy de France, la Renommée
avoit sur l'agrafe de son manteau l'écusson
des armoiries de France.

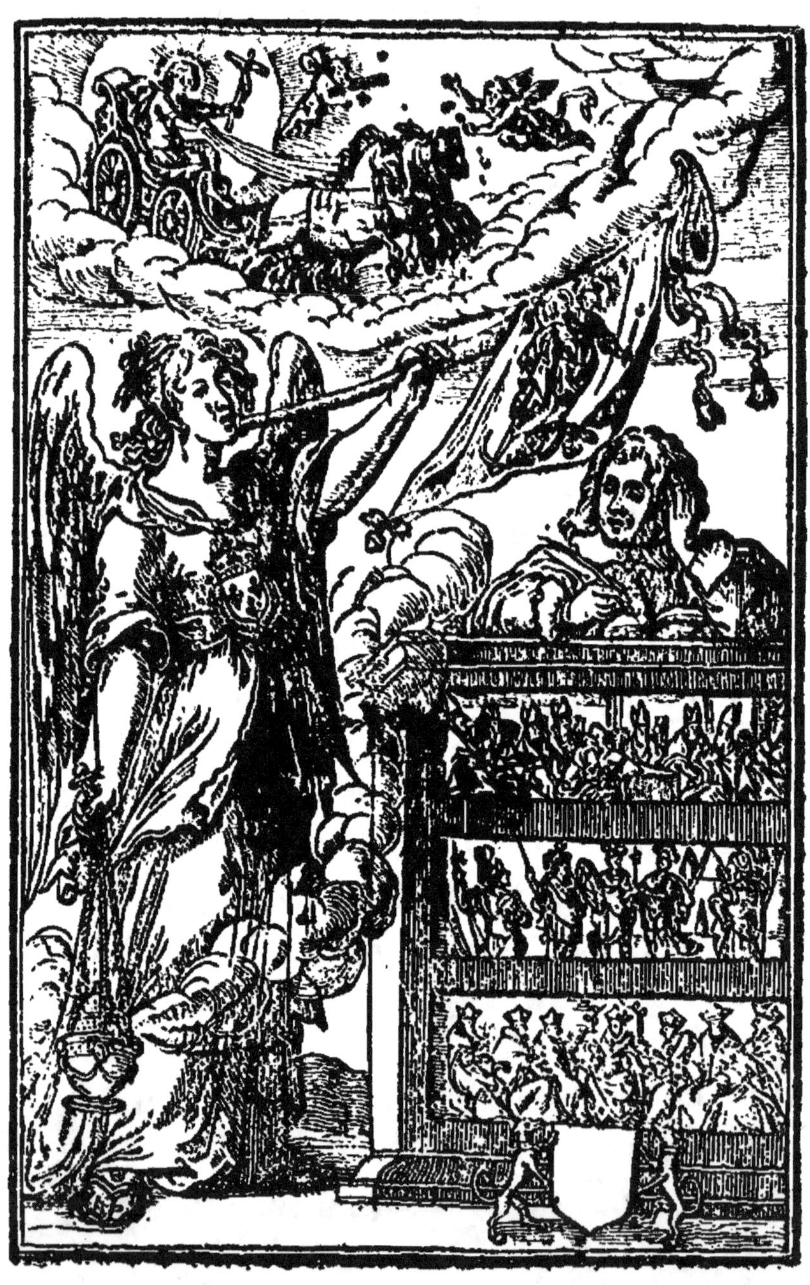

On avoit preparé pour le Titien & pour
l'Albane des appareils funebres, où la Decoration des portes devoit faire voir la
Peinture servie de la Gloire, de la Renommée, du Temps & de la Poësie; mais la
jalousie de quelques Peintres fut cause que
ces grands desseins ne furent pas executez.
Le Comte Tesoro fit aussi un dessein d'appareil pour Charles Emmanuel, Duc de
Savoye, Pere de Victor Amedée, où la
Decoration de l'Entrée avoit du grand &
du surprenant. Mais ce dessein eut le même sort que les deux autres, & ne fut
pas executé, à cause des revolutions qui
arriverent dans la Savoye aprés la mort de
ce Prince.

DE LA DECORATION
de l'Eglise.

LA principale Decoration est celle de toute l'Eglise. C'est-là où se traite pleinement le sujet dont on a fait choix ; & ce que j'ay déja dit de la disposition du dessein, regarde principalement cette Decoration. Elle consiste principalement en cinq choses ; en tentures, en lumieres, en architecture, en figures, & en Inscriptions, dont il faut traiter icy. A l'égard des tentures, j'en ay déja fait un Chapitre, auquel je n'ay rien à ajoûter. J'ay aussi parlé des corps d'architecture, qu'on peut élever pour ces decorations.

Les lumieres en doivent faire la partie la plus considerable, d'autant plus que c'est des flambeaux allumez que les Latins donnerent à ces derniers devoirs le nom de funerailles, comme quelques Grammairiens ont remarqué.

Deux choses obligerent les Anciens à se servir de flambeaux en ces ceremonies. Le temps de la nuit qu'ils avoient choisi pour

les Convois Funebres, parce que le temps
des tenebres estoit plus propre à des ceremonies de dueil, & l'usage de bruler les
corps sur de grands buchers dreslez exprés.
Outre ces deux usages ils firent de la lumiere le symbole de l'immortalité de l'A-
me, particulierement par les lampes allumées qu'ils enfermoient dans les tombeaux
quelques uns mesmes ordonnoient par
leur testament à leurs heritiers qu'à leurs
esclaves affranchis d'allumer tous les ans
à certains jours un certain nombre de ces
lampes sur les Sepulchres & les tombeaux
ou leurs cendres seroient enfermées aprés
leur mort, & les ceremonies de leurs funerailles.

Les Chrestiens dont tous les mysteres
sont saints se sont tous les jours servi de
lumieres, de cierges, de la mort ou des
flambeaux allumez, dans toutes leurs cere-
Ego sum
lux mū-
di.
monies, pour representer JESUS-CHRIST
qui est la lumiere du monde, comme il a
dit luy-mesme. En la ceremonie du Baptesme on allume des flambeaux pour nous ap-
Lux ve-
ra quæ
illumi-
nat om-
nem ho-
minem
venien-
tem in
prendre qu'il est la lumiere qui illumine
tout homme venant dans le monde. On en
met sur les Autels, on en porte aux pro-
cessions, & nous celebrons tous les ans une
Feste de lumieres, au jour que le saint
Vieillard Simeon prononça dans le Tem-

ple en tenant le Sauveur entre ses bras que
cet Enfant estoit la lumiere qui éclaire-
roit les Nations. Tous les Ans le Samedy
saint on fait du feu nouveau que l'on be-
nit & de ce feu nouveau on allume le
cierge Paschal, qui est la figure de la colomne de lumiere qui conduisit le peuple
Hebreu dans le Desert & le Symbole du
Fils de Dieu en sa Resurrection. On en allume aussi les Lampes que l'on avoit estein-
tes le Vendredy saint pour representer la
mort du Sauveur.

Nous nous servons aussi de cierges, & de
flambeaux allumez aux funerailles des fideles pour representer les lumieres de
la grace qui accompagnent leurs ames
aprés leur mort, & qui les font entrer dans
la lumiere de gloire, qui est la recompense de leurs travaux. La coûtume en est aussi ancienne que l'Eglise, & S. Jean Chryso-
stome en son Homelie quatriesme sur l'E-
pistre aux Hebreux dit que c'est pour conduire à la couronne les Fideles qui sont
morts, comme on conduisoit autrefois les
Athletes victorieux. C'est pour cela mesme
qu'une sainte femme Chrestienne ayant en-
terré le corps de S. Clement Martyr l'ha-
billa decemment, & l'ensevelit avec des
parfums, des lumieres & des Hymnes sacrez, & pour marquer les divers combats

qu'il avoit si constamment soûtenus durant plusieurs années elle alluma plusieurs lampes sur son tombeau.

Les Chrestiens allumerent aussi plusieurs flambeaux autour du corps de S. Cyprien, & luy firent de magnifiques Funerailles sous les yeux mesmes du persecuteur dans le dessein qu'ils avoient tous de mourir pour Jesus-Christ à l'exemple de ce Martyr.

On a retenu dans l'Eglise une si loüable coustume, & l'on porte devant les corps des flambeaux allumez dans tous les Convois funebres, on en met dans les Eglises ou se font les ceremonies des obseques, & les Mausolées qu'on dresse pour servir aux derniers devoirs en sont tellement chargez, que cet usage leur a fait donner le nom de Chapelles ardentes.

Dans les Convois Funebres ces flambeaux sont ordinairement portez ou par les Ecclesiastiques ou par les Religieux qui marchent sous leurs Croix dans ces Convois, ou par des pauvres que l'on habille de blanc ou de noir.

Aux Funerailles de Claude de Lorraine Premier Duc de Guise cent Pauvres vestus de noir, & cent pauvres vestus de blanc portoient chacun une torche avec un double Ecusson des Armoiries de ce Prince.

cum vi-
ctoria,
venera-
bile Jaco-
bi Epi-
scopi &
Marty-
ris cor-
pus de-
cêter in-
duit, &
mundo
linteo
involv-
êscum
odori-
bus, hym-
nis . ac
lumini-
bus de-
posuit.
Ex M.S.
Græc.
Roland.
24. Ian
Luc.r-
narum
accendit
multitu-
dinem,
quod
multa
vicerat
certami-
na. S:m.
Metaph.
cap. 15.
S Clem.
Ancyn.
Ep.
Ejus
corpus

Au Convoy Funebre de l'Archiduc Albert fait à Bruxelles l'an 1622. Les Chanoines de l'Eglise Collegiale de Ste. Gudule, les Chappelains de la Chappelle de la Cour, les Chappelains de l'Oratoire du Prince, les Predicateurs, & tous les Prelats, Abbez, Evesques & Archevesques au nombre de quarante portoient tous des cierges allumez, & douze pages marchoient immediatement devant le corps avec des flambeaux & doubles Ecussons des Armoiries du deffunt. Quatre cens pauvres marchoient à la teste de tout le Convoy avec des torches ardentes suivis de six cens Religieux avec des cierges allumez.

On peut se servir de diverses inventions pour la disposition de ces lumieres dans les Eglises, & autour du corps ou de la representation. Aux obseques que la Nation Espagnole fit au Roy Philippe III. à Rome dans l'Eglise S. Jacques de la Place Navone le 2. Fevrier l'an 1622. on avoit mis sous la corniche qui regnoit tout autour de l'Eglise quatre cent quatre-vingt & dix cornes d'Abondance argentées dont chacune portoit un flambeau de trois livres. Aux ceremonies funebres du Duc de Modene François d'Est, tous les cierges allumez, sur la corniche estoient portez par des Aigles à deux testes couronnez, & par des

fleurs de lys à caufe des armoiries de ce
Prince écartelées d'aigles & de fleurs de
lys.

Quelquefois on couronne fimplement
toute la corniche de flambeaux avec des
Ecuffons ou fans Ecuffons. Aux funerailles
de Victor Amedée Duc de Savoye, & de
fon Epoufe Madame Chriftine de France
faites dans le Dome de Turin l'an 1637. &
l'an 1684. L'Architrave de l'Eglife portoit de grands flambeaux allumez avec
les Ecuffons des Armoiries.

Souvent on fait porter ces flambeaux ou
par des fquelets, ou par des Anges, ou par
les Images des vertus, des Provinces, des
Villes, des communautez &c.

On peut y faire fervir d'autres Figures,
des Griffons, les Lions, des Dauphins, des
Eftoiles, & la plufpart des pieces dont les
Armoiries font ordinairement compofées.

Outre les cierges & les flambeaux on
peut difpofer par toute l'Eglife, & fur le
Maufolée des lampes, des Phares, & des vafes ardents. Comme on fit à Rome pour
les cinq ou fix derniers Papes.

On fait quelquefois allufion à ces lumieres dans les infcriptions funebres, comme
on fit à Plaifance aux funerailles du Duc
de Parme Odoard. En cette maniere.

Quifquis

Quisquis in hoc doloris Theatro
Stellatam facibus noctem
Interdiù miraris,
Defecisse Solem coniicies.
Odoardum Serenissimum Ducem,
Quem ut Solem venerati sumus,
Non unius interjecti sideris
Sed totius Cœli vis rapuit.
Ibi ut meliori ornetur luce,
Piis lacrymis impetrabis.

Aux Funerailles de la Reine qui se firent à S. Denis le 1. de Septembre 1683. On avoit élevé six colonnes de lumieres, qui portoient de grands pots à feu sur leurs chapiteaux, & une couronne d'estoiles toute brillante de lumieres estoit suspenduë au dessus du corps de cette Reine comme un symbole de la couronne de gloire.

Aux Obseques du dernier Duc de Savoye on avoit élevé quatre grandes colomnes torses, qui montoient jusqu'à la voute toutes garnies de lumieres. On en met sur des frontons, sur des Consoles, & de grands Chandeliers à plusieurs branches.

Aux Funerailles d'Augustin Carrache, on disposa tout autour de l'Eglise des Urnes à l'antique de trois pieds chacune, élevées sur de grands pié d'estaux. Il en sortoit un feu continuel, agreable, de bonne odeur, & de diverses couleurs sans aucune fumée,

& Benoist Morelle, qui rendit conte de ces funerailles au Cardinal Farnese en une longue Lettre qu'il luy écrivit, dit que ces feux estoient de l'Invention d'un Gentil-homme nommé Jules Cesar Pasculli.

Il y a cent manieres de disposer les cier-ges, & les Lampes pour faire diverses figures d Arcs, de Triangles, d'Obelisques, de Fleurs de lys &c. On peut mettre en lumieres les Armoiries des deffuncts, les Inscriptions, les Figures. On multiplie aussi les reflexions des lumieres avec des miroirs.

On peut mettre autour du Cercueil autant de flambeaux que la personne de qui on fait les obseques aura vécu d'années, puisque aussi bien les flambeaux sont les symboles de la vie,

A l'égard des lampes, on en peut faire de cent figures differentes, en Estoiles, en Colombes, en Phares &c. Les anciens en avoient d'une infinité de Figures, que le sçavant Licetus a ramassées en un traité qu'il a composé sur ce sujet, On peut prendre les pieces principales des armoiries des deffunts pour faire les Figures de ces Lampes. Il y a des fleurs qui sont fort propres pour cela: comme les Lys, les Tulipes, les Tubereuses &c.

On a fait quelquefois des arbres entiers de lumieres, ce qui a fort bonne grace,

quand le tronc eft fort élevé, & les lumieres un peu éloignées des fpectateurs.

Les anciens fe fervoient des lumieres &
des flambeaux allumez pour les expiations,
ou Luftrations des corps, fur lefquels ils
faifoient des Afperfions comme nous y
jettons de l'Eau benite. Car l'Eglife a fa-
gement changé les ceremonies profanes,
en des ceremonies faintes, confacrant à
nos ufages, les chofes dont les Infideles
ont autrefois abufé. Je donne icy la Figure
de ces anciennes Luftrations tirées d'un bas
relief antique.

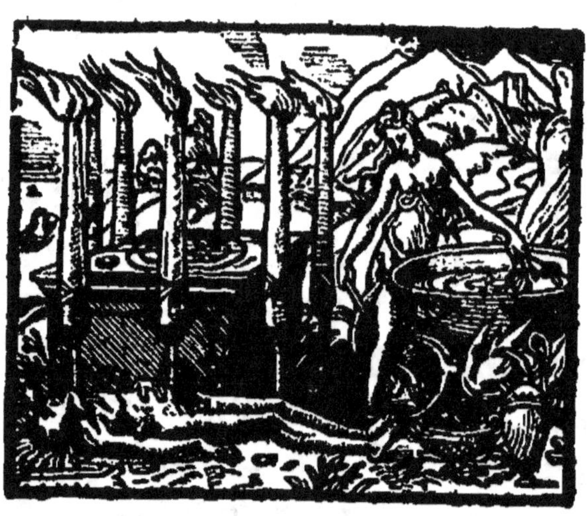

Le P. Juglaris fit allufion à cette ancienne ceremonie aux Funerailles de Victor
Amedée Duc de Savoye en une infcription.

M ij

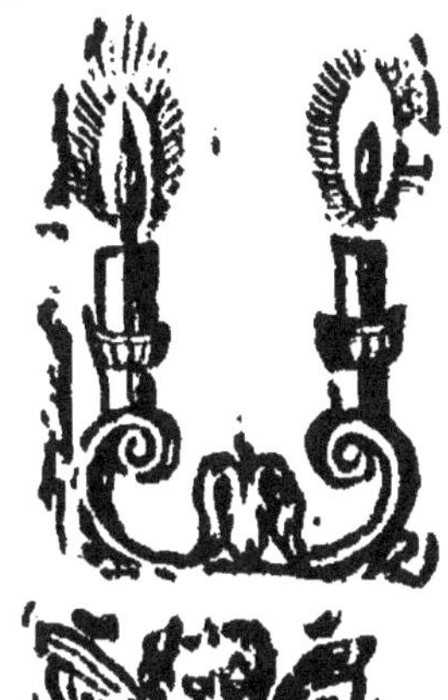

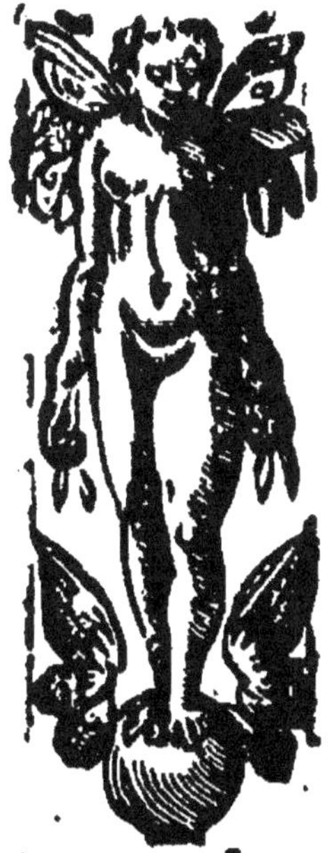

Aux Funerailles qu'on fit à Palerme pour une Vice-Reine, on avoit inventé une espece de porte flambeaux assez ingenieuse, c'estoient les jours de la vie representez avec des aisles aux dos pour en marquer la rapidité, ils estoient posez sur le globe aislé de la Fortune, qui semble en estre la Maistresse, & tendoient en leurs mains panchées des pierres blanches & des pierres noires, dont les Anciens se servoient pour marquer les jours heureux & malheureux. Sur les testes s'élevoient deux branches de Chandeliers entées sur une mesme tige pour marquer le jour & la nuit qui partagent le jour civil.

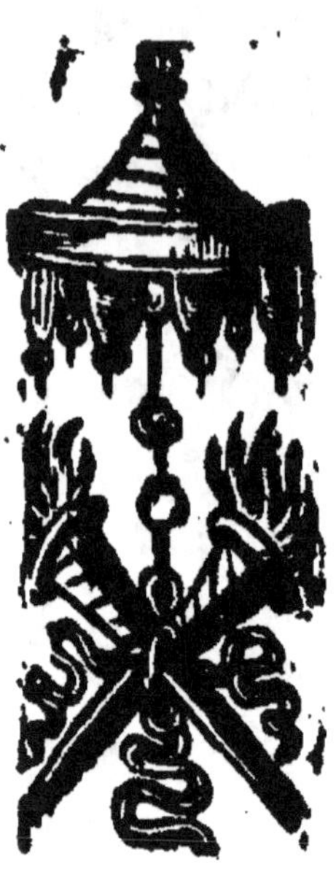

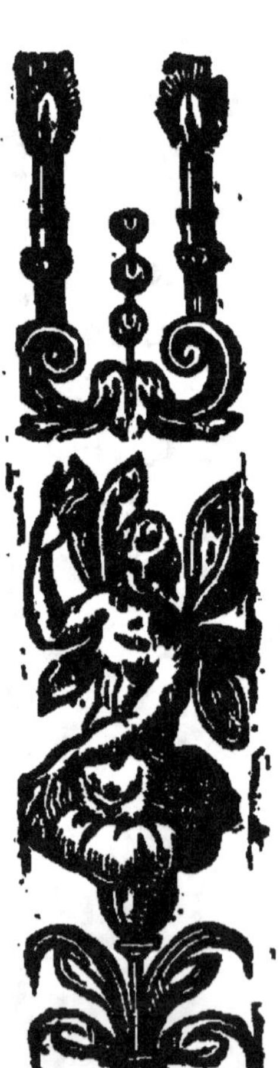

Autour du Mausolée
que l'on fit pour Mon-
sieur le Chancelier Se-
guier dans l'Eglise des
Peres de l'Oratoire de
Paris, c'estoient des
morts qui portoient les
flambeaux.

On a quelquesfois
mis des torchers à l'An-
tique en trophées le
long des pilastres du
Mausolée avec des feux
allumez, & de petits
pavillons au dessus.

On fit pour la Du-
chesse de Poli quelque
chose de semblable à ce
qu'on avoit fait à Pa-
lerme, sinon que les
jours sortoient à demy-
corps d'une fleur, pour
faire allusion à ces mots
de Job, *qui quasi, flos egre-
dieur.* Et au nom de la
Dame nommée Hyacin-
the.

Sur le Dais de la Chapelle ardente du Chancelier Seguier c'estoient les Estoiles de ses armoiries qui portoient les cierges.

Aux Funerailles de Dom Louis de Gusman, Ponce de Leon Gouverneur du Milannois il y avoit de grands Vases en forme d'Urnes, dont sortoit un gros flambeau, & sur les branches des quatre anses estoient autres quatre flambeaux plus courts.

On fait quelquesfois des Chandeliers en forme de piramide, dont les plus bas ont douze branches, ceux qui sont au dessus n'en ont que huit, les autres six, les autres quatre, puis deux, & une seule.

Ces dispositions de lumieres ne sont pas le moindre ornement de ces Decorations, parceque tout estant noir, les lumieres paroissent davantage, & quand elles sont bien disposées elles peuvent representer plusieurs Figures, & paroistre en divers sens, selon l'intention des Decorateurs.

On peut trouver cent autres inventions semblables de Rochers, de Fleurs, de Coquilles à mettre des lampes.

Les funerailles Academiques, qui se font dans des Sales, ou dans des lieux ouverts, se font ordinairement sans lumieres. Le sieur Dominique Barriere Architecte François faisant dans l'Eglise du College Romain le Cénotaphe du Prince Ludovisio, & de la Princesse Pamphile son Epouse ne voulut point de Flambeaux ny de lampes à sa machine qui s'élevoit jusqu'à la voute, il se contenta de grands pots à feu en forme de Vases disposez sur les retours de ses corniches, & autour de la Machine sur de grands pied'estaux, ce qui rendit la ceremonie la plus lugubre que l'on eut encore vû, pour estant noir, & éclairé seulement de trente de ces pots à feu qui jettoient un grand éclat.

Le Dais se peut mettre au dedans du Mausolée immediatement sur la representation, c'est ainsi qu'on le fit à Malines pour le Roy d'Espagne Philippe IV. La Machine Funebre, estoit un grand Dome porté sur huit Colonnes. De Colonne à Colonne il y avoit de grands Festons de crespe avec des lampes d'argent qui pendoient de la corniche; sur le comble estoit un grand Chandelier à plusieurs branches, qui portoient en pyramide ronde une cinquantaine de flambeaux. Il sortoit des banderoles des ouvertures du Dome, & quelques Figures en tenoient d'autres le long de la corniche. On montoit au lit Funebre de quatre endroits par sept ou huit marches qui avoient sur les costez des Balustres à hau-

teur d'appuy chargez de grands Chandeliers avec des flambeaux à doubles Ecuffons des Armoiries, & immediatement fur
la reprefentation eftoit le Dais, qui de cette maniere eft fans difficulté mieux placé
qu'au deffus d'une grande Machine eclai-
rée de plufieurs lumieres; puifqu'auffi bien
le Dais eft pour la reprefentation, & non
pas pour la Machine. Ainfi à moins que la
machine ne laiffaft un Ciel ouvert, ou que
la reprefentation fut élevée au deffus à la
maniere des Anciens Buchers, il femble que
le Dais ou le Pavillon ne devroit pas fe
mettre au deffus de la Chapelle ardente: On
le peut neantmoins quand la Figure, l'Image, la Statuë ou le portrait de la perfonne pour qui on fait les funerailles font au
deffus de la machine, parce qu'alors c'eft
la Figure, & l'Image ainfi placée qui eft
fous le dais.

Je traiteray de toutes ces inventions en
un ouvrage que je fais des fpectacles de feu
& de lumiere pour les feux de joye, & les
Illuminations, qui font une partie de la
Philofophie des Images, avec les autres
fpectacles, dont j'ay déja donné trois traitez avant celuy-cy des Decorations funebres, qui doit eftre fuivy des Decorations
facrées, pour les Feftes de l'Eglife, les Ca-
nonizatiōs des Saints, Proceffions, & Repo-

foirs, *Te Deum*, & autres folennitez qui fe font dans les lieux faints pour les tranfports des Reliques & des Images, pour mettre la premiere pierre des Edifices facrez, pour les benir & les confacrer, & pour le facre des Prelats. Venons aux autres ornemens des Decorations funebres, & commençons par les figures.

DES FIGVRES.

IL y a plufieurs efpeces de figures, qui font recevës dans les Decorations funebres.

Les Portraits.

Les Statuës.

Les Medailles.

Les Figures Iconologiques.

Les Bas-reliefs & les Tableaux Hiftoriques.

Les Emblémes.

Les Devifes.

Les Symboles.

Les Heroglyphiques.

Les Armoiries.

Les Romains en ces occafions faifoient porter les images de cire de leurs Ancêtres. Ceux qui en pouvoient produire un

plus grand nombre , estoient reconnus
d'une naissance plus illustre , que ceux qui
n'en avoient qu'un petit nombre ; & c'é-
toit la marque d'une basse naissance de n'en
avoir point du tout.

On a souvent affecté dans les appareils
funebres des Princes & des Souverains de
representer toute leur maison , ou du moins
les personnes les plus illustres , & les chefs
en droite ligne.

Aux funerailles de François I. Duc de
Modene faites à Modene l'an 1659. il y eut
cent & vingt-quatre figures des Princes de
la maison d'Este en Statuës, en Bustes, ou
en Medailles.

Les Statuës des Ducs de Savoye furent
aussi mises en la Decoration funebre faite
au Dome de Turin, pour le Duc Victor
Amedée l'an 1637.

Ces figures se peuvent mettre indifferemment en Portraits au naturel, en Statuës,
en Medailles, ou en Bustes.

Pour leur disposition quelques-uns observent l'ordre naturel des naissances & des
successions, commençant par celuy qui est
le Chef & comme l'Autheur de la race.
D'autres suivent l'ordre des vertus & des
qualitez heroïques, qui font le sujet de la
Decoration, & les placent selon ces vertus.
On le fit ainsi à Modene.

Pour la Science Militaire.

Aldobrandin IV. Marquis d'Este, de Ferrare & de Modene, l'an 1352.

Borse Prince d'Este 1356.

Pour l'intrepidité dans les dangers.

Azzon V. d'Este l'an 1052.

Thadée d'Este General d'armée 1428.

Pour la generosité dans les affaires difficiles.

Obizzo VI. Marquis d'Este, de Ferrare, d'Ancone, de Verone, de Modene, & de Reggio 1289.

Alfonse I. Duc de Ferrare, &c. 1505.

Pour la perseverance.

Azzon I. Prince d'Este & de Monselce. 493.

Hercule. I. Duc de Ferrare. 1471.

Sur les Autels des Chapelles on avoit placé les images des Saints de la maison d'Este.

Saint Azzon martyrisé à Perge en Pamphilie.

Saint Conrard d'Este fils d'Azzon IX. Marquis d'Este & de Ferrare. 1248.

La B. Beatrix d'Este fille d'Azzon, XIII.

Et la B. Beatrix fille d'Azzon IX.

Les statuës de quatre Cardinaux & de huit Evêques de cette maison, d'un grand Maistre de Prusse, d'un Commandeur Teutonique, & d'un Commandeur Tem-

plier, estoient dans des dispositions propres à leur condition.

Les images des Saints se doivent distinguer par leurs Symboles & leurs Hiero-
glyphes. S. Pierre porte les clefs & un
livre pour marque de sa jurisdiction & du
pouvoir qu'il reçeut de J. C. d'ouvrir le
Ciel, & d'instruire.

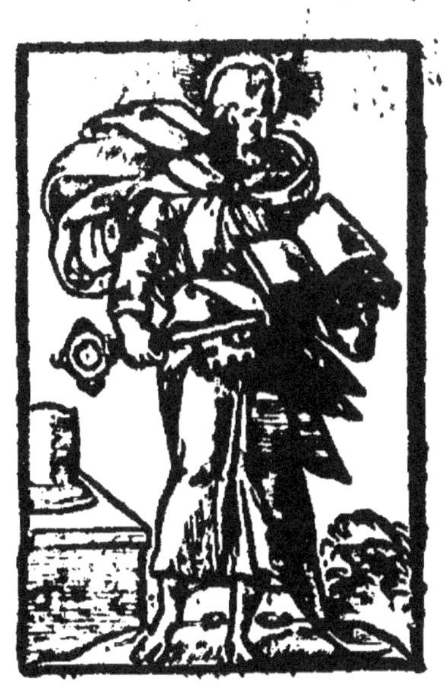

Saint Augustin est vêtu en Prelat avec la
Mitre & la Crosse; il porte un livre comme Docteur de l'Eglise, & un cœur percé
d'une fleche, pour marquer la tendresse
de son amour envers Dieu, & la force de
la douleur & de la contrition qui luy tou-
choit le cœur, autant de fois qu'il rappel-
loit le souvenir des desordres de sa jeunesse.

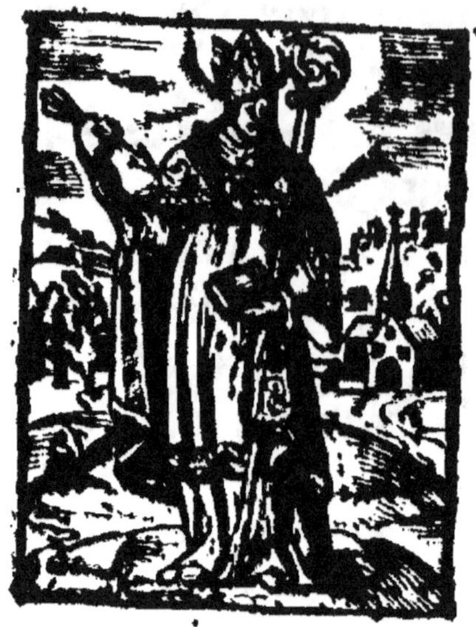

Aux obſeques des Papes on ſe ſert de ces figures. En celles du Pape Gregoire XV. on avoit mis la figure des cinq Saints qu'il avoit canoniſez ; S. Iſidore, S. Ignace de Loyola, S. Philippe de Neri, S. François Xavier, & ſainte Thereſe ; & les figures des quatorze Papes du nom de Gregoire, qui l'avoient precedé au Pontificat.

En celles d'un grand Prelat de ce Royaume, qui eſtoit un inſigne Docteur, on ſe ſervit des figures des quatre Docteurs de l'Egliſe, avec une inſcription ſous chacun d'eux.

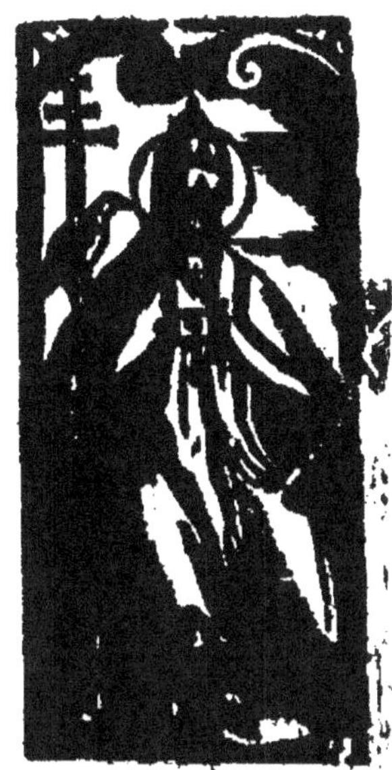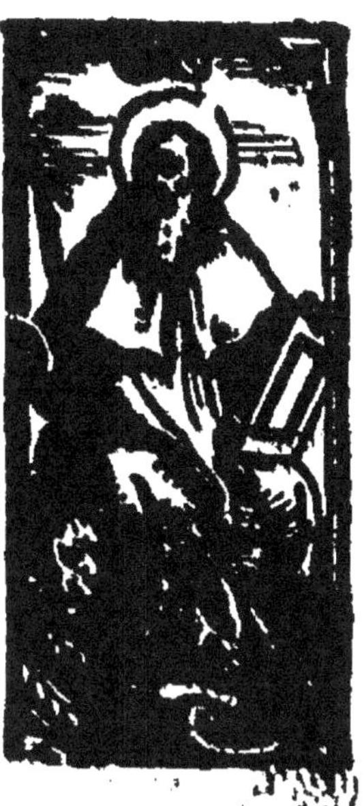

Sous la statuë de Saint Ambroise estoit
celle-cy.

AMBROSIVS

Avorum gloriâ nobilis, nobilior suâ
Christianus antè cœpit esse quàm fieret.
Pro Rege destinatus Antistes
Subiratus virtuti suæ
Quod latere nesciret, effugerat,
Si eum sola hominum suffragia delegissent.

Sous celle de S. Augustin.

AVGVSTINVS

Æquè scribenda faciens, ac legenda describens,
Moribus suis fidem ornavit,
Stylo defendit.
Veritatis amantior quàm sui.

Defacavit infectam, refecit extinctam.
Vtilis dùm errores retegeret alienos
Sincerus, dùm nec tegeret suos.

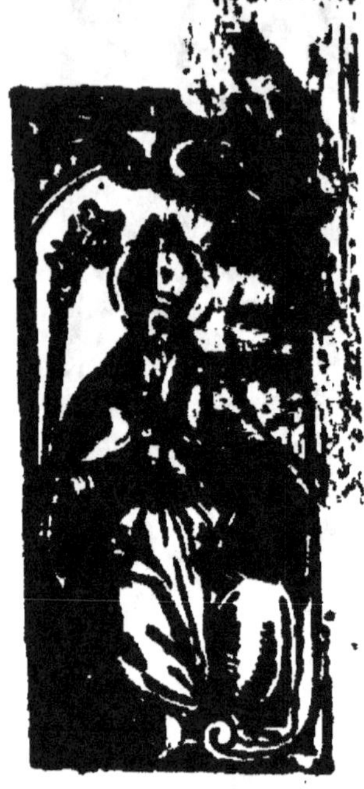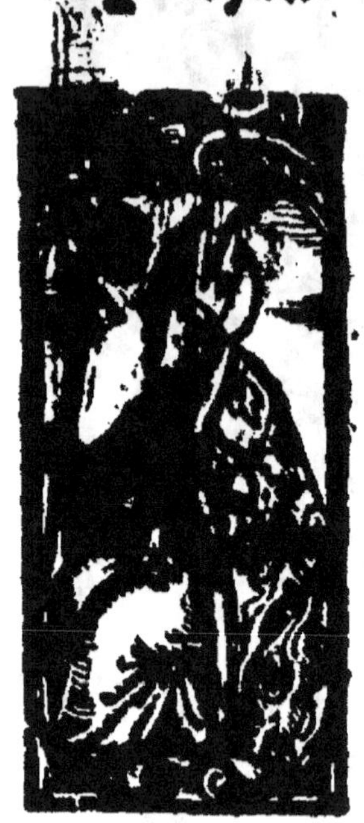

On met presque toûjours l'Image ou le
Portrait de la personne pour qui se font les
funerailles. En celles qui se firent à Bologne pour Elizabeth Sirani, qui excelloit
en l'art de peindre, On la representa dans
le Temple de la Gloire, la palette & les
pinceaux à la main. Le Buste d'Augustin
Carrache fut mis sur sa Chapelle ardente.
Celuy de Monsieur Septale fut aussi élevé
au dessus de la sienne. Aux obseques qui
se firent à Rome pour la Reine, l'Immortalité portoit son Portrait.

En la Decoration funebre faite pour le

Duc de Savoye Victor Amedée, on fit paroistre son Image accompagnée de celles des neuf Amedées qui l'avoient precedé.

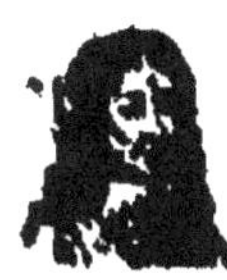

ÆTERNÆ MEMORIÆ VICTORII
AMEDEI,
IN QUO UNO AMEDEI OMNES REVIXERUNT.

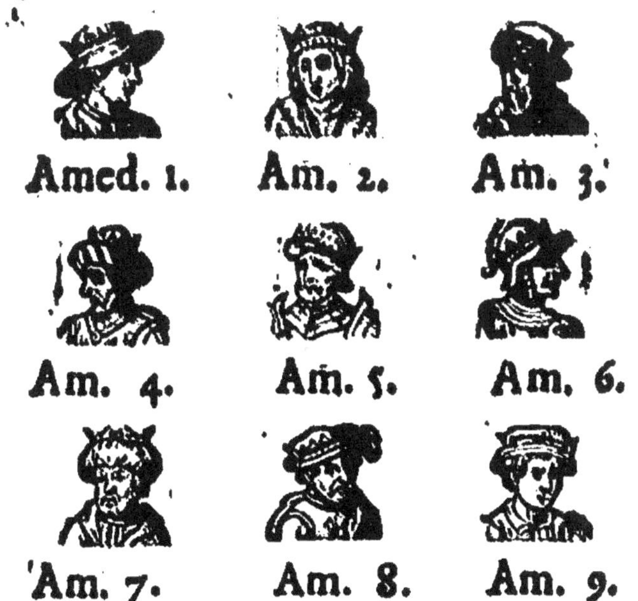

Les autres Comtes & Ducs de la maison de Savoye estoient representez en cette même Decoration, mais sous les titres des vertus qui les ont autrefois distinguez.

Philippe I. fut employé pour la *grandeur d'ame*, parce qu'ayant esté ennemy de Rodolphe Comte de Haspourg, il luy avoit depuis aidé à se faire Empereur. La Devise

'au deſſous de ſon portrait eſtoit l'Arche
que le Deluge laiſſa ſur les montagnes d'Ar-
menie, avec ces mots.

Vexavit & extulit idem.

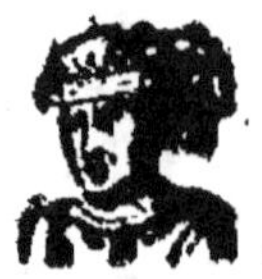

Humbert I. ſurnommé *aux blanches
mains*, eſtoit employé pour la *Candeur*,
avec cette Inſcription : *Labores pro conci-
liandis Principibus conſanguineis* : ayant travaillé avec beaucoup de ſincerité & de
deſintereſſement à reconcilier les Princes
ſes parens & ſes alliez.

Thomas I. prit les armes pour le Roy de
France Loüis VIII. contre les Albigeois.
Il conduiſit auſſi des troupes aux Venitiens
contre les Infideles : ainſi ſon Image eſtoit
miſe pour la Religion.

Berold premier Comte de Maurienne,
Prince du ſang des Empereurs, & Chef de
la Maiſon Royale de Savoye, repreſentoit
la Nobleſſe avec cette inſcription.

Fundatum Sabaudiæ Regnum.

N

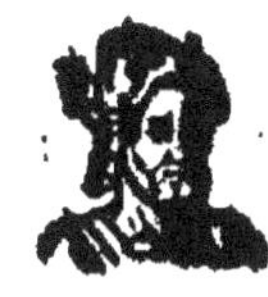

J'omets les autres pour ne pas trop m'étendre sur cette matiere.

On peut au lieu des statuës & des portraits se servir des representations au naturel, avec des images de cire vétuës à la maniere des personnes vivantes. On l'a souvent fait pour nos Rois dans leurs convois funebres; & comme on est obligé d'exposer durant plusieurs jours les Princes & les Souverains sur leurs lits de parade, on se sert de ces Images; parce qu'il seroit difficile de conserver si long-temps des corps sans qu'ils se gâtassent, quelque soin que l'on prenne de les embaumer, n'y ayant rien qui change si-tost que le visage.

Aux funerailles de Charles III. Duc de Lorraine, son effigie fut vétuë d'une chemise, de chausses, & d'un pourpoint de satin cramoisy en riche broderie d'or, avec des boutonnieres de diamans; les jambes chaussées de botines de mesme à semeles de velours rouge. Sur cet habit estoit une tunique de drap d'or frisé, qui descendoit au dessous des genoux doublée de satin cramoisy, avec des franges d'or tout au tour; elle estoit fenduë aux deux côtez les manches troussées prés du coude, &

par deſſus un grand marteau à la Royale
de drap d'or friſé, enrichi d'un bord de
perles de trois quarts de pieds de largeur
fourré d'hermines, le devant deſcendant
ſur les bottines, & arrondi, le derriere
ayant une queuë de ſept aunes.

Aux Ceremonies funebres qui ſe firent
dans l'Abbaye de S. Germain des Prez
pour la Reine de France Marie Thereſe,
on la repreſenta au naturel avec un viſage
& des mains de cire. A cette Image de
cire on joignit celle d'un Ange qui luy
montroit le Ciel, & celle de l'Europe
pleurante, qui eſtoient auſſi de cire.

Les Image Iconologiques ſont plus ordi‑
naires que les autres en ces Décorations. Je
veux dire ces Images qui repreſentent les
choſes ſpirituelles, & qui ne tombé pas ſous
les ſens, & ces eſtres Phyſiques ou Moraux,
que les Anciens ont nommez perſonnages
feints, comme ils ont appellé du nom de
Proſopopée l'artifice de les feindre. Sur quoy
je ne puis m'empêcher de remarquer l'I‑
gnorance de certaines gens, qui croient
qu'il n'eſt permis de repreſenter que ceux
qui ſont bien connus, comme le Temps,
la Mort, la Renommée, la Gloire, &c.
Je dis au contraire qu'il n'y a rien au mon‑
de, & même dans l'imagination, que l'on
ne puiſſe repreſenter de cette maniere,

puis qu'on represente les Chimeres & les Estres de raison , qui sont des extravagances de l'imagination. Les Anciens ont representé sous des figures de cette sorte la Nature, le Monde, le Ciel, les Spheres Celestes, les Astres fixes, les Planetes, les Influences , les Elemens, les Etats, les Provinces , les Villes, les Communautez, les Dignitez, les Vices, les Vertus, les Passions , les diverses especes de Gouvernement, la Paix, la Guerre, les Arts, les Sciences, la Pensée, la Raison, le Jugement, l'Opinion, l'Erreur, la Verité, la Noblesse, la Fortune, la Liberté, la Servitude, le Procez, le Duel, & generale, toute sorte de Pensées, d'Actions & de Desseins Moraux, Politiques, Sacrez, Profanes, Publics & Particuliers. Les Ages, les Saisons, le Jour, la Nuit, les Heures, &c. L'Iconologie de Ripa est d'un grand secours aux ignorans pour trouver les Symboles qui distinguent ces figures : Mais c'est un livre dont tout le monde ne sçait pas se servir avantageusement ; & j'ay déja remarqué ailleurs qu'il a gâté beaucoup de Peintres, qui donnent trop dans les sujets Allegoriques. Ils sont habiles, mais fort méchants Philosophes, & quelque habiles qu'ils soient en leur art, ils s'exposent à se faire moquer de ceux qui sont un peu inſtruits de ces manieresPoëtiques,oùilne faut rien introduire qui puiſſe choquer le bon ſens, & l'uſage ordinaire des choſes. S'il y a rien dans les Arts où il faille que l'eſprit, le diſcernement, & le choix accompagnent les autres talens ; c'eſt en fait d'Allegorie, & d'Iconologie. Je loüe auſſi le jugement du plus grand & du plus ſage de tous les Prinſ ces, de n'avoir pas voulu que l'on introduiſit des figures dans une Decoration qui ſe faiſoit par ſes ordres ; parce qu'il connoiſſoit la foibleſſe du genie des Entrepreneurs, qui donnent ſouvent dans l'extravagance en ces ſortes de figures, quand ils ne ſont pas conduits par des perſonnes éclairées, à qui ils ont peine de ſe ſoumettre, par l'ambition qu'ils ont de paroître auſſi ſçavans, qu'ils ſont d'ailleurs habiles en leur art.

On ne voit guere d'appareils funebres où ces figures ne ſoient employées. Au Service ſolennel que fit faire le Cardinal Montalto, pour le tranſport de ſon oncle le Pape Sixte V. de S. Pierre à ſainte Marie Majeure, on repreſenta l'Egliſe, l'Authorité Pontificale, la Seureté, la Providence, la Magnificence, l'Eſperance, la Viſion beatifique, la poſſeſſion de Dieu, la Paix, l'Eternité, l'Honneur, & la Charité. Au tranſport du corps de Paul V. le Cardinal Borgheſe fit auſſi une ſuperbe

Decoration, où parurent trente-six Statuës, dont les principales estoient la Verité & la Misericorde, la Justice & la Paix,
la Sagesse, la Magnanimité, la Magnificence, la Clemence, l'Aumône, la Mansuetude, la Religion, la Majesté, la Pureté, la Providence, la Tranquillité, l'A-
bondance.

Aux funerailles de l'Archiduc Albert faites à Bruxelles l'an 1623. on fit paroître la
Pieté, la Magnanimité, la Sagesse, la Clemence, la Prudence, la Victoire, la Noblesse, la Liberalité, la Justice, la Paix,
la Force & la Temperance.

Pour François Piccolomini Academicien
de Sienne, & celebre Philosophe, on representa les quatre Sectes, l'Ionique de
Thalés, l'Italique de Pythagore, l'Academique de Platon, & la Peripathetique d'A-
ristote.

Pour le Comte Lucrece Gambara à Bresse
en Lombardie, on representa la Foy, l'Esperance, la Charité, la Justice, la Noblesse, la Paix, la Renommée & l'Honneur.

A Venise pour Ferdinand de Medicis
grand Duc de Toscane l'an 1609 on fit paroître les quatre âges, l'Enfance, la Jeunesse, l'Age viril, & la Vieillesse; l'Innocence, l'Etude, le Desir de la Gloire, le

Conseil, l'Honneur, la Réputation, la Gloire, l'Immortalité, la Douleur & le Deüil, la Vertu & la Noblesse.

Pour le Comte de Lemos Vice-Roy de Naples, la Religion, la Justice, la Magnanimité & la Prudence, la Mansuetude, la Misericorde, la Paix, & la Concorde.

Ce n'est pas assez de destiner des figures à ces ceremonies, il faut les approprier au sujet, les distinguer par des Symboles qui leurs soient convenables, & les disposer avec jugement.

C'est ce qu'on fit excellemment aux funerailles de Madame Isabelle de France Reine d'Espagne, dans le Dome de Milan l'an 1644. On y employa trente-deux de ces figures, mais avec tant d'intelligence, qu'imitant les ceremonies des funerailles où les Herauts invitent, où les Magistrats, la Famille & la Parenté assistent; on fit servir de Herauts la Magnificence, la Pieté, la Fidelité, & le Respect qui invitoient aux obseques de cette Reine sur la porte à l'entrée de l'Eglise. Au lieu des Magistrats c'estoient les Etats de cette Reine qui s'y trouvoient, l'Espagne, le Milanois, l'Allemagne, la Flandre, le Royaume de Naples, la Sicile, l'Afrique & l'Inde; au lieu de la famille c'estoient les qualitez Royales, & les vertus les plus familie-

res à cette Reine. La Majesté, la Noblesse,
la Richesse, la Beauté, la Modestie, la Pureté, la Fecondité, la Grace, la Religion,
la Providence, la Magnanimité, la Liberalité, la Clemence, l'Egalité d'esprit, l'E-
conomie, & la Concorde. Pour les Pleureuses c'estoient la Pauvreté, la Faim, la
Maladie, & la Tristesse, qui avoient perdu
leur appuy en cette Reine.

L'avantage que l'on a pour distinguer ces
figures outre leurs Symboles, est leur nom,
avec les titres, & les inscriptions dont elles
peuvent estre accompagnées. L'usage est
receu depuis si long-temps de mettre sur les
bases & les piedestaux de ces statuës, *Reli-*
gio, *Felicitas*, *Fides*, *Spes*, *Charitas*, &c.
que l'on peut les y mettre sans craindte de
rien faire contre le bon goust ny le bon
sens.

On le peut aussi à l'égard des portraits ;
mais non pas dans les tableaux d'histoire ,
quelque Allegoriques qu'ils soient , ces bi-
garrures de noms , de rouleaux , & d'écri-
teaux ayant toûjours passé pour imperti-
nentes.

Il est vray que pour les Statuës, les
Portraits, & les Medailles, quand on peut
ajoûter quelque chose au nom, la maniere d'exprimer paroît plus ingenieuse. C'est ainsi qu'on le fit aux funerailles

de Paul V. en cette maniere.

Pauli V. Pont. Max. Majestas.
Gloriosissimi Principis Magnificentia.
Integerrimi Præsulis Religio.
Placidissimi Moderatoris Tranquillitas.
Benignissimi Parentis Mansuetudo.
Beatissimi Principis Castitas.
Populorum Patroni Liberalitas.
Gentis humanæ Custodis Providentia.
Dei personam gerentis Sapientia.
Salutis publicæ Præsidis Prudentia.
Candidissimi Principis Veritas.
Divinitatis Interpretis Justitia.
Christiani Heroïs Magnanimitas.
Virtutum Antistitis Pacis Amor.
Christi Domini nostri Vicarij Misericordia.
Animarum Pastoris Clementia.
Communis Parentis Providentia.

Quelques Inscriptions estoient doubles,
comme celles-cy.

Virginalis animæ in B. Virginem Religio.
Vaticani Legislatoris Prudentia.
Principum Arbitri Justitia.
Humanissimi Pontificis Liberalitas.
Hominum Defensoris Mansuetudo.
Pacatissimi Præsulis Tranquillitas.
Principum maximi Majestas.

Pour l'Archiduc Albert on avoit mis les titres sous les statuës des Vertus, & des autres qualitez Royales, en cette maniere.

Alberto Justo.	*Alberto Magnanimo.*
Alberto Pacifico.	*Alberto Temperanti.*
Alberto Prudenti.	*Alberto Nobili.*
Alberto Victori	*Alberto Liberali.*
Alberto Pio.	*Alberto Sapienti.*
Alberto Forti.	*Alberto Clementi.*

Quand les sentences qui servent d'Inscriptions se trouvent avoir le nom des figures qu'on represente, elles sont encore plus heureuses. Comme sous celle de l'Honneur pour le grand Duc de Toscane Ferdinand. *Verus honor animi virtus;* sous la Jeunesse: *Industria Juventutis divitiæ senum;* sous l'Age viril: *Coronatur quia viriliter egit;* sous la Vieillesse: *Corona dignitatis senectus in viis Justitiæ;* sous la Gloire: *Sapientes gloriam possidebunt;* sous la Foy: *Sponsavi te mihi in fide;* sous l'Esperance: *Spes mea à juventute mea,* &c.

On represente en ces Decorations la figure de la Mort sous diverses formes, & on luy fait faire diverses actions; tantost on en fait des termes d'Architecture, qui portent les corniches; tantost on luy fait porter des Inscriptions & des Urnes. On les couche sur les frontons & sur les ceintres des arceaux. Il y en a qui servent à soûtenir & à retrousser les tentures, à porter les écussons dés armoiries, les Devises, &c.

D'autres portent les marques d'honneur, les Couronnes, les Bâtons de Commandant, le Sceptre. &c. On en fait paroître d'autres avec la Faulx, le Sable, & les autres Symboles de la brieveté de la vie.

Aux funerailles de Cosme de Medicis on voyoit la Mort rêveuse & appuyée sur sa faulx, avec ces mots ; Qu'ay-je fait, il vis encore, & Il vivra toûjours ?

Quid egi, vivit, vivetque semper ?

Un autre se bouchoit les oreilles pour ne pas entendre les prieres qu'on luy fai oit, pour èpargner la vie de ce Prince, avec ces mots.

Pietas nec mitigat ulla.

Un autre tenoit un livre ouvert, où elle montroit d'un de ses doigts l'arrest fatal que la Justice Divine a prononcé contre tous les hommes, & qui nous est intimé par l'Apôtre

Omnibus statutum est.

Un autre avec les aîles, la faulx, & le sable sembloit voler, & estoit accompagnée de ces mots.

O quam Præcipiti !

Aux funerailles de la Reine d'Angleterre

qui se firent à Rome dans l'Eglise du College des Anglois le 30. Janvier 1670. je remarquay des images de Mort qui avoient sous les pieds des Thiares, des Sceptres, des Couronnes, & d'autres marques de dignitez, avec ces mots.

Omnia mihi subdita.

D'autres tenoient une balance dans les bassins desquelles on voyoit des Couronnes & des Sceptres, avec des instrumens d'Agriculture & des Arts Mechaniques, & ces mots,

Æquat inæqualia.

On les peut representer assises sur des trophées pour un General d'armée.

Aux funerailles de Marie de Medicis Reine de France faites à Florence, il y en avoit au lieu de statuës sur tous les piedestaux de l'Architecture en diverses altitudes, les unes à moitié enveloppées de suaires, d'autres avec le Sceptre en main, &c.

Aux obseques de Ferdinand II. là même, elles avoient des casques en teste avec des plumes, & tenoient les unes des lances, d'autres des drapeaux, des épées, &c.

Il y en avoit quelques-unes à cheval, armées en Cavaliers.

Aux funerailles de la Reine mere Anne d'Austriche faites au même lieu, il y en avoit de couronnées qui tenoient des urnes

fumantes, d'autres avoient le Sceptre en
main, ou des palmes, ou des rameaux d'o-
livier.

On les entremêle quelquefois avec d'autres figures, comme avec la Gloire, l'Honneur, le Merite, la Vertu, la Renommée, la
Science, la Beauté, la Richesse ; & on leur
fait porter de deux en deux des cartouches ou des tableaux, pour representer que
tous ces avantages font fujets à la mort.

Enfin on peut les faire paroître d'une
maniere emblematique, pour exprimer les
paffages de l'Ecriture fainte, des SS. Peres, & des Poëtes, où il eft parlé de la
Mort : Comme feroit de faire paroître la
Vertu qui luy arrache fa Faux, la Couronne de laurier, & les palmes qu'elle tien-
droit en main, avec ces mots.

Ubi eft mors victoria tua ?

Des Morts qui tiendroient des urnes,
d'où couleroient des ruiffeaux chargez de
Couronnes, de Sceptres, & de marques
de dignitez, qui paffent & qui s'en vont
comme l'eau.

Omnes morimur, & ficut aquæ dilabimur.

Une Mort couronnée d'étoiles & chargée de pierreries, pour representer la
mort precieufe des Saints.

Pretiofa mors Sanctorum ejus.

La Mort avec des lacets & des filets.

Prævenerunt me laquei mortis.

La mort qui foule aux pieds l'image de
la Gloire posée sur la Colonne Trajane.

Mors spernit altam gloriam.

La Mort qui enveloppe dans ses filets des
Testes couronnées, & des Paîſans.

Involvit humile, pariter & celſum caput.

On trouvera une infinité de ces paſſages
que l'on pourra reduire en Emblêmes. Et
ces Emblêmes ſont d'autant plus propres
de ces Decorations, qu'ils ſont des inſtructions & des enſeignemens moraux.

Aux obſeques faites a Veniſe pour Ferdinand II. Duc de Toſcane, on vid la
Mort vétuë en pelerine, avec ces mots :
Alir in patriam. La Mort tenant un luth
rompu : *Verſa eſt in luctum.* Une autre regardoit 'e Soleil couchant avec ces mots :
Non occidit ultra. Une autre ſortoit d'un ſe-
pulchre, & le montrant diſoit : *Dominus omni
viventi.* Une autre tenoit une caſſolette
d'où ſortoit de la fumée, avec ces mots :
Vapor ad modicum parens. Une autre tenoit
une montre d'horloge avec ces paroles,
Numerus intertus. &c.

Le Cavalier Bernin fit porter par quatre
Morts la Pyramide, qui ſervit de Cenotaphe aux honneurs funebres faits à Rome
pour Monſieur de Beaufort.

Outre les statuës & les figures, on se sert pour ces Decorations de tableaux & de bas reliefs, pour representer les principales actions des défunts, comme j'ay déja remarqué au Chapitre de la Conduite des Sujets. A Naples pour le Roy d'Espagne Philippe II. on exposa vingt-quatre tableaux de ses principales actions, avec des inscriptions faites par Jean Vincent de la Porte. Les tableaux se posent indifferemment comme l'on veut; mais les bas reliefs doivent poser sur des corps solides, & estre feints de pierre ou de metail, attachez à des corps d'Architecture.

Pour Madame Chrestienne de France Duchesse de Savoye, on peignit plusieurs tableaux, dont l'un representoit sa Naissance & son Education, sous ce titre: *Ortus & Educatio.* Un autre representoit les guerres qu'elle avoit soûtenuës, avec ce titre: *Bella strenuè confecta.* On voyoit dans un autre les Places qu'elle avoit reconquises sur les Ennemis, avec ce titre: *Arces recuperatæ.* Le quatriéme faisoit voir la ville de Turin aggrandie & embellie, avec ce titre: *Urbs ornata & amplificata.* Le cinquiéme montroit la fermeté de son Ame au milieu des disgraces de la fortune, en la mort de son Epoux le Duc Victor Amedée, & de son fils le Duc Hyacinthe, avec ces mots : *Adversa fortiter tolerata.* Dans le sixiéme elle marioit ses enfans , & le titre qui en expliquoit le sujet estoit : *Liberorum Connubia.* Ses exercices de pieté se voyoient dans le septiéme sous ces mots : *Pia Exercitationes.* Sa mort faisoit le sujet du huitiéme tableau , avec ce titre : *Constans & Religiosa mors.*

On avoit affecté de mettre en parallele avec cette Princesse les Princesses de la Maison Royale de Savoye. Bonne fille d'Amedée le Grand , avec la naissance de Madame Royale fille de Henry le Grand,

Loüise de Savoye mere de François I. estoit mise en parallele avec elle pour les guerres soûtenuës.

Beatrix fille de Pierre de Savoye , & femme de Guy IV. Dauphin, estoit comparée avec Madame Royale , pour avoir comme elle recouvré les Places qu'on avoit usurpées sur son mary.

Adelaïde fille de Humbert II. estoit representée comme magnifique en l'entreprise de plusieurs grands bâtimens.

Marguerite de Savoye fille d'Amedée VIII. paroissoit comme Madame Royale intrepide dans la mauvaise fortune.

Charlotte de Savoye épouse de Loüis XI. répondoit au sixiéme tableau des Mariages.

Jeanne de Savoye fille d'Edoüard estoit mise en parallele avec la Duchesse Chrestienne pour les exercices de pieté, & Mathilde de Savoye fille d'Amedée III. pour sa sainte mort.

A ces huit tableaux répondoient huit autres sur l'autre costé de l'Eglise. En l'un estoit le Mariage de Madame Royale avec le Duc Victor Amedée, & en sept autres la naissance du Duc Hyacinthe, du Duc Charles Emmanuel, & de trois Princesses. La Regence, la conduite des Etats, la Paix souvent rétablie, la Protection des gens de Lettres, les Edifices sacrez, la Magnificence en ses presens & en ses aumônes.

Il y a pour les Medailles plus de commodité à les placer que les statuës, qui sont d'un plus grand relief, & qui demandent un corps solide pour estre portées.

Outre cet avantage les Medailles ont encore celuy des Legendes, par le moyen desquelles on fait connoistre de qui sont ces Medailles; au lieu qu'il faut des Inscriptions aux Statuës. On feint ces Medailles de bronze, d'or, d'argent, ou de quelqu'autre metail.

On peut aussi se servir des revers de Medailles pour ces Decorations, & par le moyen de ces revers exprimer les plus belles actions, les vertus, & les bonnes qua-

litez du défunt. On le fit pour Cofme dé
Medicis grand Duc de Tofcane à Florence
l'an 1574. Ces principaux revers eftoient.

Une Croix fur un Autel, avec cette Legende.

Pietas Principis.

Une main élevée comme pour prefter
ferment.

Fides publica.

La Couronne de Chefne.

Ob Cives fervatos.

La Liberalité.

Liberalitas Principis.

Une Victoire avec deux Couronnes.

Seu pacem, feu bella geras.

Un payfage avec des Places fortifiées.

Munita Tufcia.

Un trophée d'armes Turquefques.

Cafis ad Plombinum Turcis.

Une Allufion antique.

Res Militaris conftituta.

Des Places fortifiées.

Ilua renafcens.

Tofcorum & Ligurum fecuritati.

Un Edifice public.

Publicæ Commoditati.

La Librairie de S. Laurent.

Publicæ Vtilitati.

Une Corne d'Abondance avec une Louve
& un Lion.

Hetruria pacata.
Un Anchise porté par Enée son fils.
Felix nati pietate.

L'avantage de ces revers est que pouvant estre Historiques , Emblematiques , Enigmatiques , Symboliques , & Hierogly-phiques , on peut par leur moyen exprimer toutes sortes d'Actions , de Vertus, de Pensées , d'Enseignemens Politiques & Moraux , de Desseins cachez, de Proprietez des choses , & de Mysteres de Religion ; outre qu'ils portent un caractere d'antiquité , qui a je ne sçay quoy de grand , de majestueux , & de plus sçavant que les autres ornemens.

Aux funerailles du Senateur Gessi on fit paroistre divers revers de Medailles. Entre autres un Caducée au milieu de deux Cornes d'Abondance tenuës par deux mains jointes , avec cette Legende : *Pax publica.* Une femme qui tenoit une balance en équilibre avec une palme : *Æquitas publica.* Un Daufin autour d'un Anchre : *Festina lentè.* Une Couronne de Chesne : *Ob Cives servatos.* Deux Temples sur une montagne : *Virtuti & Honori.* La Felicité avec ces mots : *Felicitas publica.* Le Temple de Janus fermé , *Pace ubique partâ.* Un Pegase volant & semé d'étoiles : *Syderibus receptus.*

Deux Lyres & une Choüette : *Mercurio &*
Minervæ. Des inſtrumens de Tournoy :
Ludorum Principi. L'Immortalité, la Con-
corde, &c.

Aux obſeques de la Reine Marie de Medicis à Florence, on fit quatre revers de
Medailles. Dans l'une eſtoit la ſainte Am-
poule portée par une Colombe, avec ces
mots.

Francis data munera Cælo.

Dans une autre eſtoit un Caducée avec
ce bout de vers.

Pax optima rerum.

Des Lys dans une autre.

Junonis ab ubere creſcunt.

Et dans la derniere une Couronne avec
des Palmes & des branches d'Olive.

Sæculi Felicitas.

Pour ces revers on n'a qu'à ſe ſervir de
Fulvius Urſinus, de Goltzius, des Commentaires Hiſtoriques de Monſieur Tri-
ſtan, de du Choul, d'Antonius Auguſtinus,
de Monſieur Spanheim, & de quantité
d'autres qui ont recueilli & expliqué les
Medailles antiques.

Les armoiries ſont des ornemens eſſen-
tiels aux funerailles; on en met ſur les quatre coings de la croix du Poële ou Drap
mortuaire; on en fait une Ceinture ſur la
tenture noire; on les attache aux flam-

beaux, & aux torches qui se portent aux Convoys. Les Crieurs & les Herauts en portent devant & derriere. Enfin on les grave sur la tombe à costé des figures, ou aux quatre coings, au dessus de l'Epitaphe, sur les boucliers & les cottes d'armes des Chevaliers; elles font une partie de la Decoration des Chapelles ardentes.

En Allemagne on met autour de la representation les huit, les seize, & les trente-deux quartiers paternels & maternels. On peut les disposer sur les deux faces de l'Eglise, & on peut en mettre jusqu'à soixante-quatre, trente-deux paternels, & trente-deux maternels.

On le fit à Chambery pour les funerailles de la Duchesse de Savoye Françoise d'Orleans. Je crois qu'il est necessaire de mettre sous ces Ecussons les noms des Maisons, parce qu'autrement ce seroient des Mysteres à l'égard de la plûpart des Spectateurs, qui ne connoissent pas les armoiries, & qui ne sçavent pas ces descendances. Cet ornement est auguste, particulierement quand les quartiers font des Maisons illustres, comme ils ne peuvent manquer de l'estre quand on va jusqu'aux soixante-quatre, c'est à dire quand on remonte jusqu'aux cinquiémes Ayeulx de celuy pour qui on dresse l'appareil. Cette diversité d'é-

maux & de figures est incomparablement
plus agreable, que de voir toûjours les mêmes armoiries. Il les faut disposer dans l'ordre naturel des descendances, commençant par le cinquiéme Ayeul de qui on descend en droite ligne, & par sa femme;
aprés eux il faut mettre le Pere & la Mere
de la femme de son quatriéme Ayeul pa-
ternel, puis les grands-Peres & les grands-
Meres de la femme de son troisiéme
Ayeul, qui font déja huit quartiers. On
vient aprés au Bisayeul & à la Bisayeule de
la femme de son Bisayeul, & ainsi des autres, qui s'entendront mieux par des ta-
bles, que par une description.

On en peut voir les exemples dans le
traité que j'ay donné au public, de la maniere de dresser les quartiers.

Les armoiries du défunt s'accompagnent
pour l'ordinaire des marques de sa dignité,
de la Couronne Royale, du Diademe Imperial, du Chapeau de Cardinal, de la
Crosse, de la Mitre, des Bâtons de Ma-
réchal de France, des Cornettes de Cavalerie, du Manteau Ducal, &c.

Aux funerailles des Papes leurs armoiries
n'ont que la Thiare; on en oste les Clefs,
parce que la Thiare est la marque de la dignité qui reste à leur memoire, ayant tof-
jours le titre de Pontifes; les Clefs au con-

traire sont la marque de la jurisdiction
qu'ils n'ont plus. C'est ainsi qu'on le pratiqua aux funerailles de Gregoire XIII,
de la maison des Boncompagnes.

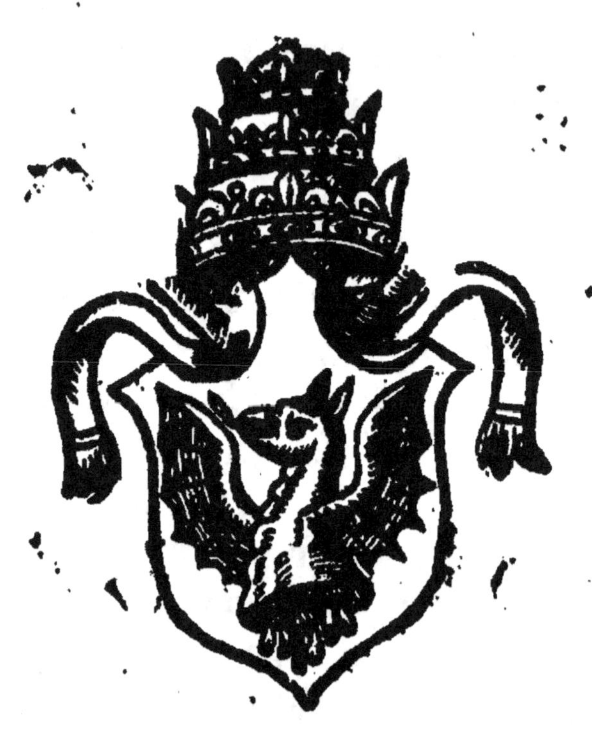

Les armoiries des Cardinaux sont tymbrées
du Chapeau de leur dignité, & quand ils sont
Archevêques on y ajoûte la Croix accollée
derriere l'Ecu ; comme on fit pour le Cardinal Pelleve Archevêque de Rheims, qui
mettoit outre cela la Croix des armoiries
de son Archevêché, entre les quatre quartiers des armes de Pelleve & du Fay qu'il
portoit.

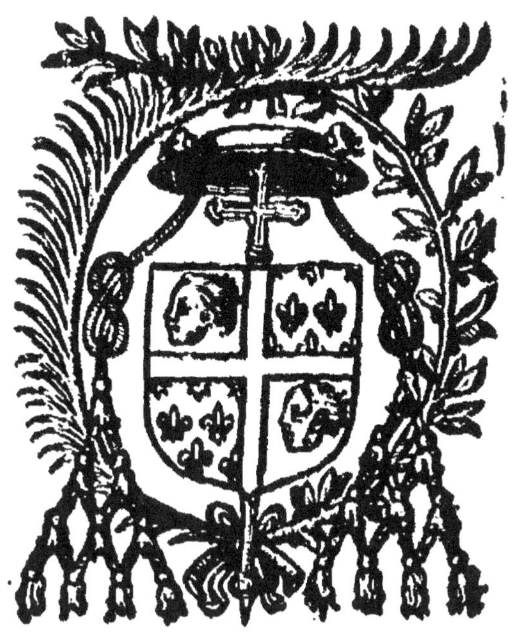

Les Cardinaux Evêques ne mettent point la Crosse ny la Mitre, parce que la dignité de Cardinal l'emporte sur celle d'Evêque.

Les Evêques mettent la Crosse, la Mitre & le Chapeau.

Les Abbez y mettent la Crosse, & la Crosse avec la Mitre quand ils sont mitrez & crossez.

Les armoiries des Prelats mises en Cartouche ont bonne grace quand elles sont attachées avec des bouts de crespe volans, comme on fit pour Monsieur de Vaussin Abbé de Cisteaux, des armoiries de son Abbaye en cette maniere, entremêlées avec celle de sa famille.

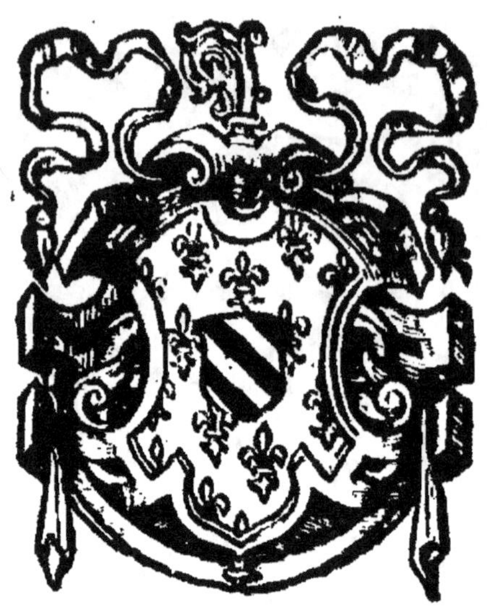

Il y en a qui accompagnent les armoiries de Chiffres, de Devises, & d'autres ornemens. Comme aux funerailles de Madame Eleonor de Bourbon sœur d'Antoine de Bourbon Roy de Navarre, & du Cardinal de Bourbon, & tante du Roy Henry IV. morte Abbesse de Fontevraut l'an 1611. On voyoit autour de ses armoiries outre la Crosse & la Cordeliere de petits triangles, les Chiffres sacrez des noms de JESUS & de MARIE. Les figures des cinq playes du Sauveur, pour marquer les devotions de cette pieuse Princesse à la tres-sainte Trinité, à JESUS & à MARIE, & aux cinq playes du Sauveur. Elle accompagnoit ces Symboles de pieté de ces mots : *Spes mea à juventute mea.* Vn E & un B qui estoient

les premieres lettres de son nom & du
nom de sa maison estoient couronnez; mais
ses armoiries estoient sans couronne, nulle
personne Ecclesiastique ne prenant alors
de couronne : Comme on peut voir aux
armoiries du Cardinal de Bourbon frere de
cette Abbesse. Cependant dés que son neveu fut parvenu à la Couronne, elle porta
les armes pures de France sans aucune bri-
sure.

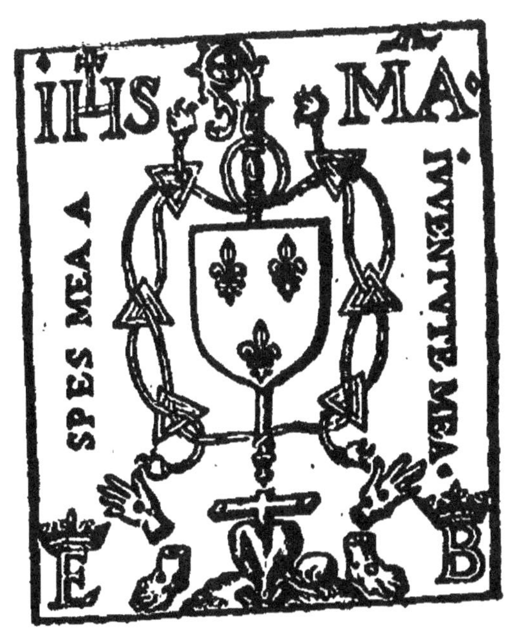

Les Emblêmes & les Devises font aussi
une bonne partie de ces Decorations. Je
ne diray rien des uns ny des autres, parce
que je viens de publier un ample traité
de l'Art des Emblêmes, où j'en donne toutes les regles, les especes, & les usages avec

un bon nombre d'exemples. J'ay aussi donné deux volumes de Recueils des Devises, & je donneray bien-tost l'Histoire des Devises, l'Art des Devises, & la suite du Recueil dont les deux Volumes publiez ne contiennent que la moitié.

Aux funerailles de l'Empereur Charles-Quint on representa les deux colonnes d'Hercule de sa Devise ; en celles de l'Archiduc Albert on fit la même chose de l'Epée & du Rameau d'olive de sa Devise, avec ces mots : *Pulchrum clarescere utroque.*

A la Pompe funebre de Marie de Medicis parurent les Devises qu'elle avoit portées estant Reine, & estant Regente.

Aux obseques de l'Empereur Mathias on mit sur la facade de l'Eglise la Devise du Soleil & de la Lune, qu'il prit quand il eut associé à l'Empire Ferdinand II. qu'il fit Roy des Romains : Le mot estoit.

Concordi lumine major.

De cet usage est venu insensiblement celuy de faire servir plusieurs autres Devises à ces Decorations, & de les mettre ou dans les panneaux des piedestaux des Statuës, ou dans la frise des Corniches.

Aux funerailles de Marguerite d'Austriche Reine d'Espagne il en parut plusieurs,

entre autres une grenade ouverte avec ce
mot.

Tantus amor prolis.

Vne Perle.

Pulvisque effecta medela est.

Vn Vaisseau déchargé.

Expositâ jam merce redit.

Le Soleil couchant.

Noctem aliis relinquit.

Vn arbre, qui tombe pour estre trop chargé de fruits.

Sic cecidisse decus.

Le Soleil couché & des étoiles.

Solatia noctis.

Pour les enfans qu'elle laissoit.
Vn Soleil qui se couchoit d'un côté, &
qui se levoit de l'autre.

Incipit ubi definit.

Pour l'autre vie qui suit celle cy.
Aux obseques d'Hyacinte Sanvitale Duchesse de Poii, on exposa douze Devises
dont les corps estoient tous des Hyacin-
tes.

L'une estoit une Hyacinte qu'une main
transplantoit dans un vase.

Vt Calo meliore fruar.

Aux funerailles du Cardinal Campori il y en eut plusieurs dont les corps estoient des Etoiles à cause de celles de ses armoiries. Enfin il fait peu de ces Decorations où l'on ne voye des Devises.

On y introduisit aussi des festons & des trophées d'armes, de livres, de marques de dignitez, & de diverses dépoüilles mêlées à des ossemens & à des marques de mort, qui rendent la chose plus lugubre.

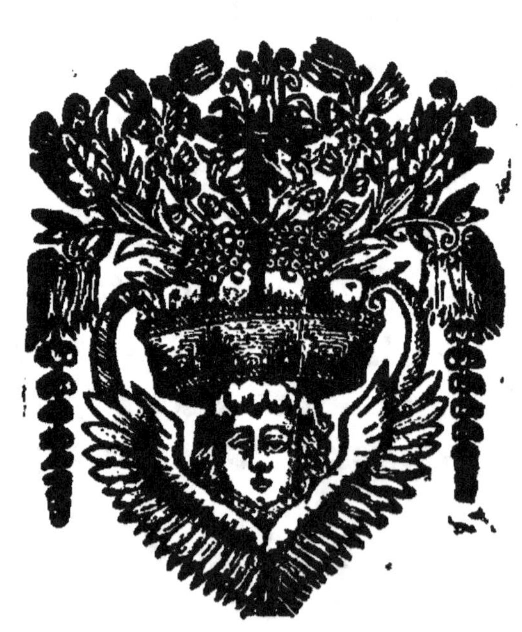

DES INSCRIPTIONS.

LES Inscriptions sont la partie la plus essentielle aux Decorations funebres, parce qu'elles en sont l'Ame. Elles appliquent les sujets, font parler les Figures, les Emblêmes & les Devises : Et il n'y a rien en tous ces desseins, où elles n'ayent la meilleure part. Elles invitent aux funerailles, font connoistre l'occasion pour laquelle on les entreprend ; & cette varieté de Figures, d'Ecritures, de Trophées, de Festons, & d'autres ornemens fait une admirable disposition, qui plaist aux yeux, & remplit l'esprit plus agreablement, qu'une Decoration plus unie & plus simple.

Ce n'est pas aussi la partie la moins difficile des appareils, la beauté des Peintures, l'addresse des Ouvriers, & la sagesse de la disposition peuvent faire aggréer dans les Figures, dans l'Architecture, & dans les ornemens ce qui n'est pas toûjours le plus propre au sujet que l'on fait. Mais si les Inscriptions ne se soûtiennent d'elles-mêmes, par la dignité des pensées, la beauté des expressions, la pureté des termes, & la justesse des applications, elles

rebutent ceux qui les lisent, & il n'en faut
que deux ou trois qui soient mal faites
pour décrier un grand ouvrage. Il ne convient pas à tout le monde de faire parler
le marbre & les couleurs, ny de les animer
de ces petits mots, qui font raisonner ceux
qui les lisent. Qu'y a-t'il de plus expressif
que ces deux mots de Virgile: *Genus unde
Latinum* mis sous le tableau d'Anchise &
de Venus dans la celebre Galerie du Palais
Farnese peinte par Annibal Carache. Ces
trois petits mots marquent l'origine des
Romains, qui descendoient par Enée &
Julus de ce Troyen & de cette Deesse,
selon la tradition de la Fable.

ΓΟΝΟC ΤΟΤ ΚΑΛΩC
ΗCΤΧΑCΕΙΝ ΑΙΤΙΟC.

qui signifie que *le travail est l'occasion d'un
honneste repos.*

On voïd auparavant Hercule chargé du
pesant fardeau du monde, pour representer
le Pape Paul I I I. sous le Pontificat duquel
on trouva l'admirable statuë d'Hercule ap-
puyé sur sa massuë; & cette statuë est dans
le Palais Farnese, que les neveux de ce
Pape firent bâtir. Annibal Carache la peignit, & l'appliquant au repos que ce Pape
devoit prendre au milieu de tant de fatigues que luy donnoit la conduite du monde

entier, il l'accompagna de ces beaux mots.

Il y a plusieurs reflexions à faire touchant les Inscriptions, tant pour la diversité des sujets pour lesquels elles sont faites, que pour les lieux où elles se doivent placer.

Les Medailles, les Emblêmes, & les Devises ont leurs Inscriptions. On donne le nom de *Legendes* aux premieres, de *Titres* ou de *Mots* aux secondes, d'*Ames* ou de *Mots* aux troisiémes.

Pour celles des Medailles il faut imiter les antiques autant que l'on peut, parce qu'elles ont un caractere noble, particulierement celles qui sont du siecle d'Auguste.

J'ay traité de celles des Emblêmes dans l'Art des Emblêmes, & ceux qui ont écrit de l'Art des Devises, ont traité des mots & des paroles qui doivent les accompagner, & en ont donné les regles. Enfin pour rapporter toutes les especes d'Inscriptions qui peuvent entrer dans les Pompes funebres, il faut les distinguer en Inscriptions Sacrées, Morales, Politiques, Historiques, Poëtiques & Emblematiques.

Les Inscriptions Sacrées sont des passages tirez des Ecritures saintes, ou des ouvrages des saints Peres.

Les

Les Morales sont des reflexions sur la
brieveté de la vie, sur l'inconstance des
grandeurs humaines, sur l'esperance d'une
autre vie, l'immortalité de l'ame, &c.

Les Politiques sont des enseignemens
pour la conduite des Etats.

Les Historiques sont des explications
succinctes des belles actions des personnes
à qui on rend ces derniers devoirs.

Les Poëtiques sont des Vers, des Epigrammes, & des inventions de caprice en
forme de Pyramides, de Colonnes, de
Tours, d'Asles, & d'autres semblables figures qu'on leur donne en les écrivant.

Les Emblematiques sont ces petits mots
dont j'ay déja parlé, qui se mettent autour des Medailles, sous les statuës, sur les
bas-reliefs, & sur les autres figures, & qui
accompagnent les corps des Emblêmes &
des Devises.

Pour se former à ce genre d'écrire il seroit bon de lire le *Canocchiale Aristotelico*
de l'Abbé Tesoro, qui traite à fond des
Inscriptions, & le Volume que Bolducius a
fait sur ce même sujet, *de Arte Epigraphica.*

Il faut aussi se rendre familieres les Inscriptions antiques qu'Appien, Panuinius,
Gruter, Rainesius, Vrsatus, & quelques
autres Autheurs ont recueillies ; & ceux
qui voudront imiter ces Inscriptions en

forme d'Eloges, remplies de pointes, de pensées delicates, d'allusions, & de sentences d'un style serré & coupé, doivent lire les Cesars & les Patriarches de l Abbé Tesoro: *Christi hominis Dei Elogia, Virtutes Infulata,* & les autres Eloges du Pere Juglaris. *Elogia Sacra, Heroïca, Historica, Politica, Moralia, Poëtica, Miscellanea* du Pere Labbé, les Eloges des douze Fondateurs Religieux du Pere Alberti. Les Eloges du P. Masculus, & les Inscriptions du P. Vrsus. Il est vray que tout le monde ne s'accommode pas de ces pointes & de cette prose coupée, qui est plus du goust des Italiens que du nostre. Neanmoins en ces Decorations elles se peuvent souffrir, pourvû que les Inscriptions ne soient pas longues.

Le P. Vasco a excellé en ce genre d'Inscriptions aux funerailles du dernier Duc de Savoye Charles Emanuel I I. Il en a fait de deux sortes, de longues & de courtes; les unes & les autres sont tres-belles. Elles sont Historiques, Politiques & Morales: Voicy les plus courtes sur les vertus de ce Prince.

Pour son zele à l'égard de la Foy, l'action estoit l'entreprise contre les Heretiques de la vallée de Luzerne, restes des anciens Vaudois. L'Inscription.

Regno Rebelles & Deo
Ferro subegit
Hostes sibi & Cælo communes.

Pour sa devotion envers la sainte Vierge
il se consacroit aux pieds de ses Autels, &
luy offroit sa couronne.

Aris, Templis, auro, cultu
Deiparæ amorem fecit suum.
Quid sibi & Regno timeret?

Pour sa pieté envers les pauvres, ce
Prince les servoit à table le Jeudy Saint,
& leur distribuoit des aumônes.

Ne omnia mors eriperet
Opes profudit in pauperes.
Hoc habet quod miseris dedit.

Pour le mépris de la mort, on le voyoit
qui ordonnoit à ses gardes de laisser entrer
ceux qui desiroient d'assister à sa mort.

Aulæ proceres
Regiam mortem spectare jubet;
Hoc uno quàm multa docet.

Pour la magnanimité il envoyoit le Marquis Ville au secours de Candie.

Armatam Sabaudiæ pietatem
Ne timere desuescat impietas
Diu sustinet Cretam.

Pour le courage hardi & adroit, on voyoit ce Prince à la chasse des Ours & des Sangliers.

Strages ferarum
Magnus Alcidis labor,
Sunt otia Principis.

Pour la promptitude il, faisoit fortifier des places par un grand nombre d'Ouvriers, voyoit divers desseins, & dépêchoit des Courriers en divers endroits.

Augustas expedit moles
Divisus in omnes,
In omnibus totus.

Pour la prévoyance à pourvoir aux besoins de ses Sujets, on voyoit la faim & la necessité comme des furies déchaînées sur les Sujets de ce Prince qui venoit à leur secours . & répandoit des richesses d une corne d'Abondance.

Alpinæ ditionis calamitates
Annona & auro prævertit;
Suorum ex Rege Pater.

Pour la magnificence civile, on voyoit la sage disposition de la nouvelle Academie dressée par ce Prince, pour élever la Noblesse étrangere aux Mathematiques, aux armes, à la danse, à monter à cheval, & aux autres exercices.

Nobilissimas artium
Magnificè excipiens,
Vna molitur in domo.
Extera Nobilitati
Communem Patriam.

Pour la clemence on le voyoit pardonner à des criminels en public, & en presence de plusieurs témoins.

Vt scelera incruentè puniat
Scelestis parcit.
Hic mos est ultricis clementia.

Pour ses manieres obligeantes à l'égard des Etrangers dans les spectacles publics, & les autres occasions, on le voyoit introduisant luy-même des Gentilshommes étrangers dans sa Venerie Royale, pour leur en faire voir les appartemens.

Regales delicias
Exterorum oculis dùm exhibet,
Animos rapit.

Ce Prince dans un Tournoy en presence du peuple.

Regni curas servavit sibi;
Delicias
Publicis spectaculis publicas fecit.

Je me suis arresté à ces Inscriptions, parce qu'elles sont spirituelles, bien latines,

& agreablement tournées ; ce qui ne se
trouve pas toûjours en ces sortes d'ouvrages , particulierement quand ils font conduits par des ignorans, & des personnes
sans experience.

Il y en a qui ne se servent que des passages de l'Ecriture sainte & des passages des
Peres , parce qu'ils regardent tout le reste
comme prophane & indigne des lieux sacrez. C'est ce qu'on a long-temps observé
à Florence, particulierement aux obseques
des Empereurs Mathias & Ferdinand II.
du Pape Leon XI. de Marie de Medicis
Reine de France, & de François de Medicis grand Duc de Toscane.

Aux funerailles de ce dernier on voyoit
dans des Cartouches attachez aux colomnes & aux pilastres de l'Eglise, ces sentences de l'Ecriture.

I.

Multa hominis afflictio

Eccl. 8.

Quia ignorat præterita,
Et futura nullo scire potest negotio.

II.

Eccl. 11.

Meminisse debet homo
Temporis tenebrosi, & dierum malorum
Qui cum Venerint,
Vanitatis arguentur præterita.

III.

Ad Rom.
8.

In omnes homines mors pertransit.

IV.
Modicum corruptibile vitæ tempus.

V.
Dies hominis sicut umbra declinant.

VI.
Homo tamquam olera herbarum cito decidet.

VII.
*Ad nihilum deveniens tamquam aqua
decurrens.*

Aux funerailles de l'Empereur Mathias
on exposa ces sentences tirées de divers
endroits de l'Ecriture.

In nihilum redactus sum & nescivi.

*Vmbra transitus est tempus nostrum, &
non est reversio finis nostri.*

*Memento quæ ante te fuerunt, & quæ su-
perventura sunt tibi; hoc judicium à Domino
omni carni.*

*Dies mei transierunt, cogitationes meæ dis-
sipata sunt.*

*Memoria vestra comparabitur cineri, &
redigentur in lutum cervices vestræ.*

*Quid habet amplius homo de universo labore
suo?*

L'exactitude à ne prendre que des paroles de l'Ecriture pour cette Decoration, fut
si grande, que les mots mêmes des Devises
qui y parurent estoient la plûpart tirez des
Livres sacrez.

Sous celle du Ver à foye qui fortoit de fa coque, on avoit mis.

Ex umbra mortis.

Sous celle d'un Vaiſſeau conduit par la Bouſſole, & arrivant au port.

A lege tua non declinavi.

Sous celle d'une campagne miſe à couvert d'une inondation d'un torrent par une grande levàe.

Forſitan abſorbuiſſent.

Il n'y a pas de neceſſité de s'attacher ſi religieuſement aux paroles de l'Ecriture, que l'on ne puiſſe ſe ſervir en ces Decorations des penſées des Philoſophes Payens, & des Poëtes mêmes, quand elles ſont propres pour inſtruire, & pour regler les mœurs. La raiſon peut venir quelquefois au ſecours de la grace; & c'eſt de cette raiſon que les Infideles ſe ſont ſervis pour regler leurs mœurs & leurs actions, en un temps où ils n'ont pas eu d'autres lumieres.

C'eſt pour cela ſans doute que S. Paul & la plûpart des Peres, n'ont pas fait difficulté de ſe ſervir des témoignages des Payens pour établir certaines veritez, qui ne dépendent pas abſolument de la grace. Les Infideles ont connu la brieveté de la vie, l'instabilité des biens de la fortune, & les esperances d'une autre vie; quoy qu'ils ayent mêlé de beaucoup de fables cette derniere connoissance. Il y en a qui semblent avoir parlé en Chrétiens sur la conduite des mœurs, & S. Paul qui leur reproche de n'avoir pas glorifié Dieu comme ils devoient, avoüe qu'ils l'ont connu. On peut donc se servir de quelques-unes de leurs maximes pour les Decorations funebres. C'est ce qu'on fit aux obseques du Gouverneur de Viterbe l'an 1635. où l'on exposa des sentences de Seneque, de Ciceron, & de quelques autres Autheurs de cette haute antiquité. Voicy les principales.

Dies iste, quem tamquam extremum reformidas, Æterni natalis est. Sen.

Nemo censet lugendam esse mortem, quam sequitur immortalitas. Sen.

Non deterret sapientem mors. Cic. i. Tuscul.

Sapientissimus quisque æquissimo animo moritur, stultissimus iniquissimo. Cic. Parad.

Mors terribilis est iis, quorum cum vita omnia extinguuntur, non his quarum laus emori non potest. Idem.

Qui mortem non timet, magnum is Idem.

sibi præsidium ad beatam vitam comparavit.

Som. Scip.   *Nihil homini brevitate vitæ præstitit meliùs natura ipsa.*

Menander,   *Quem diligit Dominus juvenis moritur.*

Sen. Ep. 17.   *Si quid te vetat benè vivere, benè mori non vetat.*

Ep. 62.   *Ante ad mortem quàm ad vitam præparandi sumus.*

Arist. de cælo &mund.   *Maximum & optimum sortiri finem bonum.*

Sen. Ep. 100.   *Quem putas periisse præmissus est.*

Plat.   *Bonus non flendus, sed laudibus prosequendus, (et) memoriâ honorandus.*

Demetr. Phal.   *Vivens fac lauderis, moriens beatus puteris.*

Senec. Epist. 16.   *Quia incertum est quo loco te mors expectet, tu illam omni loco expecta.*

Cic. ad Sulpit.   *Si hac die non obieris, paucis post diebus tibi moriendum est, quia homo natus es.*

On mêla même en cette occasion les sentences des Peres, & les maximes de l'Ecri

ture sainte, à ces maximes des Anciens,
puisque tout l'appareil se terminoit par ces
trois Inscriptions.

*Qui considerat qualis erit in morte,
semper pavidus erit in operatione.* s. Greg.
12. Mo-
ral.

Latet ultimus dies ut observetur om- s. Aug.
nis dies. Epist.

Melior est mors quàm vita amara, Eccl. 30.
*& requies æterna quàm languor perse-
verans.*

On fait regner quelquefois une Inscription dans la frise qui couronne tout l'appareil ; comme on fit à Plaisance dans l'E-
glise des saints Nazare & Celse, quand on
y representa le triomphe de la mort l'an
1665. On y lisoit cette Inscription étenduë tout le long de l'Eglise.

*Schola veritatis est hæc Scena, suis
vocibus docet nil esse constans in terris,
& omnia, si Deus non adsit, esse um-
bram & mortem.*

Ces Inscriptions s'appliquent aussi quelquefois aux diverses figures, que l'on represente en ces Decorations, comme aux funerailles de l'Empereur Mathias, on avoit
representé la Vertu, la Sagesse, l'Espe-

rance, le Zele, la Charité, la Prudence,
la Mifericorde, la Clemence, la Manfue-
tude, la Foy, la Juftice, la Force, la Prevoyance, le Confeil, la Paix, la Vigilance, la Magnanimité, la Pieté, la Crainte
de Dieu, & la Gloire, qui compofoient
un Cantique à la memoire de ce Prince,
tiffu de divers paffages de l'Ecriture, qui
s'uniffoient comme en un Pfeaume, dont
chacune de ces vertus fembloit reciter un
verfet.

La Vertu en general.

*Cantate Domino, gloriose enim ma-
gnificatus est : iter facite ei qui ascendit
super occasum.*

La Sageffe.

*Invocavit Dominum, & dedit illi
cor sapiens & intelligens : ut judicaret
orbem terræ in æquitate.*

L'Efperance.

*Confidit in Domino Jesu, & non ex-
cidit à spe sua : quia sublimius fecit solium ejus.*

Le Zele.

*Zelavit super iniquos, odivit Eccle-
fiam malignantium : & vias peccatorum
dispersit.*

La Charité.

Caritas Christi urget : nec flumina obruent illam.

La Prudence.

In omnibus viis suis prudenter agebat : quia ambulavit in lege Domini.

La Misericorde.

Speciosa misericordia Regis, quia liberavit pauperem à potente, & pupillum, cui non erat adjutor.

La Clemence.

Misericordia & veritas custodiunt Regem, clementia ejus quasi imber serotinus.

La Foy.

Oculi enim Domini contemplantur universam terram : & præbent fortitudinem his qui corde perfecto credunt in eum.

La Justice.

Eripui te de contradictionibus populi : constitui te in caput gentium.

La Force.

Præcinxi te virtute ad bellum : supplantavi surgentes in te subtùs te.

La Providence.

Turbabantur gentes, & timebant qui habitant terminos à signis tuis : spes omnium finium terrae, & in mari longè.

Le Conseil.

Misit ad eum Legatos portæ Regis ad Orientem : ut offerrent munera, & postularent ab eo pacem.

La Paix.

Inclinavit aurem suam mihi : & subito facta est tranquillitas magna.

La Vigilance.

In pace semper insidias suspicabatur : nec frustrà vigilat qui custodit eam.

La Magnanimité.

Deus misericors & clemens, nosti quia meum erat Regnum : dedi in manus Patruelis mei : vivat Dominus, & firmet Regnum ejus.

La Pieté.

Spoliavi me corona mea, providens non coactè, sed spontanèe secundum Deum.

La Crainte de Dieu.

Diligentibus Deum omnia cooperan-

tur in bonum ; & in die defunctionis sua benedicetur.

La Gloire.

Annuntiate inter gentes gloriam ejus: & replebitur majestate ejus omnis terra.

On fit la même chose aux obseques de la Reine Marie de Medicis, où l'on representa les femmes illustres de l'ancien Testament, Eve, Sara, Rebecca, Rachel, Marie sœur de Moyse, Debbora, Jahel, Ruth, Anne mere de Samuël, Abigaïl, Judith, Esther, Susanne, & la mere des Machabées, avec des Inscriptions suivies, qui sembloient composer un Cantique.

Il y avoit quatre versets de ce Cantique aux deux côtez de l'Autel dans des Cartouches, & les autres estoient sous les figures de chacune de ces femmes.

Laudemus mulieres gloriosas : & parentes magnarum gentium in generatione sua.

Cum semine earum perseverat hareditas bona: filij ipsarum propter illas usque in æternum manent.

Quasi luna plena in diebus suis lu-

cent : & quasi flos rosarum effundunt
odorem excelso Principi.

Vt det nobis jucunditatem cordis : &
fieri pacem in diebus nostris in Israel
per dies sempiternos.

C'estoient-là les quatre premiers versets;
les autres estoient sous les figures , & chacune de ces figures sembloit faire l'action
qui estoit exprimée par le verset.

Evam fecit Dominus viro suo ad-
jutorium simile ei.

Sara benedixit Deus , & ex illa de-
dit filium cui benedixit.

Gentes fuerunt in ventre Rebecca :
& populi ex utero ejus dividebantur.

Ad domum Dei festinans Rachel , ab-
scondit idola subter stramenta Cameli,
sedit desuper.

Maria ante alias præcinebat canti-
cum Deo. Gloriose magnificatus est Do-
minus.

Iudicavit Debbora populum in justi-
tia & æquitate : in diebus ejus porta
inimicorum Domini subversa sunt.

Aquam

Aquam petenti lac dedit Iahel, & in phiala principum obtulit butyrum.

Ruth elegit adhærere Deo Iacob, & non est decepta.

Filium adhuc infantulum duxit Anna ad domum Dei: ut appareret & maneret jugiter ante conspectum Domini.

Festinavit Abigaïl in ocrursum David: in tempore iracundiæ facta est reconciliatio.

Mirabilis Iudith in viduitate sua: fecit potentiam Dominus in brachio fæmina.

Pulchra nimis Esther, & decora facie: locuta est quæ sunt ad pacem Israel.

Erat cor Susannæ fiduciam habens in Domino: exaudivit autem Dominus vocem ejus.

Repleta sapientiâ Mater fortiter hortabatur filios fortes: ut legem Domini sanctè custodirent in finem.

Outre ces quatorze femmes illuſtres de l'ancien Teſtament, on repreſenta quatre Reines de France: Clotilde femme de Clovis, Hildegarde femme de Charlema-

gne, Blanche de Castille, mere de saint
Loüis, & Catherine de Medicis femme de
Henry II. & mere de trois Rois, François
II. Charles IX. & Henry III. avec ces
inscriptions tirées de l'Ecriture sainte, &
ajustées à ces Reines.

*Clotildis mater viventium in Gallia,
tulit de ligno vitæ , deditque viro suo
qui comédit , & aperti sunt oculi populorum.*

*Inclaruit Hildegardis ornata viro suo:
ascendit gloria ejus innixa super dile-
ctum suum.*

*Filius sapiens corona Blanchæ , eru-
divit Regem mater sua.*

*Sapientia Catharinæ lactavit parvu-
los suos: consiliis illius Reges accincti
sunt robore.*

Ces Inscriptions sont en même temps
Sacrées, Historiques & Emblematiques.

Quand on fait porter ces Inscriptions par
des squelets & des images de mort , on
peut les faire Politiques, Morales, Sacrées,
Historiques , Symboliques , Emblematiques, enfin telles que l'on veut ; parce
qu'alors on ne considere ces squelets que

comme les supports & les tenans de ces Inscriptions.

C'est ainsi qu'aux funerailles de Ferdinand II. une mort tenoit un miroir avec ces mots.

Reges intelligite & Principes erudimini.

Pour dire que la mort de cet Empereur estoit un miroir, où les Princes & les Grands du monde pouvoient voir qu'il n'y avoit rien de durable.

Une autre loüoit la rectitude des intentions de cet Empereur en toutes ses actions par ces mots.

Oculi ejus mundi non poterant ad iniquitatem respicere.

Vne autre admiroit la multitude des Heretiques convertis par la force de ses armes.

Qui ambulat in tenebris, in splendore fulgurantis hastæ tuæ viam veritatis invenit.

Vne autre loüoit sa pieté.

Magno ipsi nihil magnum præter pietatem.

Vne autre comme priante demandoit à Dieu le double esprit de cet Empereur pour son fils.

Fiat spiritus ejus duplex in filio.

Vne autre avec un Sceptre & une Couronne brisée disoit.

*Fallax potentia, vanum Imperium,
Princeps timens Deum ipse laudabitur.*

Vne autre consoloit les peuples sur la mort de cet Empereur, en disant sous la Metaphore d'un cedre abbatu, qu'il n'avoit esté enlevé du Liban que pour servir au temple & à la maison de Dieu.

Transtulit Dominus cedrum de Libano in opus Sanctuarij.

Enfin la derniere parloit du succez de ses entreprises, parce qu'il n'avoit fait que des guerres justes.

Adversus tela ignita inimicorum stetit: apprehenderat enim scutum inexpugnabile æquitatem.

Il y a des mots plus courts qui tiennent de la nature des legendes des Medailles, des titres des Emblêmes, & des ames des Devises. Tels sont les Epithetes que l'on fit paroître aux funerailles du même Empereur sous les images de la mort representée en diverses attitudes.

Negat cupientibus.
Miseris imparata.

Omnia domans.

Amara & inexpleta.

Belli socia.

Omnium acerbissima.

Amara divitibus.

Stipendium peccati.

Tributum vitæ.

Soporis consanguinea.

Via vitæ.

Omnium importuna.

Omnibus æqua.

Omnium certissima & incertissima.

Vltima rerum linea.

Precibus inflexibilis.

Semper imminens.

Aux funerailles de Pierre Seguier Chancellier de France, & Protecteur de l'Academie Françoise, on representa les Sciences & les Arts en deüil ; leurs figures estoient accompagnées de petits mots tirez des Poëtes.

La Poësie laistant tomber sa flute avoit ce bout de vers d'Ovide.

Ars mihi non tanti est, valeas mea tibia.

L'Eloquence disoit par un vers du même

Poëte, qu'elle n'avoit plus d'esprit, & que l'Eloge de ce grand homme estoit au dessus de ses forces.

Deficit ingenium, majoraq; viribus urgent.

La Peinture pleurante reprenant sa palette & ses pinceaux, disoit qu'elle le feroit revivre.

Et cedent arti tristia fata meæ.

La Jurisprudence conservoit la majesté jusqu'au milieu des les larmes : c'est ce que disoit ce demy vers de Stace.

Et afflicto spirat reverentia vultu.

La Sculpture & la Statuaire qui vouloient faire son image, & les bas-reliefs des actions de sa vie, disoient ces mots d'Horace.

Conamur tenues grandia.

Il y a des titres que l'on écrit sur les couronnes & sur les trophées, avec les noms des personnes qui les ont dressez, & les motifs pour lesquels ils ont esté dressez, Comme aux funerailles de Cosme de Medicis grand Duc de Toscane, on avoit representé quatre grandes Couronnes. Sur la premiere estoit cette Inscription en forme de titre.

Optimo Principi.

Et au bas estoit qelle-cy.

Pius V. Pont. Max. ob eximiam dilectionem, & Catholicæ Religionis zelum, præcipuumque justitiæ studium donavit.

C'est l'Inscription que le Pape Pie V. fit graver au dedans de la riche Couronne qu'il mit sur la teste de ce Prince le 5. Mars 1520. au milieu de la Messe, l'instituant grand Duc de Toscane.

Au dessus d'une autre Couronne estoit ce titre.

Patri Patriæ.

Il estoit accompagné de cette Inscription.

S. P. Q. F. promptissima sua voluntate, nec minori felicitate vocatum Ducem optimum, & indulgentissimum Principem experta.

Sur la troisiéme pour la ville de Pise, on lisoit.

Quietis Antori.

Avec cette Inscription.

Pisarum Civitas, dignitate, civibus, mœnibus, salubritate, ac fertilitate auctâ, & prope iterum conditâ.

Sur la quatriéme, pour les Chevaliers de S. Estienne.

Fidei defensori.

Avec cette Inscription.

Sacra divi Stephani militia in Religio-nis hostes propugnaculum erecta.

C'est ainsi que dans les anciennes Medailles on void la Couronne de Chesne, avec ces mots.

Ob Cives servatos.

Ces Inscriptions sont encore plus necessaires pour faire connoistre les belles actions que l'on expose en ces sortes d'apareils. C'est ce qu'on fit aux funerailles de Loüis XIII. sous trente-huit tableaux qui representoient les plus belles actions de sa vie. Il y en avoit quatre pour sa naissance & pour son éducation, avec ces Inscriptions.

Ludovici natalitia , cæli terræque prodigiis illustrata.

Nascens ter oculos ac manus in cælum at-tollit.

Accepto à patre gladio puer in Regni & Dei hostes armatur.

A prima ætate summis virtutibus assuescit.

Sous le tableau de son Sacre on lisoit.

Anno ætatis decimo consecratur in Regem.

Sous celuy de son Mariage,

Annam Austriacam ducit uxorem.

Sous celuy des premieres guerres qu'il fit contre les rebelles.

Sibi , Deoque rebelles compescere aggreditur.

Sous celuy de la guerre de Bearn.

Benearnensium novam Rempublicam , quadam quasi specie venationis evertit.

Pour la prise de S. Jean d'Angely.

Ad fanum Angeriacum mira Religionis & fortitudinis experimenta.

Sous celuy de la défense de l'Isle de Ré contre les Anglois.

Ræam Insulam rebellibus eripit , mox & ab Anglis defendit.

Pour la prise de la Rochelle.

Rupellam ab aliis Regibus sæpè frustrà tentatam aggreditur.

Pour l'honneur que le Roy fit rendre au S. Sacrement dans la Rochelle, l'y faisant porter en triomphe, & l'y accompagnant à pied & teste nuë le jour de Toussaints.

Rupella victor Christo & Sanctis omnibus triumpham dedit.

Pour la fermeté avec laquelle il rendit vains tous les desseins des Heretiques.

Domita hæreseos inanes conatus irridet.

Pour ses victoires sur les Etrangers.

Pacata Gallia Europam universam suis implet victoriis.

Pour l'établiſſement de l'Academie Françoiſe.

*Literarum ſtudia magnis honoribus & largi-
tionibus promovet.*

Pour les malades des écroüelles qu'il tou-
choit , & qu'il gueriſſoit.

*Ingentem ſtrumis laborantium multitudinem
ſolo ſanat contactu.*

Pour avoir appaisé les troubles.

*Excitata ſæpe in Regno diſſidia tàm feliciter
quàm prudenter componit.*

Pour la ſuppreſſion des duels par de ſe-
veres Edits.

*Singularia certamina ſeveriſſimis legibus in-
terdicit.*

Pour la naiſſance du Dauphin.

Hæredem filium à Deo impetrat.

Pour ſa pieté.

Ludovici ſingularis in Deum pietas.

Pour l'amour qu'il avoit pour ſes Sujets.

Ardentiſſimus Ludovici in ſuos amor.

Il y en avoit dix autres pour ſes principales vertus.

*Ludovici in ſumma felicitate ſumma mode-
ſtia.*

In calamitoſos beneficentia.

*In deligendis idoneis magnarum rerum ad-
miniſtris prudentia.*

Mira in adeundis periculis fortitudo.

In plectendis sceleribus ac munerandis virtu-
tibus summa justitia.

Laborum amor, & patientia singularis,

In voluptatum usu temperantia.

In condonandis injuriis clementia.

In cælites omnes affectus.

In lethales noxas odium immortale.

Il y en avoit six autres pour sa maladie
& sa mort.

Variis ægritudinibus premitur.

Mortalitatis suæ memor Regno suo consulit.

Intentus ad cælestia rebus humanis penitus
valedicit.

Ad mortis nuntium hilaratur.

Ascendenti in cælum Christo triumphi comes
adjungitur.

Eodem quo Henricus pater mortuus die, men-
se, hora.

Il y a une autre maniere de faire ces Inscriptions sommaires en forme d'Inscriptions
de statuës, & de monumens dressez à la
gloire de celuy qui a fait ces belles actions,
comme on fit pour l'Empereur Mathias.

Pietati
Imperatoris Mathiæ Augusti
Imp. Maximiliani filÿ,
Quod Sectariorum depressis viribus Catholicæ
Religioni candorem restituerit.
Providentiæ
Imperat. Mathiæ Pii Maximi,

*Quod Ferdinando Patruele Hungariæ
ac Boëmiæ Rege appellato Austriaci
Sanguinis splendori, & Germanicæ quieti
consuluerit.*

Les Inscriptions Poëtiques sont celles que
l'on fait en vers ; comme les Epigrammes
que l'on fit paroître aux funerailles de
Philippe III. à Florence & à Milan.

Aux obseques de la Duchesse de Poli à
Parme, on exposa diverses compositions
en forme de pyramides, d'obelisques, de
col^umnes & de cyprez, sous ces titres.

Triumphus vitæ obelisco trochaico designatus.

Triumphus innocentiæ obelisco iambico.

*Præsagium immortalitatis columna trochaica
in metam temporis erecta.*

*Præsagium gloriæ columna trochaica in me-
tam famæ excitata.*

*Cupressus iambica erecta à Vitumno vitæ
Deo.*

*Cupressus dactylica à Libitina Dea sepulcrali
erecta.*

*Napææ Nymphæ florum ad tumulum Cupres-
sum dactylicam.*

*Chloris Dea Veris ad bustum extinctæ Hia-
cinthæ cupressum iambicam extulit.*

Pietas opifex pyramidem iambicam.

Liberalitas pyramidem iambicam.

Pyramis trochaica à fortitudine excitata.

Pyramis trochaica à claritate generis erecta.

Les Eloges sont des Inscriptions d'une plus longue étenduë, accompagnées de pensées, de pointes, d'antithèses & de sentences, d'un style serré & coupé, comme j'ay déja remarqué. On s'est servi de ces Eloges & de ces Inscriptions aux funerailles d'Isabelle de France Reine d'Espagne, faites à Milan. Aux obsèques de Loüis XIII. à Turin, de Victor Amedée Duc de Savoye, du Prince Thomas, des deux dernieres Duchesses de Savoye, & de Charles Emanuel II. du Cardinal de Richelieu au College de Lion, de François d'Este Duc de Modene, de Monsieur de Beaufort, & de quantité d'autres personnes. Je me contenteray de donner icy quelques exemples de ces Inscriptions, tirez de l'appareil funebre du dernier Duc de Savoye.

Pour ses aumônes.

Beneficus Princeps
Cum imperare miseris nollet ;
prope feliciores locupletibus
miseros fecit.

Opes, Regnum, Regem
transcripsit in pauperum census ;
ne fortunam accusare possent,
qui fortunæ Dominum possidebant.
Neque preces expectabat,
qui vultum calamitatis ferre non poterat.

Tacita pietas
surtim spargebat ærarium,
Cælo teste contenta ;
ut non accipere crederent miseri
sed invenire.
Quærebat quos absconderet pudor.
Honori parcebat,
dum consuleret egestati;
sentiri se cupiens non videri.
Sed Regum munera latere non possunt.

Pour la promtitude avec laquelle il faisoit ses entreprises.

Quæ magna conceperat mente
CAROLUS EMANUEL,
proxime jam præsagus absentiæ,
nasci volebat simul
& adolecescere ;
scilicet post ipsum non nisi alter ipse
tam grandia potuisset
vel cogitare vel exequi.
Vbique præsens , vbique profuit.
Tamque laboris patiens
quàm impatiens moræ,
paucis annis confecit
negotia sæculorum.
Omnia tandem assuetus expedire celeriter ;
expediit & vitam.
Amantißimis populis
tam citò datam dolendi materiam ;
proh quam lentus consumet dolor!...

Pour les spectacles publics des Tournois,
des Bals, des Comedies.

Inter curas Imperij
magna mentis est, gaudere posse;
inter blandimenta fortunæ,
summa virtutis est,
modum tenere gaudendi:
CAROLUS EMANUEL II.
Mentem habuit arbitram sui,
quam nec frangeret fortuna, nec solveret;
quæ deliciis cursum daret & frænum.
Nunquam regnandi tempus
voluptas occupavit :
Nunquam regnantis animum
operum moles, & regni pondus abjecit.
Sollicita consilia altius premens,
eo vultu prodiit in publicum,
quo felicitatem præsagiret.
Hippodromo, Scena, Theatro,
hilaritati publicæ servire voluit;
felicem se credens
cum lætos videret subditos ;
felicissimum cum fecisset.

Il faut avoir de l'esprit, du genie, du goust,
& un grand usage du Latin pour ces Inscriptions. Nous esperons que Monsieur
Charpentier de l'Academie Françoise,
qui en a fait de si belles pour les Tapisse-
ries & les Medailles du Roy, nous ensei-

gnera la maniere de les faire dans le traité
qu'il a composé des Inscriptions, qui doivent accompagner les Peintures ; & quelque paſſionné Partiſan qu'il ſoit de la Langue Françoiſe pour les Inſcriptions , il
connoiſt trop bien la Latine , & il s'en ſert
trop avantageuſement , pour ne pas nous
inſtruire des moyens de l'employer avec
dignité en ces ſortes d'occaſions.

Il y a des Inſcriptions qui ſe font en forme de Dedicace ; c'eſt lors qu'en repre-
ſentant les actions de la vie d'une perſonne
ou ſes vertus , on luy conſacre des images,
des trophées , des parfums , & des monumens pour honorer ces vertus & ces actions,
ou pour en conſerver la memoire. Aux
obſeques que la Nation Eſpagnole fit pour
le Roy Philippe IV. à Rome dans l'Egliſe
de S. Jaques des Eſpagnols, on voyoit cette
Inſcription generale.

Hiſpania Romæ Incola Philippo IV. Catho-
lico P. P. juſta rité perſolvit.

Et ſous quatre grands tableaux qui
repreſentoient le myſtere de la Conception de Noſtre-Dame , la canonization
de divers Saints que ce Prince avoit de-
mandée aux Papes, des Miſſionnaires qu'il
avoit envoyez aux Indes , & des guerres
contre les Infideles ; on avoit mis quatre
Inſcriptions

Inscriptions dedicatoires : Sous le premier tableau.

Dulcissimi mysterij fautori maximo.

Parce qu'il avoit procuré des honneurs particuliers à la Conception Immaculée dans tous ses Etats.

Sous le second.

Honoris Sanctorum Zelatori Religiosissimo.

Sous le troisiéme.

Fidei Propagatori ardentissimo.

Sous le quatriéme.

Bellorum Dei gestori fortissimo.

En l'Inscription generale on n'avoit commencé par ces mots, *Hispania Romæ Incola,* qu'afin que le nom de Philippe IV. se trouvast au milieu de la frise, comme au lieu le plus honorable.

Pour Philippe III. on exposa douze ou treize de ces Inscriptions au nom de son fils Philippe IV. du Comte de Feria Gouverneur de Milan, du Milanois, de l'Espagne, & des autres Etats de ce Monarque, tous ces titres *Amantissimo Philippo, Clementissimo, Religiosissimo, Potentissimo, Providentissimo, Moderatissimo, &c.* En voicy une entiere sous le nom de la Province d'Ormus.

MAGNANIMO PHILIPPO,

Cujus virtutem cum fortuna secundissima exploraffet, triplici vulnere domestico divinitùs

immißo, Parentis gloriosißimi, Conjugis cariß-
sima, Nati suavißimi, intolerabilem aliis jactu-
ram, fortißimè tolerans, docuit Regium esse,
nec felicibus mollescere, nec duris frangi. Ar-
manziæ postrema ora, quo tanta fama pervene-
rat dolorum victori hoc sui doloris testimonium
posuit.

On peut se servir quelquefois des Inscriptions antiques de Lettres Initiales,
comme on fit pour Isabelle de Feltre Princesse de Bisignan, dans l'Eglise du Jesus
de Naples.

I. P. D. M. S.

Pour exprimer ces mots.

Isabellæ Principis digna memoriæ sepulcrum.

M. H. P. I. S. I.

Memoriam hanc posuit Isabellæ Societas Jesu.

O. H. S. S. I. P.

Ossa hic sita sunt Isabellæ Principis.

H. M. E. I. F.

Hoc monumentum est Isabellæ Peltriæ.

Il est à craindre à l'égard de ces Inscriptions qu'elles ne soient trop Enigmatiques,
& même sujettes à de fausses interpreta-
tions, que la malice des hommes fait souvent mieux recevoir que celles qui sont
avantageuses à la memoire des personnes à
qui on les dedie.

Enfin pour voir de combien de manieres
ces Inscriptions se peuvent tourner, il ne

faut que jetter les yeux sur les Eloges des
Patriarches de l'ancien Testament de l'Abbé Tesoro, où l'on en verra de toutes les
manieres sous ces titres. *Ænigma, Epita-*
phium, Tumulus, Censura, Enthusiasmus,
Prosopopeïa, Nænia, Hypotyposis, Similes,
Encomium, Opposita, Expostulatio, Cenota-
phium, Eucharisticon, Anathema, Dira, Di-
greßio, Statua, Catalogus, Narratio, To-
pographia, Metamorphosis, Tragœdia, Mo-
nita, Somnium, Etymon, Eulogium, Prodi-
gia, Monomachia, Aulicismus, Exegesis,
Parænesis, Exemplar, Gratulatio, Trium-
phus, Idæa, Mysteria, Argumentum, Mo-
nimentum, Clausula, Adinaton, Epithera,
Scylla, Parallela, Edictum, Rogus, Minæ,
Sententiæ, Saxifragium, Paraphrasis, Lega-
tio, Historia, Index, Exomologesis, Symbo-
lum, Epinicion, Revolutio, Sortitio, Admo-
nitio, Threni, Ysagoge, Mythologia, Gene-
thliacon, Admiranda, Dialogismus, Echo,
Vices, Memoriæ, Consolatoria, Concio, Icon,
Etopeïa, Nemesis, Trophæa, Politicon, Em-
blema, Diploma, Epilogus, Partitio, Nau-
fragium, Epithalamium, Tituli, Sculptura,
Præconium, Meta. Ces quatre-vingt &
cinq sortes d'Eloges & d'Inscriptions peuvent servir de modele pour en faire de
semblables ; & comme ce livre du Comte
Tesoro est commun, ayant esté imprimé

plus de sept ou huit fois en diverses formes, je ne m'arresteray pas à en donner
des exemples.

Aux funerailles de Cozza Cozza Archiprestre de Verone, toutes les Inscriptions
estoient les plaintes des Vertus, de l'Honneur, de la Gloire, des Sciences, & de
l'Antiquité sur la mort de cet homme.

La plainte de la Prudence estoit celle-cy.

Ne mihi memetipsam objicite
in funere Cozzæ Cozzi,
impium est esse prudentem:
sine modo, sine lege flendum est.
In hujus jactura corporis
ego animam amisi,
Hei mihi !

Celle de la Force estoit.

In posterum
ne me appelletis fortitudinem,
nulla in terris imbecillior virtus est
quam ego misella.
Superi, Superi,
reddite mihi Cozzam,
si quatuor vultis
adhuc esse virtutes,
Hei mihi !

Pour la Reine de Pologne Cecile Renée d'Austriche, on representa les quatre Vertus Cardinales qui donnoient leurs suffrages pour faire recevoir dans le Ciel l'ame de cette Reine, de la maniere dont les Cardinaux donnent leurs suffrages, & disent leurs avis pour la canonization des Saints. Ces suffrages estoient en vers.

On affecte quelquefois de faire ces Inscriptions en style antique, comme on fit aux funerailles de l'Archiprestre de Verone sçavant Antiquaire. On representa l'Antiquité qui pleuroit auprés de son tombeau entre quatre palmiers, avec cette Inscription.

Hoi
Hodè quàm factum male
Cum Cozza Cottio,
Ollus Letho datus est,
Letho qui me vindicebat.
Plusima qui mi fecit natalia
de oblivionis faucibus
qui me aruscabat
Postideà quips fuat
istud qui faxit ?
Meum servet quis mihi. Ious ?
Quips temporum injurias

A me averruncet ?
Hoi mihi !

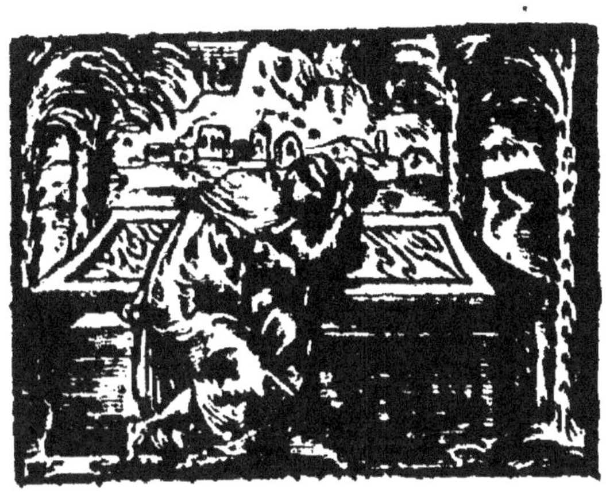

Il y a encore à obferver à l'égard des Infcriptions funebres, qu'il y en a pour inviter aux larmes & aux obfeques, d'autres qui font deftinées à expofer le fujet, d'autres qui font des avis & des enfeignemens, & d'autres qui renvoyent ceux qui ont affifté aux funerailles avec des reflexions fur la conduite de la vie.

L'Invitation fe fait en plufieurs manieres, premierement en appellant les peuples, les Citoyens, les Etrangers, les Magiftrats, & tous les ordres d'une Ville au fervice folennel. Secondement en leur demandant des larmes & des prieres pour le repos de l'ame des perfonnes qu'on a perduës. On leur demande auffi une attention particuliere au fujet de la Decoration que l'on expose brievement. On leur ordonne de prendre le deuil, & de donner toutes les marques exterieures de douleur qu'un sujet si triste peut demander. On fait connoistre le nom, la qualité, les emplois, & le merite des personnes à qui on rend ces derniers honneurs ; le nom des personnes qui les rendent, & les motifs qu'ils ont de s'acquiter de ces devoirs. Comme ces choses s'entendent mieux par les exemples que par les preceptes, j'en vais donner un grand nombre où l'on verra toutes ces especes d'invitations diversement observées selon la diversité des sujets, des lieux & des personnes.

Pour le Duc de Parme l'an 1648.

I.

Quisquis in hoc doloris theatro
stellatam facibus noctem
interdiu miraris,
defecisse Solem conjicies
Odoardum serenissimum Ducem,
quem ut Solem venerati sumus ;
non unius interjecti sideris,
sed totius cœli vis rapuit.
Ibi ut meliori ornetur luce
piis lacrymis impetrabis.

Dessein de l'appareil.

R iiij

II.

RANVCCIVS II.

Paterno funeri justa persolvens
hos à populis imbres exigit
justissimum amoris tributum.
Debentur mœroris hyemi pluviæ.
Sine Sole
ipsa Æstas in hyemem degenerat.

III.

Si Principum vita
non alia temporis mensura
quam lacrymarum clepsydra
definiretur.
Vester ô Populi amor
serenissimum Ducem Odoardum
immortalitate donasset.
Sed quoniam cæca mors
lacrymas non respicit.
Feliciorem Principi mortuo vitam
Iidem precamini.

IIII.

Lacrymarum in rivos dispersus
exhauriri dolor non potest;
quia maris instar fluvios emittentis
earumdem accessu aquarum crescit.

Minueret dolorem communis luctus,
nisi rursus augeret,
dum eloquenter doloris causam
exaggerat.
Lacrymas indicimus,
non ut solatium acerbæ mortis,
sed ut pretium immortalis felicitatis,
quam serenissimo Duci Odoardo
precamur.

Pour le Cardinal Campori Evêque de Cremone.

Cives
huc fletus, huc lacrymas,
pio Pastori parentamus:
cui exhibuistis officium vivo,
mortuo planctum date.

Pour la Reine d'Espagne Madame Isa-belle de France.

Siste Civis: ingressuro pauca,
ISABELLÆ
parentat hic Amor & Pietas.
Vtrique lacrymis ac votis opus.
Si amas, huc lacrymas:
si pius, & vota.

Pour François de Medicis grand Duc de Toscane.

Solvite
Optimo Principi
stipendiarias lacrymas.

Pour le Roy d'Espagne Philippe III.

Exequias mæstissimas
Parenti vestro,
ô Cives.
Huc lacrymas.
Qui magna dabat,
hoc parvum petit.

Celle que le Pere Juglaris mit sur la porte de Turin pour les funerailles de Victor Amedée, a je ne sçay quoy de si tendre & de si bien imaginé, qu'elle attire les larmes de ceux qu'elle invite à pleurer.

Animo quo pupillos decet accedite,
Iam non solus est sine Patre Hyacinthus,
Patrem omnes amisistis in Principe.
Si quæ posthac felicitas oriatur,
Posthuma sit Patre sepulto.
Iusta solvite quæ debetis.
Æquum non est
Vt careat Providentiæ sua fructu

C'est le Duc Hyacinthe laissé en minorité par sonpere.

Qui nullius voluerit lacrymas vivus
quo plurium haberet mortuus.

Pour le Roy d'Espagne Philippe IV. à
Milan.

PHILIPPO IV.

Regum optimo, ac piiſſimo Religionis
Patrono
Poſthuma pietatis tributa
Congregatio Clericorũ Regulariũ S. Pauli
omni flebilem ætati deflens jaſturam
Meritiſſimo mœrens perſolvit.
Impares exequias ne mirere Spectator.
Vbi Rex obiit leges dolor non ſervat.

On ne pouvoir pas mieux exaggerer la
perte du Vicomte de Turenne, qu'en di-
ſant en une des Inſcriptions qui invitoient
à ſes obſeques, que la France avoit perdu
la terreur de ſes ennemis. Les Vertus militaires leur Heros, & tous les ordres du
Royaume celuy qui aſſuroit leur repos.

Adeſte Cives :
Adeſte Milites :
Adeſte boni omnes,
Et lacrymas cineri date.
Terrorem hoſtium

Gallia :
Heroem
Artes Bellicæ :
Salutis publica affertorem
Regni Ordines
Amifere.

Aux funerailles de Victor Amedée Duc
de Savoye , on exaggera la perte de ce
Prince , en difant que la mort pour triom-
pher avoit défait plufieurs armées en le
faifant mourir.

Orgia mortis hæc funt ,
Accurrite ad celebritatem Mortales.
Triumphare illa voluit
Multis exercitibus in uno Duce deletis-

On n'expofe pas toûjours le deffein dans
ces Infcriptions d'invitation. Elles font fouvent generales , & alors elles ne fervent
qu'à faire connoiftre que ce font des func-
railles que l'on celebre dans les lieux fur
les portes defquels elles font mifes. Ainfi
quand les Jefuites firent durant trois jours
les funerailles de leurs bienfaicteurs dans
l'Eglife du Jasus de Rome ; ils mirent fur
la porte cette Infcription generale, qui ex-
pofoit le motif de cette action , qui eftoit

leur reconnoiſſance, & à qui elle s'addreſſoit.

Mortuis
Per quos vivimus
Vitam præcamur
Immortalem.
Societas JESV
Bene de ſe meritis
Gratæ memoriæ
Pignus
Exhibet.

Il y a je ne ſçay quoy de grave & de ſpirituel dans cette Inſcription, qui vaut
mieux que tout ce qu'on y affecte de plus
recherché. On n'entre point là dans le dé-
tail du deſſein & du ſujet de l'appareil. Il
y a des occaſions où ces Inſcriptions generales paroiſſent plus majeſtueuſes, ne
preparant les eſprits des ſpectateurs qu'à
une action funebre, dont ils voyent aprés
le deſſein quand ils ſont entrez dans l'E-
gliſe.

Aux funerailles de Dom Loüis de Guzman
Ponce de Leon, Gouverneur de l'Etat de
Milan, on invita aux larmes d'une maniere d'autant plus ingenieuſe, que l'on fei-
gnoit que ſon épouſe aprés avoir épuiſé les

siennes dans sa douleur domestique, d a
mandoit les publiques pour achever de
rendre les derniers devoirs à son époux.

Illustrissimo & excellentiss. Domino D.
Aloyzio Guzmano Pontio Legionensi
Gubernatori Vigilantissimo,
Vt parentalem amorem continuet
Privatis jam exhausta lacrymis superstes
Conjux
Implorat publicas.

Il y a des circonstances qui semblent rendre ces actions plus lugubres, comme
quand en fort peu de temps on a perdu
plusieurs personnes. C'est de cette circon-
stance que le P. Juglaris se servit ingenieu-
sement aux funerailles de Loüis XIII. à
qui Madame de Savoye sœur de ce Roy
fit dresser un magnifique appareil funebre,
peu d'années aprés la mort de son mary le
Duc Victor Amedée, de son fils le Duc
François Hyacinthe, & de sa mere la Reine Marie de Medicis. Voicy le tour ingenieux qu'il donne à toutes ces pertes, pour
inviter le peuple aux larmes.

Heu cæci,
Cæcam mortem qui fingimus;

Vidit illa nimium magnificentiam
Funeris,
Quo in luctus suos non avara Regina
Victorem conjugem dedicavit.
Accendêre tot faces in tam frigido monstro
Pompæ persimilis desiderium:
Crebras Christianæ
Funerum occasiones datura,
Illi post Maritum Filium abstulit,
Fratremque post Matrem.
Miserescite populi Principem,
Quæ si parcè gemat desit sibi,
Si magnificè suis obsit.

Cette maniere d'exclamation par laquelle
il commence, & cette façon d'animer la
mort, & de luy faire voir la pompe des funerailles d'un Prince, pour luy en faire
desirer d'autres, a je ne sçay quoy de vif &
de brillant, qui rend cette Inscription ingenieuse. La fin en est touchante, & tour-
née d'une maniere à laquelle il semble que
l'on ne s'attendoit pas.

Il y a aussi une maniere grave d'inviter
aux larmes, dont se servoient les Anciens.
C'est celle que l'on imita au College de
Rheims pour les funerailles de François
Brulart Fondateur du College.

Sta quisquis es, & specta.
Lege & luge.
Cernis flebiliter atratam lacrymis
Madentem, gemitibusq; luctuosam domū
Causam ne require,
Vixit
FRANCISCUS BRULARTIUS,
Abbas Valliregius, Regum Consiliarius,
Pauperum nutritius, Artium assessor,
Collegij Fundator
Societatis IESV amantissimus,
Hanc ei pro Collegio quod vivens erexit
Mortuo ejusdem Collegij Societat. IESV
Alumni
Mœrentes ac lugentes
DOMUM LUCTUS
In terris posuêre,
Dum æternam in Cælo beatitatis man-
sionem
Cælites reponunt.

Sujet de
tout
l'appa-
reil.

Cette Inscription a toutes les beautez
que l'on peut desirer en ces sortes de choses; elle est nette; elle tient du goust antique; elle expose que c'est une Decoration funebre; elle en fait connoistre la
cause; elle fait en quatre mots un grand
Eloge

Eloge de celuy pour qui s'est dressé cet appareil; elle en explique les motifs; elle dit le sujet de tout l'appareil en deux mots, avec une application Chrétienne, qui fait entendre que le Ciel entre en part de leur reconnoissance.

Il y a des manieres indirectes d'inviter aux larmes, qui ont une grace particuliere, comme en cette inscription qui fut mise à Gennes aux funerailles du Pere des Pauvres dans un Hôpital.

Pauperum Curatores, pauperum Patri
In pompa tenui
Affectu divite parentantes,
Amissam pretiosissimam animam
Tot accensis facibus adhuc quærunt,
Addite Cives luminibus lumina,
& J A C O B O G U A S C O
Aut recuperando, aut lugendo
Servite.

Il faut changer le tour & la maniere des expressions, pour ne pas les rendre ennuieuses en les faisant toutes égales. C'est en quoy a excellé le P. Juglaris, qui en commence quelques-unes par des exclamations, d'autres par des interrogations, d'autres par une simple exposition comme la precedente. Le commandement a bonne

grace quand c'eſt au nom du Souverain que
l'on invite les Sujets aux larmes & à la douleur, que l'on exige d'eux comme une eſpece de tribut.

Aux funerailles que Madame Chreſtienne de France fit faire à Turin pour le Roy
Loüis XIII. ſon frere, on ſe contenta d'expoſer en general que c'eſtoit des honneurs
funebres qu'elle faiſoit rendre à ce Prince.

Parentalia Fratri
Chriſtiana perſolvens,
Amiſiſſe ſe patrem profitetur in fratre.
Henrico debet quod vivere cœperit.
Ludovico quod non deſierit.
Iuſto juſta negare
Niſi injuſta non poteſt.

Les Italiens affectent ſouvent les pointes
& les metaphores en ces occaſions. Comme fit le Pere Juglaris aux funerailles de
Victor Amedée Duc de Savoye, mort le
7. d'Octobre 1637. car faiſant alluſion aux
pluyes de l'Automne, & aux larmes que devoit cauſer la mort de ce Prince, il joüa
ſur le terme de ſerenité que l'on donne à
ces Souverains; & comparant la Ducheſſe
à Artemiſe, & le Duc mort à Mauſole, il
mit cette Inſcription ſur la porte de la
grande Egliſe de Turin.

Pluvius vobis ô Cives Autumnus eſt
Serenitate sepultâ.
Vlciſcimini fletibus
præterita ſiccitatem Æſtatis,
dat argumentum Chriſtiana
damna veſtra lugens in ſuis.
Nova Artemiſia
meliori Mauſolo parentans,
avaritiâ quadam doloris
ſuis non contenta gemitibus
inhiat alienis.
Hoc primum pendite tributum Regnanti.
Nullum majori titulo debuiſtis.

On ne peut nier qu'il n'y ait de l'eſprit
dans cette Inſcription, mais je ne ſçay ſi
elle eſt aſſez grave pour un ſujet ſi lugubre.
Celle-cy me le paroiſt moins, & j'ay peine
à la ſouffrir dans une occaſion de larmes.

Vnicâ conculcatâ vitâ
vindemiam lacrymarum dedit
October.
Ebrius exinde dolor
inſanit, furit;
ut ſeipſum extinguat
incendit omnia.

Huc, huc suppetias, Cives:
Heroïna enim quamlibet sit,
sola illum nequeat Christiana
franare.

Vne vendange de larmes, une douleur
yvre, qui fait du fracas & du ravage, un
homme qui crie au secours, & une femme
qui ne sçauroit seule arrester cette furieu-
se, sont à mon sens d'étranges images pour
de telles ceremonies. En voicy de plus modestes.

Pour les deux Duchesses de Savoye mortes presque en même temps.

Dessein
de l'ap-
pareil.

I.

Doloris Theatrum ingredere,
Disces
quam sit attigua
summæ felicitati summa infelicitas.

II.

Magnæ Christinæ à Francia
CAROLVS EMANVEL Filius
Ineluctabili jacturæ vix superstes
pientissimæ Parenti piissimè parentat.
Hoc uno matri non obsecutus.

III.

Francisca Borboniæ à Francia

Carolus Emanuel conjux desolatiss. mus
nondùm siccis ex orbitate oculis ,
lacrymas continuat.

IV.

Heu fallacior fortuna , quo felicior !
Christina à Francia
Regum filia , Regiæ Sol
ad summum felicitatis evetta cardinem
Solis instar ex auge devergit.

V.

Heu fluxa formæ gloria !
Francisca Borbonia à Francia
Regum flos , florum Regina ,
verè lilium ultimum veris, & breve donü
serò data , citù rapta ,
Liliorum instar nil nisi lacrymas parit.

On affecte quelquefois le style antique en
ces invitations , comme en celle-cy du P.
Juglaris pour Victor Amedée Duc de Savoye.

Nulli hic Manes , aut Medioxumi
placandi sunt.
Adhuc tamen denicales ferias
indicunto Pontifices ,
Lessum habento matres .

Patres purpuram exuunto,
justitium esto toti urbi.
Victoris ossua ut bene cesquant
adhuc cor ejus manet insepultum.

Cette Devise a bonne grace dans les termes des anciennes ordonnances des Romains. Cela luy donne de la gravité. En voicy une qui en deux mots a tout ce qu'on peut dire de plus grand.

Adeste Populi,
& quiduspiam fit immortale
condiscite,
Mars mortuus est.

Cette Inscription est admirable selon le genie d'Italie, elle ne l'est pas autant selon le nostre, qui est moins exaggeratif, & qui donne moins dans la fable. L'autre Inscription qui servit à la même ceremonie ne fut pas moins courte, & estoit plus modeste.

Carolus Emanuel Dux Sab. Rex Cypri
Patruo optimo
quam potest immortalitatem
mœrens merenti contribuit.

Ce jeu de mots *Mœrens merenti,* estoit du goust de l'Abbé Tesoro; comme on peut voir en ses Eloges des Patriarches de l'ancien Testament. Cette Inscription servira à observer que quand celuy qui fait faire les funerailles, est d'un rang plus élevé que celuy pour qui on les fait, il y a de la bienseance de commencer l'Inscription par son nom & ses qualitez, & de les mettre à la teste de toute l'Inscription, devant le nom & les qualitez de celuy pour qui on les fait.

Le College des Jesuites de Paris se contenta aux funerailles qu'il fit pour le Prince de Condé dans la grande cour des Classes, d'exposer le sujet en cette maniere.

HENRICO BORBONICO

PRINCIPI CONDÆO,

Religionis Vindici,

Regni Defensori,

Patri felicissimo,

Populi deliciis,

Musæ Parisienses Claromontanæ,

Nomine totius Societatis,

quam impensius amavit,

Mausoleum Litterarium mærentes

posuere.

Il y a des Inscriptions qui se mettent sur le Mausolée ou la Chapelle ardente, dont

Les 4. parties de l'appareil.

S iiij

je parleray au chapitre fuivant, deftiné à
la defcription de ces Maufolées, & des
ornemens qu'ils peuvent recevoir, avec
les manieres de difpofer ces ornemens.

DV MAVSOLE'E, DE LA
Chapelle ardente, & des
Reprefentations.

LES machines que l'on éleve au milieu des Eglifes pour les ceremonies
funebres, ont eu divers noms en divers
temps. Les Grecs & les Romains leur donnerent le nom de Maufolées, à caufe du
tombeau fuperbe que la Reine Artemife
fit bâtir à la memoire de Maufole Roy de
Carie fon mary. Pline a décrit ce tombeau, & nous apprend qu'il eftoit élevé de
vingt-cinq coudées, qu'il avoit quatre-cent
onze pieds de circuit, & que trente-fix
colonnes luy faifoient un periftyle d'une
magnificence égale à tout le refte de l'ouvrage. Quatre excellens Maiftres en
furent les Architectes, ils fe partagerent
les quatre faces de ce fuperbe bâtiment; &
outre ces quatre Maiftres un cinquième

'Architecte trouva lieu d'élever sur chacune des ailes une pyramide, & une autre au milieu du comble, plus haute que les autres de vingt-cinq marches, & au dessus de laquelle estoit un char attelé de quatre chevaux.

Sur la forme de ce tombeau, qui fut une des sept merveilles du monde, on a fait la plûpart des Chapelles ardentes en forme de Temples assortis de colonnes, de statuës & de trophées, avec des pyramides élevées : Je dis élevées, car c'est une extravagance de les tenir plus basses que les tombeaux, parce qu'elles sont les symboles de l'immortalité, qui doivent regner au dessus des symboles de la mort.

L'ancien usage de brûler les corps, fit élever des piles de bois sur lesquelles on plaçoit les cadavres qui devoient estre brûlez. Ces piles avoient divers étages, & pour les Empereurs & les personnes de qualité on leur donnoit la forme d'un bâtiment assorti de pilastres, de festons, de dorures, de trophées, de peintures, & d'autres ornemens, sur lesquels on dressoit un lit de repos propre à recevoir le corps. C'est ce qui a servi de second modele aux machines dans lesquelles on met les corps des personnes de qualité, ou leur representation.

On avoit aussi coûtume d'exposer les ca-

davres des morts à la porte de leurs Palais;
comme on fait encore aujourd'huy ceux des
fideles à la porte de leurs logis , au milieu
d'une tenture noire avec la croix, l'eau
benite, & les cierges allumez. On met encore en depost les corps des Grands dans
les Chapelles des Eglises , jusqu'à ce qu'on
les transporte aux lieux où ils doivent estre
inhumez. De cet usage est venu celuy de
dresser des lits de dueil , comme si les corps
estoient encore dans leurs maisons, & des
Chapelles ardentes où ils sont deposez
jusqu'à leur inhumation.

Quand on ne pouvoit pas faire transpor-
ter les corps de ceux qui estoient morts
dans les pays éloignez, ou quand on vouloit leur rendre les derniers honneurs en
divers endroits, on leur dressoit des tombeaux vuides , que les Grecs nommoient
Cenotaphes, & les Latins *Tombeaux honorai-
res*, autour desquels on celebroit des jeux
consacrez à la memoire des morts. Sueto-
ne parlant de celuy que l'armée dressa dans
les Gaules à la memoire de Germanicus,
dit : *Cæterum exercitus honorarium ei Tumulum excitavit , circa quem deinceps stato die
quotannis miles decurreret , & Galliarum ci-
vitates publicè supplicarent.*

Les Rituels Ecclesiastiques nomment la
Chapelle ardente du nom de *Castrum dolo-*

ris, Chasteau de deüil, parce qu'anciennement elles se faisoient à tourrelles.

Les Italiens donnent le nom de *Cata-*
falco à cette machine, parce qu'elle est un
échaffaut qui se nommoit autrefois en nô-
tre Langue *Chaffaux.* On luy a donné en
France le nom de *Herse*, tandis que ce
n'estoit qu'un quarré de bois à quatre pi-
liers, portant une espece de pyramide
avec des travers de bois remplis de fiches
pour porter des cierges, dont chaque face avoit la figure d'une herse.

Il y a donc quatre origines de ces *Cata-*
falques, les Mausolées anciens, les Buchers
à brûler les corps, les Tombeaux hono-
raires, & les Lits funebres. C'est ce qui
fait que toutes ces machines se font, ou en
forme de Temples, ou de Chapelles, ou de
Buchers antiques, ou de Lits, ou de Tombeaux.

A Bruxelles pour une Princesse on ne
mit qu'un grand Lit de deüil sur une élevation de trois marches couvertes de drap
noir. Le Lit soûtenu de ses quatre que-
noüilles avec ses rideaux retroussez, avoit
pour pommes ou bouquets aux quatre
coings quatre aigles à deux testes. Au dessus s'élevoit un petit dome avec la figure
d'une mort, sous l'image d'une belle femme, tenant d'une main sa faulx, & de

l'autre un dard avec cette Inscription : *Spe-*
ciofa mors Sanctorum. L'effigie de la Princesse estoit étenduë sur ce lit.

Durant long-temps on n'a fait que de
simples Chapelles ardentes de quatre pilliers de bois barboüillez de noir, & semez
de larmes ; avec une espece de frise ou de
corniche au dessus garnie des écussons ou
armoiries du défunt, au dessus de laquelle
s'élevoit une pyramide de traverses de bois
en forme de quatre, six, ou huit herses
chargées d'un tres-grand nombre de cierges ; ce qui leur a fait donner le nom de
Chapelles ardentes. C'est pour cela que
le Dictionnaire de la Crusca décrivant le
Catafalque, dit : *Catafalco quell' edificio di*
legname fatto in quadro e pyramidale, che s'em-
pie di fiaccole accese, che sotto vi si pon la bara
del morta.

Les Flamans y ajoûtent quantité de
banderoles chargées d'armoiries : C'est ce
qu'ils firent à Bruxelles pour les funerailles de l'Empereur Charles-Quint. On fit
la même chose pour la Princesse Claire
Eugenie, dont ils mirent la figure couchée
sur un lit, & vétuë en Religieuse au dessous d'une de ces Chapelles ardentes. Ces
pilliers simples peu à peu se changerent
en pilastres & en colonnes plus regulieres.
Pour Charles III. Duc de Lorraine on fit

des pilastres canelez à jour, pour faire paroître les lumieres qu'on avoit mises au dedans. Il y eut aussi des lampes cachées dans la corniche, & dans des pyramides mises au dessus des chapiteaux & des retours de la corniche : Au lieu de ces pyramides on faisoit des tourrelles & des clochers ; car c'est ainsi que les relations & descriptions des pompes funebres faites par les Herauts d'armes en parlent en la relation du trepas, obseques & enterrement du Roy François I. avec qui deux de ses enfans furent inhumez : *pour l'assiette & recueil des trois effigies, il y avoit au milieu du Chœur* de l'Eglise Noftre - Dame des Champs où ils furent mis en depost, *une grande & singuliere Chapelle ardente de quinze pieds en carreure, l'amortißement de laquelle se montoit à six toises de haut, garnie de treize clochers tout croisez, & recroisonnez avec une extreme quantité de luminaire.* La description du Service solennel fait dans l'Eglise de Nôtre-Dame de Paris pour le Cardinal de Richelieu, fait mention d'une Chapelle ardente composée de neuf clochers, & chargée de 1200 cierges. En tout cela il y avoit plus des manieres Gothiques, que de la bonne Architecture, que les Italiens ont renouvellée, & qu'ils ont fait servir en même temps à ces Decorations, y ajoûtant des figures, des trophées, des inscriptions, & d'autres ornemens.

On y met presque toûjours la figure des personnes pour qui se font les funerailles, ou en portrait, ou en medaille, ou en statuë, ou en buste, ou en image de cire d'aprés le naturel, vétuë & couchée sur un lit; comme on exposoit les Empereurs sur leurs buchers, pour y estre reduits en cendres.

Aux funerailles du Prince Ludovisio & de la Princesse Pamphile, que firent les Jesuites du College Romain, le sieur Dominique Barriere avoit mis au plus haut de la machine la Gloire, qui tenoit les deux portraits de ce Prince & de cette Princesse.

Celuy de l'Archiduc Albert estoit environné d'un serpent qui se mordoit la queüe, symbole de l'Eternité, & soûtenu d'un côté par la Pieté, & de l'autre par la Magnanimité. Au dessous deux squelets portoient ses armoiries, pour opposer de cette sorte l'Immortalité à la Mort.

C'est ce qu'on avoit fait aussi aux funerailles de la Reine d'Espagne Marguerite d'Austriche à Florence, où à chaque figure de mort répondoit la statuë d'une Vertu, pour faire entendre que par les vertus on triomphoit de la mort; comme sur la

porte de l'Eglise on faisoit voir que la mort
triomphoit de tous les biens de .a nature.

C'est la coûtume à Rome de faire pour
tous les Papes dans l Eglise S. Pierre une
Chapelle ardente, sous laquelle repose le
corps du Pape défunt durant les neuf jours
destinez aux honneurs funebres. Le Cardinal Montalte fut le premier qui le fit pratiquer pour le transport du corps de son
oncle le Pape Sixte V. Ce ne fut pas sans
de grandes oppositions, parce que la coûtume n'en estoit pas encore introduite pour
ces translations. On luy allegua les exemples de Leon X. Adrien VI. Paul IV. Pie
IV. & Pie V. dont les corps avoient esté
transportez sans qu'on eust rien fait de semblable. On l'avoit même empêché à l'é-
gard de Pie I V. dont les neveux l'avoient
voulu faire. Cependant le Cardinal Montalte l'emporta sur toutes ces oppositions,
& fit la plus superbe Chapelle ardente que
l'on eust encore vûe.

Quand on fait une Chapelle ardente en
forme de Temple, on met le cercueil ou
la representation au dedans; au contraire
quand on la fait à la maniere des anciens
buchers, on l'éleve au plus haut étage si
l'on veut, comme on y plaçoit les corps
pour les brûler. Quand ces piles sont à portiques ouverts, on peut mettre les repre-

fentations dans l'ordonnance que l'on voudra, cela eftant indifferent. Mais c'eft une
extravagance d'élever ces reprefentations
au deffus d'un tombeau, parce que le tombeau eft luy même la reprefentation. Sur
quoy il eft à obferver qu'il ne faut jamais
faire le Maufolée en forme de tombeau
dans le lieu où le corps doit eftre inhumé,
parce que le Maufolée n'eft alors qu'un lieu
de depoft. Ainfi pour la Reine Marie The-
refe on n'avoit fait à S. Denis qu'une Chapelle ardente au deffus du corps. Mais à
Nôtre-Dame on avoit mis un tombeau fur
une urne, & la reprefentation au deffus du
tombeau, qui eftoient trois incongruitez.
Le tombeau y eftoit auffi porté par quatre
Vertus, ce qui ne fe doit pas faire, n'y
ayant que les cercueils où le corps paroift
étendu, qui doivent eftre portez de cette
forte, parce que c'eftoit parmy les Romains
l'ufage de porter ainfi les corps aux buchers.
C'eftoient les Confuls & les Senateurs qui
portoient les corps des Empereurs, comme les Prefidens à mortier tiennent les
coins du poële à l'inhumation des Rois &
des Reines.

Il ne s'eft guere fait de deffein plus ingenieux pour ces fortes de Maufolées, que
celuy que Jules Pariggi Architecte de Florence fit pour la Reine d'Efpagne Marguerite

tre d'Austriche sous la conduite de Jean Altouite Academicien de Florence. Le sujet de toute la Decoration estoit, que si la Mort triomphe de tous les biens de la vie, la Vertu triomphe de la mort. C'estoit la decoration de la Façade, qui faisoit voir que la Mort triomphe des biens de la vie: de la Santé, de la Beauté, de la Noblesse & des Richesses avec cette inscription tirée des Livres sacrez.

Cuncta subjacent vanitati, & omnia pergunt ad unum locum, de terra facta sunt, & in terram pariter revertuntur.

Dans l'Eglise vingt-six grands Tableaux representoient les principales actions de la vie de la Reine.

Les Statuës des Vertus Morales & Divines estoient élevées sur autant de piedestaux contre les Colonnes de la Nef. Au lieu de paremens d'Autel on ne voyoit dans les Chappelles que des morts vaincuës & terrassées. Au plus haut de l'Eglise estoient les Dames Illustres de l'Ancien Testament & du Nouveau qui venoient au devant de la Reine pour la recevoir dans le Ciel, comme autrefois la Sœur de Moyse, & les autres Dames Juifves alloient au devant des Victorieux avec les Instrumens chantant des Cantiques. Chacune avoit un

T

Verfet de l'Ecriture dans un grand cartouche.

Le Maufolée eſtoit le triomphe de la vertu
ſur la mort. On y voyoit la Felicité humai-
ne & la Gloire comme les recompenſes que
le Ciel donne à la vertu en cette vie, & la
Beatitude, l'Immortalité & l'Eternité comme les récompenſes reſervées pour le Ciel.
Comme cette vie eſt ſujette à quatre-ſor-
tes de Maux aux Maladies aux troubles,
aux fatigues, & aux craintes, l'Impaſſibilité,
la Tranquillité, le Repos, & la Seureté
chaſſoient ſes maux de l'Entrée de la Gloire, ou l'Ame de la Reine eſtoit receuë. Un
Ange deſcendant de la voute, & ſuſpendu
en l'air apportoit à la Reine le Sceptre &
la Couronne de l'Immortalité tandis que
ceux qu'elle avoit portez durant ſa vie
eſtoient ſur la repreſentation la Proye, &
les trophées de la Mort.

Quand on tranſporta de Cologne à ſaint
Denis en France le Corps de la Reine Mere Marie de Medicis, Meſſieurs du Chapitre de Liege par ou paſſa ce corps luy firent un ſervice ſolennel dans leur Egliſe de
S. Lambert, où ils dreſſerent prés du Chœur
une Chapelle ardente de cinquante pieds
de haut ſur un theatre élevé de neuf pieds,
auquel on montoit par autant de degrez
entre quatre colonnes environnées de Ba-

luftres. Sur ces marches & fur ces Baluftres eftoient onze cenr cinquante fix
Chandeliers avec autant de cierges allumez. Tout l'efpace qui eftoit entre ces degrez & la Baluftrade eftoit couvert de velours noir bordé d'une frange d'or de deux
cents aunes de tour: aux quatre coins du
Theatre eftoient quatre degrez couverts
de drap d'or à fonds noir, Sur chacun defquels coins eftoit élevé un pied'eftal &
fur le pied'eftal une Colonne de huit
pieds. Sur ces quatre colonnes s'appuyoit
une Architrave, & fur les coins de l'Architrave quatre Pyramides de huit pieds ter-
minées par des fleurs de lys d'or. Un nouveau Theatre élevé au deffus de cette Architrave portoit fous un grand Pavillon un
Sceptre droit à l'antique de deux aunes
de long furmonté d'une couronne d'or.

Aux quatre coins de cette Chapelle ardente eftoient quatre Herauts d'armes affis
fur autant de Sieges, ayant chacun au deffus de foy fon étendard : le premier reprefentoit la principauté & Evefché de Liege,
le fecond la Duché de Boüillon, le troifiéme
le Marquifat de Franchimont, & le quatriéme la Comté de Looz.

On peut choifir dans l'Hiftoire, dans les
Livres facrez, & dans les chofes naturelles des deffeins de Catafalques.

Je fis pour Monsieur de Turenne à Noſtre Dame, la Tour de David d'ou pendoient mille boucliers pour la défenſe d'Iſ-
raël, parce que le nom de la Tour eſtoit
celuy de ſa Maiſon, & une Tour d'argent
le Blaſon de ſes armoiries, Pour la Ducheſſe Aquaviva on fit le Bucher du Phenix. Le
corps du Catafalque eſtoit une eſpece de
Pyramide quarrée à pluſieurs degrez garnis de Chandeliers, & ſur le plus haut
eſtoit le Bucher du Phenix. Pour le Roy
François II. on fit la Colonne de lumiere
qui conduiſit les Iſraëlites, parceque c'e-
ſtoit la deviſe de ce Prince avec ce mot
Lumen Rectis. Elle fait encore aujourd'huy
le monument de ſon cœur dans la Chapelle d'Orleans aux Celeſtins de Paris, ou les
trois graces portent l'Urne du Cœur de
Henry II.

On pourroit repreſenter la Jeruſalem
celeſte que S. Jean vit deſcendre du Ciel
avec ſes douze portes tournées de trois en
trois aux quatre parties du monde. Ce deſſein auroit eſté merveilleux pour la Reine
d'Eſpagne Margueritte d'Auſtriche. Parce
que ces ſix portes auroient pû marquer les
Portes par leſquelles la Grandeur eſt entrée dans la maiſon d'Auſtriche par les Alliances avec douze grandes familles de
l'Europe, & par douze Empereurs, & com-

me il eſt dit dans une Hymne de la Dedicace des Egliſes *porta nitent Margaritis* , on
auroit mis ſur chacune de ces portes une
Princeſſe du nom de Marguerite avec une
bordure de perles autour de ſon Portrait.

Pour le Pape Alexandre VII. le Cavalier Bernin repreſenta le Tombeau des
Machabées avec les ſept Pyramides.

Il ne faut pas indifferemment prendre
toute ſorte de deſſein pour ces Machines
funebres, mais il faut avoir êgard à la qualité des perſonnes pour qui on les dreſſe.
Pour les Papes, Cardinaux , Eveſques, &
autres Prelats, il ne faut que des deſſeins
ſacrez, des Temples, des Autels, &
des ſujets tirez de l'Ecriture ſainte ; Comme ſeroit le Tranſport au ciel d'Elie, & d'E-
noch, la viſion d'Ezechiel, l'entrée du Pontife dans le Sanctuaire, l'Autel des Parfums. &c.

Pour une perſonne, qui auroit eſté long-
temps malade, on pourroit repreſenter le
lit de la douleur, où Dieu a éprouvé ſa patience ſuivant ce paſſage du Pſeaume 40.
Dominus opem ferat illi ſuper lectum doloris
ejus. Autour de ce lit on pourroit mettre
les ſecours que Dieu luy a donné par ſes
graces, ſes lumieres &c.

Ces Mauſolées, ces Chapelles ardentes,
ces lits funebres & ces Catafalques ne ſe

dreſſent que pour recevoir en dépoſt les corps des deffunts juſqu'à leur inhumation, & pour faire autour de ces corps les Ceremonies accoutumées de l'Egliſe, que nous nommons l'abſoute. Quand ces corps ne ſont pas preſens, on fait un Cenotaphe pour en eſtre la repreſentation. Cette repreſentation ſe peut faire en quatre manieres, 1. avec un cercueil couvert d'un grand poële, & mis entre des Chandeliers, ce qui eſt l'uſage commun de l'Egliſe pour les Vigiles, Offices, & Meſſes des Trepaſſez. 2. En élevant un tombeau honoraire, c'eſt à dire en faiſant en ſforme de tombeau la repreſentation. 3. Par l'Urne des cendres à la maniere des Romains, qui bruſloient les Corps pour en conſerver les cendres dans les Tombeaux. 4. Par des effigies au naturel couchées ſur leur lit, comme les corps des grands ſont expoſez durant quelques jours. On peut voir par là les grandes incongruitez qui furent faites dans le Chœur de Noſtre-Dame de Paris pour les obſeques de la Reine le 4. Septembre. Ou l'on avoit placé une Urne, un tombeau poſé ſur cette Urne, quatre Vertus, qui portoient le Tombeau, & la repreſentation ou Cercueil couvert du Poele élevée au deſſus du tombeau : C'eſtoient ainſi quatre repreſentations pour une. L'Ur-

ne, le Tombeau, les porteuses de Cercueil,
& le Cenotaphe. C'est ce qu'on nomma
Mausolée dans la description que l'on en
fit, quoy que ce ne fut rien moins qu'un
Mausolée puisqu'un Mausolée doit estre
fait en forme de Temple, ou de Portique
à Colonnes, & Pyramides, comme le superbe Tombeau de Mausole.

Il n'y a que l'Urne & le Tombeau, qui
puissent estre mis ensemble, mais il faut
qu'elle soit sur le Tombeau, & non pas au
dessous pour le porter, parce qu'outre
qu'une Urne ne sçauroit porter un Tombeau, c'est sur les Tombeaux que les Urnes
se plaçoient autrefois pour laisser exhaler
les cendres des Corps qui avoient esté bru-
lez, Le sieur Blanchet excellent Peintre &
Architecte faisant à Venise le Mausolée de
Monsieur d'Argenson, qui y mourut estant
Ambassadeur pour le Roy, mit sous un Portique d'ordre Dorique un Tombeau, & sur
ce Tombeau une Pyramide qui portoit l'Inscription ou l'Epitaphe, le Tombeau estoit
posé sur les deux Lions des armoiries de la
Maison de Voyer de Paumy, & au dessus
des deux principales Colonnes il plaça sa-
gement les Urnes d'Elizabeth de Huraut &
d'Helene de la Font successivement femmes de cet Ambassadeur, & mit au sommet
de la Pyramide, qui porte l'Epitaphe, une

urne encore fumante à la maniere des anciennes urnes qui exhaloient fur les Tombeaux.

Aux funerailles de François I. Qui fe firent conjointement avec celles de fes deux fils le Dauphin François, & Charles Duc d'Orleans, de Bourbonnois, Angoulmois , & Chaſtelleraud. Les Effigies du Roy & de ces deux Princes furent expofées fous la Chapelle ardente fans autre reprefentation.

Aux funerailles que le Cardinal Barberin fit faire pour fon oncle le Cardinal François dans l'Eglife Cathedrale de Pefaro, on éleva une Machine femblable à celle des anciens buchers des Apotheofes, elle eſtoit Octogone, & de trois eſtages qui reprefentoient les avantages de la Fortune, la gloire des fciences & des Lettres, & les ornemens des vertus qui ont rendu illuſtre la Maiſon Barberine particulierement depuis lo Pontificat d'Urbain VIII. l'Eſtage le plus bas faifoit voir les avantages de la Fortune dans les marques des dignitez civiles & militaires avec cette infcription qui comprenoit tout le fujet de l'apparcil.

Francifco Cardinali Barberino.

Ob ſplendidiſſima fortunæ Munera

Magna.

Ob omnigenæ sapientiæ decora
Longè majori ,
Ob Egregia virtutum ornamenta
Verè maximo ,
Maxima virtutum Charitas
Quam in omne genus hominum
Ad miraculum vivens exercuit,
In funere triumphum adornat
De Morte :
Fortis est enim ut Mors,
Imò suprà mortem dilectio ;
Cui veram in cælo immortalitatem
Spondet Deus.

Le sujet General exposé dans cette Inscription estoit *la Charité Triomphante de la Mort.*

Le second estage representoit la gloire des Sciences & des Arts, avec ces Inscriptions.

Solertissimo literarum Amatori.

Beneficentissimo Literatorum Patrono.

Les devises estoient une Abeille dans un jardin avec ces mots.

Legit undique Mella.

Un essein d'Abeilles autour d'une ruche.

Hinc cibus, & lumen.

La Grammaire, la Poësie, l Histoire. & la Rhetorique, le Droit Civil, & le Droit Canon, la Philosophie & la Theologie remplissoient ce second estage. Sous la Theologie. On lisoit ces mots. *Divina cognoscendo.* Et sous la Philosophie. *Humana Gubernando.*

L'Estage le plus haut representoit les ornemens des vertus avec ce titre *Eximio virtutum cultori.*

La Foy & L'Esperance, la Prudence, la Justice, la Force & la Temperance occupoient cét Estage avec ces deux autres titres. *Inter prospera Innocenti. Inter adversa Constanti.* Les devises estoient: le Soleil entre les Monstres du Zodiaque avec ces mots *sine labe nitoris.*

Le Soleil entre les broüillars & les tempestes. *Sua lumina servat.* Au plus haut estage huit Figures de Morts portoient une Urne à l'Antique sur deux des faces de laquelle estoit le portrait du Cardinal, & sur les autres des devises. Les Morts qui élevoient cette Urne portoient en mesme temps toutes les marques d'honneur, le Chapeau, la Croix des Legations, la Crosse, la Mitre, &c. La Charité élevée au dessus de cette Urne promettoit l'Immortalité à ce Pieux & Charitable Cardinal, par cette Inscription.

Post Mortem Triumphat
Merito Charitatis
In cœlo
Vir Immortalitate dignissimus

Per quem dùm viveret
Charitas triumphavit
In Terris.

Ces Catafalques peuvent avoir plusieurs faces. On en peut faire de deux, de trois, de quatre, de cinq, de six, de sept, de huit, & on peut les multiplier jusqu'à douze; ce qui pourtant doit estre rare & seulement pour des lieux vastes, ou l'on peut donner à ces machines une estenduë extraordinaire.

Celle qui servit au service solemnel que fit la Maison Professe des Jesuites à Rome à la fin du premier siecle depuis la confirmation de leur compagnie pour tous les Fondateurs & bien-faicteurs de leurs Colleges & Maisons, avoit deux faces, la face qui regardoit la porte de l'Eglise faisoit voir la mort qui tenoit Adam & Eve enchaisnez avec ces mots *Omnes in Adam Moriuntur.* & dans l'autre face on voyoit JESUS-CHRIST Autheur de la Resurrection, qui tenoit la mort enchaisnée sous ses pieds. Avec ces autres mots de S. Paul, *In Christo omnes vivificabuntur.*

A la mort du Pere Charles de Lorraine, qui de Prince & d'Evésque de Verdun s'estoit fait Jesuite, les Peres de Tolose ou il mourut Superieur de la Maison Professe donnerent trois Estages & trois faces à la

Machine qu'ils dreſſerent, pour le repreſenter dans les trois eſtats de ſa vie, Prince, Eveſque & Religieux : Ces trois Eſtages faiſoient comme trois Autels de la Nobleſſe, de l'Epiſcopat, & de la Religion conſacrez à ſa memoire. On voyoit en bas reliefs ſur le premier les alliances illuſtres de la Maiſon de Lorraine avec cette Inſcription.

Illuſtriſſimo Principi

CAROLO A LOTHARINGIA.
Qui quod ullus vix ſemel
Bis lubent latuſque obiit.
Cujus Avos
Lotharingia habuit Parentes,
Sicilia, Neapoliſque Reges,
Bavaria Principes
Aragonia Dynaſtas,
Portugallia Regni fundatores,
Hieroſolyma vindices,
Palaeſtina Liberatores,
Gallia Reges Regum,
Italia & Germania Imperatores.
Tot ergò Majorum cincta ſtemmatibus
Alumno ſuo optimè merito
Hanc Nobilem Aram ipſa Nobilitas hic erigit
Nobiliorem in cœlo æternùm excitatura.

L'Autel de la dignité Epiſcopale avoit pour Emblême pluſieurs Bergers qui fuyoient aux approches des loups, & le bon Pasteur qui combattoit pour ses brebis.

L'Inscription estoit.

Illustrissimo Præsuli
CAROLO A LOTHARINGIA,
Virdunensi olim Episcopo,
qui tàm nomen ac sedem toto quinquennio
implevit,
ante virtutibus quam annis ætatem Episcopi
alter ut nomine sic re Carolus Lotharingius,
quàm ille honorum usu, tàm ipse abdicatione
mirabilis.
Omni pontificia laude vivum instar
Antistitis.
Amor & honor Lotharingiæ.
Decus Europæ, lumen Ecclesiæ,
quod dum latere voluit, clariùs fulsit.
Vivo inter Calites
P. P.

L'Autel de la Religion representoit Godefroy de Boüillon, qui quittoit sa Couronne d'or aux pieds du S. Sepulcre, & en prenoit une d'épines avec ces mots.

Pio Regi
Aurum pudori
Sentes honori.

L'Inscription estoit,

Religiosissimo Viro

CAROLO A LOTHARINGIA,

Societatu Jesu Sacerdoti :
qui Principum filius,
Regum, Imperatorum, summorumq; Pontificum
Nepos ,
Re Comes , Princeps , Episcopus ,
spe quidquid in vita sperari potest.
Plus egit peregitque
Apud Regem , Imperatorem , Pontificem ,
ut nihil esset
quàm qui vis ut horum aliquid.
Hoc unum doluit ,
plus non esse ut minus esset.
Hoc verè major
quo minor è magno :
maximus certe
cui præter Deum nihil magnum :
Major maximo
qui sibi nihil.
In optione Coronæ certus Avi Godofredi nepos ,
tantò Godofredo Religiosior ,
quod Jesu similior.

Le Mausolée que le College des Jesuites de Paris dressa dans la cour du College pour Monsieur le Prince de Condé l'an 1647. estoit de quatre faces. Il avoit cinquante pieds de hauteur distinguée en trois étages. Sur un soubassement en forme de terrasse de vingt-trois pieds en quarré.

Le corps de cette machine estoit de trois ordonnances, Ionique, Corinthienne, & Composite.

Dans la premiere face d'en bas paroissoit S. Loüis, comme tige de la Royale Maison de Bourbon, avec cette Inscription.

Serenissimi Principis Exemplar.

En la seconde on voyoit Louis I. Duc de Bourbon, avec ce titre.

Serenissimi Principis Religionis Idea.

En la troisiéme, Henry le Grand avec ces mots.

Serenissimi Principis Fortitudinis mensura.

En la quatriéme, Henry I. Duc de Bourbon, avec ces paroles.

Serenissimi Principis Prudentiæ Regula.

Le second étage regresentoit selon les idées de ces quatre Vertus, les Combats, Rencontres, Victoires & Actions memorables du défunt Prince. Sur les quatre coins estoient autant d'obelisques chargez d'Emblêmes & de Devises. A l'occasion de ces obelisques, il est bon d'observer icy, que c'est contre l'usage & le bon sens de les placer si bas, que leurs pointes ne s'élevent pas au dessus des Cenotaphes & des Tombeaux; comme on avoit fait à Nôtre-Dame pour la Reine : car ils sont les symboles de la vie, & de l'immortalité, qu'on

a toûjours placez aux endroits les plus
hauts de ces machines funebres. Ceux du
fameux Mausolée du Roy de Carie estoient
élevez au dessus des ailes de ce superbe bâtiment. Dans l'ancien usage de l'Eglise on
les éleve au dessus des Chapelles ardentes,
& c'est ce qu'on nomme *Clochers* dans les
vieilles relations des funerailles du siecle
passé, parce qu'ils ressembloient à ces
éguilles des clochers si communes en France, & qu'ils estoient terminez de croix
sur leurs pointes, comme les clochers de
nos Eglises. J'ajoûte que les pyramides sont
plus propres des tombeaux que les obelisques, qui estoient les ornemens du Cirque,
comme les symboles du Jour & de la Nuit,
du Soleil & de la Lune, qui reglent le
cours des Saisons, dont les jeux du Cirque
estoient l'image, comme j'ay observé en
mon traité des Tournois & des Carrousels, sur les remarques de Tertullien. Les
Anciens n'en mettoient sur les tombeaux
qu'autant qu'il y avoit de personnes inhu-
mées dans ces tombeaux ; témoin le tombeau des sept Freres dans l'histoire des Machabées, où l'on voyoit sept pyramides :
Ainsi quand on en met plus d'un aux Mausolées & aux machines funebres, il en faut
rendre la raison. Il n'y en avoit qu'une
sur la Chapelle ardente de la Reine à S.
Denis.

Denis. Les quatre autres qui flanquoient les quatre coins de la grande croisée de l'Eglise, representoient les quatre branches Royales de Navarre, de Valois, d'Orleans, & de Bourbon, dont les Rois sont enterrez dans cette Eglise; & c'estoit pour cela même qu'un grand Pavillon Royal couvroit cette croisée, comme le Mausolée de nos Rois.

Le Cavalier Bernin fit aussi vne seule pyramide quarrée dans l'Eglise de sainte Marie Majeure, pour les funerailles que le Pape Clement IX. fit faire solennellement le 8. Juin 1668. à la memoire du Seigneur Mutio Mathei, tué d'un coup de canon durant le siege de Candie. Quatre grands piedestaux saillans flanquoient cette machine avec quatre faces, sur lesquelles autant de consoles élevées servoient de soubassement à la pyramide. Quatre tapis couvroient les quatre faces entre les consoles, & portoient ces quatre Inscriptions.

I.

MUTIO MATHÆO

P ria, ac virtute Romano
Sanguine non minùs
pro avitâ Religione effuso,
quàm antiquis ab Avis accepto
Clarissimo:

V.

In animosa contra Turcas
Cretæ propugnatione
ab ictu Bombardæ
anima spoliato, non gloriâ:
cum lacrymis & laudibus
Pietas Christiana parentat.

II.

Io! Muti, non heu!
Cui nempè animus virtute vigil, ac vigens,
extincti Epicedium vertit
in Epinicion triumphantis.
A terrestris militiæ
gesto fortiter Magistratu
suo suffragio
pia causa, & propria pietas
Superis adscripsêre te castris
Principum beatorum:
Hac dulci spe Roma
acerbum tui desiderium consolatur.

III.

Fidelem præstare te fidei
solidæ hic amor est laudis.
Laudem Mutius
quàm solidam amavit,
qui se fidei præstitit tam fidelem i
Hujus causâ mortalis vitæ prodigus
quæstum fecit gloriæ immortalis.
Et hæc sola solida gloria est
quæ terras famâ non deserit,

& cælum possidet beatitate.
Ipso etiam Sole amplior
quia fulgere simul gemino mundo potest.

IV.

Non unum Romæ Mutium
flamma fecit illustrem,
SCÆVOLA & MATTHÆIUS.
Hic animum, ille manum incendit.
Imminentem hostem
ille Romanæ gentis, hic & fidei
juratus uterque repellere,
mortem evasit alter
virtutis suæ periculo facto
per ignem:
Ignea sui animi vi quæsito periculo,
in immortalitatem alter evasit.

Au dessus de ce grand soubassement &
de ce piedestal s'élevoit la pyramide ornée
de flambeaux & de trophées, & se terminoit en couronnes de lumiere autour d'une
croix, pour la gloire de laquelle ce Prince
estoit mort.

Aux services que les Jesuites firent à Rô-
me pour tous leurs bienfaicteurs l'an 1640.
il y avoit quatre grands obelisques pour les
quatre parties du monde, où leur Compagnie est étenduë, & les pointes de ces obelisques passoient de beaucoup le tombeau
élevé sur un Catafalque, & flanqué de qua-

tre morts qui portoient de grands flambeaux allumez. André Sacchi celebre Peintre fut l'inventeur de ce Catafalque.

La plûpart de ces machines funebres se
font en forme de Temples ronds, ovales,
hexagones, octogones, &c. Celuy que Se-
bastien Fulli Peintre Siennois fit dans S.
François de Sienne pour François Piccolomini celebre Philosophe, estoit de quatre faces, & d'autant de retours, avec les
statuës des anciens Philosophes, & quatre
bas reliefs; en l'un c'estoient les Sciences
qui pleuroient sa mort, en un autre la Philosophie le conduisoit au lieu de la Sybile de
Virgile pour cueillir le Rameau d'or; au
troisiéme il presentoit ce Rameau d'or à
la mort pour acquerir l'immortalité: au
quatriéme il sortoit couronné de l'antre
obscur de la mort.

Le Catafalque que l'on fit à Rome pour
le Roy Henry IV. estoit un Portique ouvert d'ordre Dorique à quatre faces avec
des retours, & un grand Dome dont le
tour & les arestes estoient garnis de flambeaux, aussi bien que les frontons de chaque face, & une balustrade qui regnoit sur
la ceinture du Dome. On y montoit de
chaque face par six marches, & son effigie
estoit dans ce Portique étenduë sur un cercueil.

La Confraternité du Confalon pour honorer la memoire du Cardinal Alexandre Farnese son Protecteur, fit aussi pour Mausolée un grand Temple à quatre faces, avec autant de retours de deux ordonnances, la plus basse Dorique, & la plus haute Ionique. Chaque face avoit trois portes, une grande en arcade, & deux autres plus petites quarrées. Sur les retours estoient des niches avec des statuës des vertus, & deux grand chandeliers à leurs côtez. Toute la frise de la premiere ordonnance estoit remplie de fleurdelys d'azur sur un fond d'or, comme elles sont aux armoiries de la Maison Farnese. Entre la premiere & la seconde ordonnance regnoit une balustrade avec des pyramides sur les retours. Dans la face du corps le plus haut estoit cette Inscription.

ALEXANDRO CARDINALI
FARNESIO,
S. R. E. Vicecancellario,
Episcopo Ostiensi,
Protectori

&

Benefactori
suo.

Sur le fronton de la face qui regardoit la porte de l'Eglise, estoit le portrait de ce

Cardinal, avec cette Inscription.

Memoria justi manet in æternum.

On fit pour la Reine d'Angleterre à S. Denis le 20. Novembre l'an 1669. un portique octogone de huit colonnes Corinthiennes avec six frontons, une lanterne, & un Dome de même terminé par une pyramide, qui portoit un globe couronné. On y montoit par trois marches, & sur cette élevation estoit un lit funebre, sur lequel estoit estenduë l'effigie de cette Reine. Quatro pyramides semées de fleurdelys flanquoient les deux côtez de cette machine, avec les statuës de quatre vertus, à qui ces pyramides servoient d'arriere corps.

Ces machines funebres reçoivent tous les ornemens dont se composent les desseins de ces Decorations, les corps d'Architecture, les Statuës, les Bas-reliefs, les Inscriptions, les Emblêmes, les Trophées & les Devises. Le Cavalier Fontana qui avoit élevé les obelisques sous le Pontificat de Sixte V. l'an 1591. le 27. d'Aoust pour la translation du corps de ce Pape, luy dressa un Mausolée de figure ronde à six arcades ouvertes entre des colonnes composites, au milieu desquelles sortoient en demy rond des piedestaux, sur lesquels il posa huit figures que j'ay déja décrites ailleurs. Au dessus de la corniche il posa sur

les retours les quatre grands obelifques que
ce Pape avoit fait élever, & les deux colonnes de Trajan & d'Antonin, fur lefquelles il avoit fait mettre les ftatuës de faint
Pierre & de faint Paul Dans les entre-
deux il fit paroître tous les autres ouvrages publics de ce Pape, la Chapelle de
fainte Marie Majeure, les Fontaines, &c.

La Nation Efpagnole l'an 1621. le 4. jour
d'Aouft, fit pour le Roy Philippe III. une
tres-grande machine dans l'Eglife S. Jaques de la Place Navone ; elle eftoit de
quatre grandes faces à portiques ouverts.
avec des coins rentrans entre les retours
des colonnes Corinthiennes, feize ftatuës.
fur autant de piedeftaux avancez avoient.
ces colonnes derriere elles, & reprefentoient les vertus. Il y en avoit autant fur
les retours de la corniche autour du corps
attique que portoit la premiere ordonnance, avec des Infcriptions & des Emblêmes.
fur les faces du corps attique. La principale Infcription eftoit celle-cy affez conforme à l'humeur de cette Nation.

D. O. M.
Philippo III. Regi Catholico.
Integerrimo, Clementiffimo,
cujus Imperium vix æquavit
obiens omnia Sol,

Potentiam sola Religio superavit
Hispanorum Natio P.

Le comble de cet edifice estoit une pyramide à six faces, & de quatorze marches chargées de chandeliers, au plus haut
six consoles soûtenoient une Couronne
sous laquelle estoit le bust de Philippe III.
& au bas de la pyramide estoit une balustrade, sur les piedestaux de laquelle dix
enfans tenoient des drapeaux en main.
Cette machine fut de l'invention d'Hora-
tio Turriani Architecte du Roy d'Espagne.

On ne s'assujettit pas toûjours de faire
des Temples & des Portiques, on se contente quelquefois d'élever des machines
semblables aux buchers des anciennes Apotheoses. On le fit ainsi pour le Duc de
Montalto de la maison des Perretti dont
estoit Sixte V. On luy fit une machine
quarrées à trois étages, au dessus desquels
on posa un tombeau à l'antique couronné,
sur les bords saillans en corniche de chaque étage estoient des chandeliers, sur les
coins les montagnes & les lions de ses armoiries, sur les faces les Inscriptions & les
Emblêmes avec des trophées de mort.

Mathurin Chantoiseau pour rendre les
derniers devoirs d'amitié & de pieté à Henry Gissey Concierge du Louvre, & Dessi-

ñateur des Decorations de Theatre & des habits de Ballets pour le Roy, luy fit dans l'Eglife des petits Peres une élevation en forme de Catalfaque ou il plaça fa reprefentation entre quatre Figures de la Mort avec des pots à feu fur trois grandes marches ornées de drap noir liez, & retrouffez en feftons.

Dans l'Eglife de faint Jean de Latran on fit pour la Reine de France Anne d'Auftriche un fuperbe Catafalque à quatre faces avec des retours fans eftre ouvert en portiques. Sur la grande face s'élevoit à huit pieds de terre un Tombeau fur lequel deux Anges pofoient la Couronne de France, deux Vertus élevées fur des Confoles portoient au deffous de ce tombeau cette Infcription.

> *Habes exemplar Reginæ fapientiæ*
> *In hoc fimulachro*
> *Annæ Auftriâcæ Borboniæ.*
> *Viduata Rege Regiam fuftinuit*
> *Beneficentia, & Conftantiâ.*
> *Potentiâ firmavit Ecclefiam :*
> *Majeftatem auxit Clementia*
> *Prudentia exarmavit fortunam.*

Toutes ces vertus eftoient reprefentées en autant de Statuës, & la Reine dans une Niche au deffus du tombeau eftoit à genoux levant les yeux vers le Ciel. Seize Colonnes Joniques femées de fleur de lys fouftenoit la Corniche fur laquelle les Sta-tuës des vertus eftoient pofées. D'autres paroiffoient en Medailles fur les faces. Entre les Colonnes eftoient de grandes Images de Morts & fur un grand pied'e-ftal s'élevoit une pyramide à fix faces rem-plie de devifes & de Hieroglyphiques & la Renommée au deffus prefte à voler eften-doit fes aifles, fouftenoit la trompette, & ap-portoit une couronne. Le fujet de l'Appa-reil eftoit

Il plaufo dell' Eternità alle Reali Virtù
Di Anna d'Auftria Regina di Francia
Rapprefentato nella Sagrofanta Bafilica
Di S. Giovanni in Laterano.

Comme c'eftoit l'ufage des anciens d'é-lever les Tombeaux & les Maufolées au milieu des Champs & fur les grands che-mins entre les arbres qui bordoient ces chemins, on peut accompagner d'arbres ces Machines Funebres. On mit la Tour de Monfieur de Turenne qui reprefentoit la Tour de David entre quatre Palmiers. Les Cyprez font fort bien en ces ceremonies parce qu'ils font arbres funeftes, & defti-nez aux funerailles par les Grecs & les Ro-mains.

Le Mausolée de l'Archiduc Albert se terminoit sur le pignon par un grand Cyprez, au dessous duquel la mort comme en sentinelle dans la Lanterne du Dome sembloit faire signe, & appeller les hommes à elle.

Aux funerailles faites à Rome pour le Cardinal Mazarin dans l'Eglise des saints Vincent & Anastase toute la Machine funebre se terminoit en une Pyramide formée de deux arbres d'un Palmier & d'un Olivier, qui s'entrelaſſoient de leurs cimes, & deux petits Genies suspendus à leurs branches en formoient une couronne au dessus de l'Image de ce Cardinal avec ces mots

Et bello & Pace.

Au tour du tronc du Palmier rouloit un liston volant avec ces mots *Vnum ex neceſſitate prosecutus.* Et autour de l'Olivier cet autre. *Aliam ex voluntate complexus.*

On accompagna aussi de quelques arbres la machine funebre du Cardinal Antoine Barberin.

En ces decorations les Bannieres ont bonne grace, & les trophées d'armes. On mit aux quatre coins du Mausolée du Prince Thomas de Savoye des hommes armez de pied en cap avec des Bannieres en main.

Quoy que ceux qui ne meurent pas dans

le fein de l'Eglife ne foient pas honorez de ces devoirs de pieté que l'on rend aux feuls fideles, il y a neantmoins des Ceremonies funebres que pratiquent les Lutheriens en divers lieux d'Allemagne, les Calviniftes mefmes en Hollande, & les Puritains en Angleterre. Il y a des Livres gravez des Convois funebres de deux Landgraves de Heffe, de quelques Ducs de Holftein, des Ducs de Saxe, & des Electeurs Palatins. Il s'eft fait en Hollande de grandes ceremonies pour les Princes d'Orange. Pour l'Admiral Tromp, & pour quelques autres. Pour honorer la memoire du Duc de Veymar de la Maifon de Saxe, qui avoit fi bien fervi la France dans les guerres d'Allemagne, on luy fit à Londres un Tombeau honoraire d'un artifice fingulier. C'eftoit une Tour ronde ouverte en Arcade fur deux de fes faces avec deux Infcriptions au deffus de la clef des Arcades. Au haut de la Tour eftoit un grand Baffin en coquille comme les Baffins des Fontaines pour reprefenter l'Urne des cendres de ce Heros fur laquelle la Renommée enfloit fa Trompette pour annoncer fa gloire à tous les fiecles, & d'une autre main tenoit le trait dont la mort l'avoit frappé l'ayant fait mourir à Neubourg d'une maladie contagieufe. Sous cette Tour couverte eftoit un

'Autel à l'Antique au pied duquel le Temps & l'Envie estoient enchaisnez, l'un ayant sa faulx rompuë & l'autre son flambeau esteint & les Serpens de ses cheveux morts & arrachez. Sur l'Autel estoient plusieurs couronnes de Laurier avec ces mots.

Tempore & Invidia superiores umbræ.

Et sur la face de l'Autel les Armoiries de Saxe avec le Bonet Ducal. Sur les deux costez de ce Monument s'élevoient deux corps d'Architecture, composez chacun de deux Colonnes composites élevées sur des piedestaux avec leur corniche, & un corps Attique au dessus couronné d'un fronton. dans l'entre-deux des colonnes estoit une Statuë grande comme nature dans une Niche, au dessus de laquelle deux Vertus assises sur les ceintres de l'Arcade soutenoient une couronne. L'une de ces deux figures estoit la Vertu Militaire ou la Valeur, qui tenoit d'une main le Portrait du Duc de Veymar. L'autre estoit l'Eternité qui tenoit une couronne de Laurier dans un Serpent plié en rond, & se mordant la queuë.

Dans la face de l'un des corps Attiques estoit une Minerve Déesse de la Sagesse tenant dans un Soleil l'Image du Duc de Vveymar avec ces mots *Sole Clarior.* Dans l'autre corps attique on voyoit Hercule qui enchaisnoit Cerbere avec ces mots *Morte*

Fortior, fous la Statuë de la valeur eftoit le
Soleil en fon Apogee avec ces mots *Nefcit
occafum.* Et fous l'Eternité un Phenix avec
ces mots *non moritur moriendo.*

Comme les ceremonies principales des
honneurs funebres font la Meffe, l'Ab-
foute, & l'Oraifon funebre, il faut avoir
égard à ces trois chofes dans les Machines
qu'on éleve, & prendre garde qu'elles ne
couvrent point l'Autel, qu'elles ne déro-
bent point aux Auditeurs la vuë de l'Ora-
teur, & que l'on puiffe agir autour pour les
Afperfions, les Encenfemens, & les Prieres.
C'eft ce qu'on obferva exactement au Service folennel que le Prince de Roffano fit
faire au Cardinal Aldobrandin, parce qu'a-
yant mis pour Decoration des Statuës fur
des pied'eftaux contre chaque pilaftre de
l'Eglife, & des devifes au deffus dans de grandes Ovales, il fit mettre dans les Arcades
de grands Tableaux attachez a de grands
Ecuffons des Armoiries du deffunt, & au
deffous de chaque Tableau des Infcriptions
fans aucune Tenture qui embaraffe d'ordinaire les Eglifes, & en ofte toute la beauté en couvrant l'Architecture. Le Maufolée eftoit élevé contre les Baluftres du
maiftre Autel & eftant un Portique fort
ouvert on découvroit au delà toute la face
de l'Autel beaucoup plus élevé que la re-

presentation, & cette Machine isolée laissoit de tous costez l'accez libre au celebrant, & aux Ministres qui l'assistoient. En France il faut un grand espace entre l'Autel & le Mausolée pour les Souverains à cause des Ceremonies de l'Offrande, & des reverences des Herauts d'Armes, & des Maistres de Ceremonie, qui appellent ceux qui font le dueil, & les conduisent à l'Offrande.

Diego Lope faisant à Seville une Machine extraordinaire en forme de doubles Portiques, pour le Roy Philippe III. fit tous ces Portiques ouverts & ne mit rien dans la premiere Ordonnance afin que de tous costez on pût découvrir l'Autel, il éleva au second corps la representation, & l'on y montoit des deux costez par des Escaliers. Cette élevation donnoit de la Majesté aux ceremonies de l'Absoute tous les Ministres sacrez estant élevez plus de trente pieds au dessus du peuple, comme le Pape quand il donne la benediction solennelle aux loges de S. Pierre, ou de S. Jean de Latran. Quantité de Figures estoient placées sur des piedestaux contre les colonnes de ces Loges ouvertes, & sous les Arcades de celles, qui continuoient tout le long de l'Eglise des Portiques ouverts d'Ordre Dorique avec une Balustrade au dessus chargée de flambeaux.

Je ne sçay s'il y a de la bienseance dans une Eglise de representer à Cheval les Princes & les Generaux d'Armée au dessus de leurs Mausolées. J'ay vû à Verone de cette sorte les Seigneurs de la Scala sur leurs tombeaux, j'en ay remarqué d'autres à Padoüe, à Venise, & en quelques autres endroits, & mesme à Rome l'an 1593. Le Peuple Romain faisant un service solennel au celebre Duc de Parme Alexandre Farnese dans l'Eglise d'Aracaeli qui est attenante au Capitole sa Figure fut mise à Cheval au dessus du Mausolée, qui estoit fait en forme de Temple, ordonné par Jacques de la Porte fameux Architecte, & peint par le Cavalier Josepin, tres-habile Peintre en ce temps-là. Ceux qui n'approuvent pas que le Pape Paul III. & Urbain VIII. soient sur leurs Tombeaux dans l'Eglise de S. Pierre à Rome representez en posture de personnes qui commandent, & qui ordonnent comme ils faisoient durant leur vie, approuveroient encor moins ces statuës equestres, & ces hommes à cheval dans un lieu saint, quoy que nous en ayons un exemple dans Nostre-Dame de Paris, mais c'est un vœu rendu par un Roy qui voulut y entrer de cette sorte pour reconnoistre qu'il devoit à Dieu, & à la protection de la sainte Vierge le gain d'une bataille.

taille. Enfin il y a des lieux ou l'on mene
à l'offrande les chevaux de Bataille des
defunts & on les donne à l'Eglife. En
Pologne' où l'on fait des pompes funebres, magnifiques il y a des Cavaliers
qui vont rompre la Lance au pied du Maufolée en courant à toutes jambes, comme
en France & ailleurs on tire quelque coups
de Moufquets dans la Foffe des Capitaines
quand ils font enterrez.

Je ne puis finir ce Chapitre des Maufolées & des Chappelles Ardentes, fans
donner la Defcription du Cenotaphe
du Pape Paul V. quand on tranfporta
fon Corps de l'Eglife de faint Pierre
dans l'Eglife de Sainte Marie Majeure. La
nuit du 29. Janvier veille de la Sexagefime
l'an 1622. on fit l'ouverture de fon dépoft,
& ayant efté reconnu en prefence de trois
Cardinaux, de plufieurs Prelats, & d'un
Orfevre, à qui on fit voir l'anneau avec lequel il avoit efté enfeveli, on referma la
Caiffe de plomb, & on la mit fous un grand
Tapis de brocard d'or, comme on a accou-
tumé de faire pour les Papes.

La Chappelle ardente eftoit en forme de
Temple de couleur de Bronze fouftenuë de
20. Colonnes d'ordre Compofite. La Corniche qui rentroit dans les grandes faces
faifoit quatre beaux retours. La hauteur de

X

la Machine estoit de quatre-vingt Palmes, la largeur de cinquante-quatre. La forme de quatre quarrez entre quatre angles exterieurs de deux parallellelogrammes, qui se coupoient autour du mesme centre. Sur le Dome du Temple estoient mille lumieres, & toute la Machine estoit decorée de trente six Statuës, dont seize posées sur le plain du Soubassement des Colonnes representoient autant de Vertus, & de qualitez plus insignes de ce Pontife. Les autres estoient des Enfans, qui tenoient ou des Inscriptions dans de grandes Ovales noires, ou de grands Flambeaux, ou des Pentes de toile d'or, qui ornoient le Frontispice des quatre entrées de ce Temple. Quatre Ovales couronnoient les quatre portes: dans l'une estoit le portrait du Pape mort avec cette inscription.

PAVLO V.

Pontifici Ter optimo

Ter Maximo.

Dans la seconde estoit un Aigle des Armoiries de la Maison de ce Pape avec ces mots, qui se joignoient aux precedens.

Avunculo Sanctissimo

Dans la troisiéme la Thiare avec cette Inscription.

Templorum Pastori,
Pastori populorum.

Dans la quatriéme un dragon de ses Armoiries avec ces paroles

Scipio Burghesi,
S. R. E.
Card. Pœnitent.

Des seize Vertus, quatre estoient assises
sur deux grandes Urnes posées sur les portes des Flancs. Deux representoient la Verité, & la Misericorde avec ces mots. *Viam*
veritatis elegit Pf. 88. *Secundùm altitudinem*
cæli à terra corroboravit misericordiam suam.
Pf. 102. De l'autre costé la Justice & la
Paix avec ces mots, *De cœlo auditum fecit*
judicium, terra tremuit, & quievit. Pf. 75.
Delectatus est in multitudine pacus. Pf. 36.

Les autres estoient distribuées de trois en
trois entre chaque quatre Colonnes, & répondoient de trois en trois à chacune de
ces quatre premieres Vertus. A la Verité:
La Sagesse, la Magnanimité & la Magnificence. Sous la premiere estoient ces mots,
Cogitavit dies antiquos & annos æternos in
mente habuit.

Sous la seconde, *Confortatum est cor ejus,*
& sustinuit Dominum. Pf. 26.

Sous la troisiéme. *Magnificentiam gloria*
sanctitatis ejus loquentur, & mirabilia ejus
narrabunt. Pf. 44.

Les trois Vertus Collaterales à la Miſericorde, eſtoient la Clemence, l'Aumoſne & la Manſuetude.

On liſoit ſous la premiere. *Deprecabilis ſuper ſervos ſuos.* Pſ. 89.

Sous la ſeconde. *Intellexit ſuper Egenum & pauperem.* Pſ. 40.

Sous la troiſiéme. *Docuit mites vias ſuas.* Pſ. 24.

Les trois Collateralles à la Juſtice eſtoient la Religion, la Majeſté, & la Pureté. Sous la premiere on liſoit *dilexit decorem Domus Domini, & locum habitationis gloriæ illius.* Pſ. 25.

Sous la ſeconde. *Thronus ejus ſicut ſol.* Pſ. 88.

Sous la troiſiéme. *Ambulavit in lege Domini.* Pſ. 118.

Les Collaterales de la Paix eſtoient la Providence, la Tranquillité, & l'Abondance avec ces Inſcriptions. Pour la Providence. *Deduxit eos in viam rectam, ut irent in civitatem habitationis.* Pſ. 106.

Pour la Tranquilité. *Pes ejus ſtetit in directo.* Pſ. 25.

Pour l'Abondance. *Promptuaria ejus plena eructantia ex hoc in illud.* Pſ. 143.

La grande Inſcription eſtoit celle-cy.

Ades è Cœlo felix

Paule deſiderium Roma tua,

Audire ne graveris quæ delectatus es facere.
Ades tuorum Lacrymis peracerbis.
Dulcescent tibi in isto suavitatis Oceano.
Ades cineribus tuis anime magne,
In quibus etiam nunc palpitat vita virtutum,
Fama meritorum.
En apud Virginem collocantur
Nempè ne corpus
Procul tumuletur à corde.

On peut pour ces Machines choisir des desseins particuliers comme l'Aigle des Pseaumes qui enleve l'Ame au Ciel, en la portant sur ses Aisles.

L'Aigle qui excite ses petits à voler.

La Couronne de Justice que S. Paul attendoit de la Misericorde du Seigneur. Pietro de la Valle celebre Voyageur fit dans l'Eglise d'Aracæli à Rome une representation, ou les trois Graces élevoiët, l'Urne des cendres de sa femme, & douze Vertus, La Foy, l'Esperance, la Charité, l'Humilité, la Religion, la Pieté, la Justice, la Force, la Prudence, la Temperance, la Fidelité, la Perseverance posées sur des piedestaux, portoient une grande Couronne chargée de lumieres avec cette Inscription. *Reposita est mihi corona justiriæ.* Au dessus de la Couronne estoit un Aigle estendant ses aisles, sur lesquelles estoit l'Ame de cette femme embrassant la Croix de Iesus-Christ,

Il y en a d'autres qui ont reprefenté la conftellation de la Couronne fufpenduë fur le Cercueil.

Sous, une femblable Couronne on avoit écrit pour le Comte Gentile Turtiano à Verone.

Virtuti debita.

L'Empereur Leopold pour rendre les derniers devoirs à la memoire de l'Archiduc Leopold fon Oncle luy fit dreffer l'onziefme Decembre, l'an mil fix cent foixante deux un grand & Magnifique Maufolée en forme de Temple ouvert à quatre faces. Les Chapiteaux des Colonnes eftoient des Teftes de Mort, avec des offemens croifez. Ces quatre faces reprefentoient fa Naiffance, & fes Dignitez

d'Archiduc, de Prelat, & de Gouverneur de Provinces, avec ces Inscriptions.

Serenissimus Archidux Leopoldus Guillelmus.
Puer Angeli nomen sortitus, vir non amisit.
Duo miracula vivus fecit,
Adam innocentia, Martem pietate
munivit.
Sic vivunt in deliciis Angeli,
Sic bella gerunt.

II.

Serenissimus Archidux
Sic belli ducem gessit, ut se Antistitem
cogitaret.
Citra sanguinem sæpè victor,
Quà tulit arma
Aut Religionem protexit, aut propagavit.
Sic Regum tuitus authoritatem,
Vt Dei consuleret Majestati.
Vitam quam Mars non potuit
Mors eripuit.

III.

Belli & Pacis Arbiter,
Affectuum ignarus, æquitatem secutus.
Pro Cæsare, Germania, & Belgio,
Sic bella gessit, ut Pacem sereret,
Cujus Monumento id unum inscribe
Princeps Pacis.

IV.

Sereniſſimo Archiduci Leopoldo Guillelmo
Cæſarum Nepoti, Filio, Fratri, Patruo,
Auſtriaco, Forti, Pio, Prudenti, Munifico,
Innocenti;
Religioſo in Deum, ſuorum amanti.
Amans & Mærens Nepos
Auguſtus Rom. Imperator

Les Figures eſtoient la Pieté, l'Innocence, la Iuſtice, la Charité, la Force, la Prudence, la Liberalité, & le zele de la Religion.

DE LA DECORATION
des Autels, & de la voute des Eglises.

C'EST iey où il faut que tout soit grave, serieux & Chrétien. Il en faut éloigner non seulement tout ce qui est tant soit peu prophane, mais tout ce qui paroist galant, comme les lits rattachez à pentes & à festons, qui sont plus propres d'un theatre & d'une sale de bal, que d'un lieu si saint. C'est pour cela qu'en la description des funerailles faites à Florence pour le Roy Henry IV. il est dit : *L'Altar-maggiore era riccamente addobato e guernito di sacri arredi, pero con richezza tale, chu alla mestizia non repugnava.*

On couvre ordinairement les dorures & les images d'un grand drap de velours, avec une croix de moire d'argent, ou de satin blanc; & quand les armoiries des défunts n'ont rien qui ne soit bienseant d'exposer sur un Autel, on peut les y placer aux quatre cantons de la grande croix. Il est de la dignité de ces ceremonies de mettre un dais sur l'Autel, puis qu'on en met fur la reprefentation, & il faut même que celuy de l'Autel foit plus riche & plus augufte. Si l'on veut faire paroiftre quelque tableau, il faut que ce foit le myftere de la refurrection de Lazare, de la fille du Prince de la Synagogue, ou du fils de la veuve de Naïm : ou JESUS-CHRIST qui confole Marthe & Madeleine, & qui dit à la premiere, *Je fuis la Refurrection & la Vie*, *&c.* ou le myftere de la Refurrection du Sauveur.

On pourroit auffi peindre la Refurrection generale des Morts, & les preparatifs du Jugement univerfel, de la maniere dont le Fils de Dieu l'a décrit dans l'Evangile, & S. Paul en fes Epîtres.

Au lieu de parement d'Autel on avoit mis à Florence pour le Roy Henry IV. une efpece de tombeau d'ou un corps s'élevoit à demi, avec ces mots.

Sit placabile facrificium, odoret Dominus odorem fuavitatis.

On avoit fait la même chofe aux Autels des Chapelles, avec ces divers paffages.

Exaudiat de Cælo Deus fuper altare holocaufti.

Domine in mifericordia tua lætabitur Rex.

Remitte mihi, Domine, ut refrigerer.

Melior eft mifericordia tua fuper vitas.

Dominus refugium meum in die tribulationis.

Jean Altoviti qui a décrit les funerailles faites pour la Reine d'Espagne Marguerite d'Austriche sous ce titre : *Essequie della Sacra, Catolica e Real Maestà di Margherita d'Austria Regina di Spagna ,* dit, *prostese morti à ciascuno altare servivano in vece di paliotto.*

On peut autour de l'Autel marquer tout ce qui peut donner les esperances d'une autre vie, & les symboles de l'Eternité & de l'Immortalité.

On y fait assez souvent de grandes illuminations par un nombre extraordinaire de lampes & de flambeaux diversement disposez. Tantost ce sont des colonnes de lumiere , tantost des obelisques & des pyramides , des couronnes , des étoiles, &c.

A Florence pour le Cardinal de Medicis on avoit élevé l'Autel jusques prés de la voute ; ce qui avoit une grande majesté , parce qu'on y montoit par plus de trente marches , sur lesquelles les sacrez Ministres estoient disposez en divers rangs. Sur les côtez il y avoit des balustrades & des reposoirs , avec des bas-reliefs & des lumieres.

On pourroit peindre sur l'Autel les Vertus Chrétiennes, qui offriroient à Dieu le sacrifice de son Fils, les prieres des fideles, & les bonnes œuvres du défunt , ou ſes ſaints Protecteurs , ou les Saints de ſa Maiſon proſternez pour luy devant le Trône des miſericordes.

Pour un Duc de Savoye on avoit mis S. Victor & S. Maurice ſes deux Protecteurs, tous deux armez en Cavaliers , avec un bouclier aux deux côtez marqué d'une grande croix.

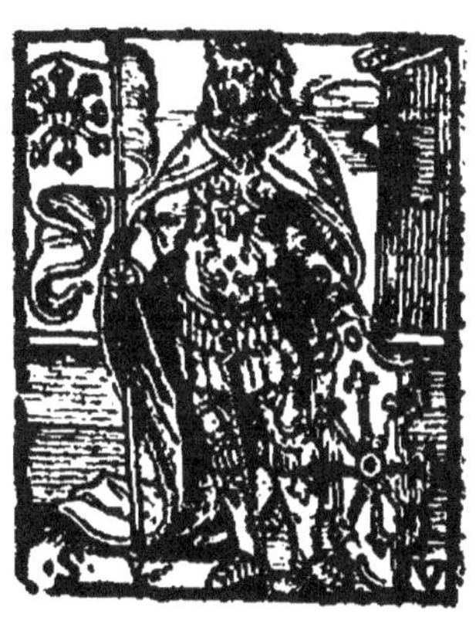

Pour le Pape Paul V. on mit l'image de la ſainte Vierge , dont il avoit fait bâtir & orner la ſuperbe Chapelle , avec ces mots qu'elle addreſſoit à Dieu : *Sume preces.* S. Pierre, dont il avoit fait achever l'Egliſe, diſoit à Dieu : *Solve vincla.* S. Charles Borromée qu'il avoit canoniſé : *Profer lumen ;* demandant pour luy la lumiere de gloire ; & ſainte Françoiſe qu'il avoit auſſi canoniſée : *Iter para.* Tous ces mots eſtoient empruntez de l'Hymne *Ave maris ſtella.*

Pour le Comte de Lemos Vice-Roy de

Naples, on peignit un chœur d'Anges qui adoroient la majesté de Dieu, & un grand Ange qui conduisoit l'ame de ce Vice-Roy devant le trône de Dieu.

Pour Berlingiero Gesti Senateur de Bologne, & Academicien de l'Academie des Gelati, on fit entrer dans le sujet de la Decoration les images de six Prophetes, qui ornoient l'Autel de l'Eglise où se firent les funerailles ; & on y ajoûta seulement quelques Inscriptions tirées des écrits de ces Prophetes. Ainsi David disoit.

Dies mei sicut umbra declinaverunt. Psf. 110.

Salomon.

Quiesces, & suavis erit somnus tuus. Prov. 3.

Job.

Versa est in luctum cithara mea. Job. 30.

Isaye.

Dum adhuc ordirer succidit me.

Moyse.

Utinam saperent, & intelligerent, & novissima providerent.

Osée.

Mors, ero mors tua. Osée 13.

Quand les Chapelles des Eglises se parent de noir, on éleve la tenture qui en couvre les arcades ; & souvent on la fait retrousser ou par de grandes figures de Mort, ou par des Anges, ou par des Vertus. Au service solennel qui se fit à

Florence pour la Reine d'Espagne Marguerite d'Austriche, c'estoient de grands
squelets avec des flambeaux allumez, qui
invitoient à voir dans ces Chapelles la vanité des grandeurs humaines.

On peut faire pour la Decoration de
l'Autel, l'Autel de la Justice, de la Paix,
de la Misericorde, du Salut, de l'Esperance des Justes. On peut y representer saint
Michel qui vient recevoir les ames des fideles, pour les presenter devant le tribunal
de Dieu.

Quand les funérailles se font pour le cœur
d'un Prince ou d'une Princesse, ou de quelque autre personne vertueuse, on peut
faire le Mausolée à l'Autel même, & y
representer le Sacrifice du cœur.

C'est ainsi que le Cœur du Roy Loüis
XIII. est dans l'Eglise de S. Loüis de la
Maison Professe des Jesuites de Paris, à
côté du maistre Autel, au plus haut de
l'arcade de la Chapelle de Nôtre-Seigneur,
porté par deux grands Anges d'argent, qui
le presentent au Ciel avec cette Inscription.

Augustissimum
LuDOVICI *decimi-tertij*
Justi Regis,
Fundatoris magnifici
COR.

Angelorum hic in manibus
In Cælo
In manu Dei est.

Les quatres Vertus Morales, la Justice, la Prudence, la Force, & la Temperance, comme les vertus principales du grand cœur de ce Roy, occupent les espaces des montans de l'arcade sous laquelle ce cœur est élevé.

Celuy de Monsieur le Prince de Condé est dans la Chapelle que Monsieur le Presfident Perault luy à fait construire dans la même Eglise, pour reconnoistre les bienfaits qu'il avoit receus de ce Prince, à qui il avoit esté dés sa jeunesse. Ce cœur est enfermé dans la figure d'une Eglise, que tient l'image de bronze de la Religion à côté de l'Autel, pour marquer la pieté de ce Prince. Deux Anges tiennent sur la balustrade l'un le bouclier de ses armes, & l'autre l'Epitaphe de ce cœur.

HENRICO BORBONIO CONDÆO,
Primo Regÿ Sanguinis Principi,
Cujus Cor hìc conditum,
Joannes Perrault
In Rationum Curia Præses,
Olim Principi à Secretis,

Quærens de publica privataque jactura,
Parcius lugére
P.
Anno MDCLXIII.

Les Bas-reliefs representent les triomphes du Temps, de la Mort, de la Renommée, & de l'Eternité, & sont dignes des
reflexions des Sages, aussi bien que de l'é-
tude des plus habiles Peintres, & des plus
excellens Sculpteurs. Ils meriterent l'ap-
probation du Cavalier Bernin, comme ils
attirent tous les jours la curiosité & l'admiration des Etrangers. Les trois autres
figures qui accompagnent celle de la Religion, sont la Justice, la Valeur & la Prudence, avec leurs symboles ordinaires. Ce
tombeau sert ainsi d'ornement à cette Chapelle sans avoir la forme d'un tombeau.

J'avois preparé de cette sorte un dessein
de Mausolée pour le service solennel qui
se fit aux Dames Carmelites du Fauxbourg
S. Jaques de Paris, pour le cœur de Monsieur de Turenne. La situation de l'Autel
de cette Eglise élevé sur une espece de bal-
con de marbre à balustres, auquel on mon-
te par une douzaine de marches, me four-
nissoit un lieu avantageux pour dresser un
Mausolée au dessus de l'Autel même, & à ses
deux côtez. Dans la vûë que j'avois de placer

cer la machine funebre en cet endroit, j'avois choisi un sujet propre à la sainteté de ce lieu ; & considerant Monsieur de Turenne comme un Heros Chrétien, je representois trois sacrifices de son cœur, à Dieu, au Roy, & à sa Patrie. Le sacrifice du cœur à Dieu faisoit la Decoration de l'Autel, où la Religion & la Pieté offroient ce cœur à Dieu éclairé des lumieres de la Foy, & purifié dans les eaux de la Penitence. Le sacrifice de ce même cœur fait à la gloire du Roy, devoit occuper la face opposée au chœur des Religieuses, sur le côté duquel on auroit mis le sacrifice que ce Prince en avoit fait à sa Patrie. Au plus haut de l'Autel on auroit lû ces mots : *Sacrificium Deo*, tirez du Pseaume 50. Et Elie sur son char de feu seroit venu recevoir le cœur de ce Heros zelé comme luy pour les interests du Dieu des Armées ; & l'on auroit lû ces mots autour d'une épée de feu : *Pro Domino Deo Exercituum*. Sur les deux autres faces ces deux mots : *Regi. Patriæ.*

Il y en a qui se contentent de mettre sur l'Autel un Crucifix & six grands Chandeliers. Cette Decoration a je ne sçay quoy de plus grave qu'un plus grand nombre de chandeliers & de lumieres. C'est ainsi qu'on le pratiqua pour le Marquis Faquinetti,

Envoyé de la ville de Bologne auprés du Pape. On n'a guere vû de plus riche Decoration, ny mieux entenduë que celle que l'on fit pour luy.

La porte estoit decorée d'une grande armoirie avec des festons de crespe. Le Tibre & le petit Rhein qui coule à Bologne flanquoient la porte couchez sur des piedestaux, appuyez sur leurs urnes & pleurans.

Au dessus de ces figures deux pyramides dans les fenestres estoient élevées sur des piedestaux avec des Inscriptions. Deux Morts couchées étendoient des crespes au dessus ; & au bas pendoient des écussons avec des testes de mort. Le Dome de l'Eglise estoit tout tendu de bandes de crespes rattachez en boüillons sur le bord de la corniche. Toutes les arcades avoient de semblables festons. Le long des pilastres tendus de noir estoient des Medailles de tous les illustres de la maison Fachinetti avec des Inscriptions. Celle du Pape Innocent IX. estoit au dessus de l'Autel portée par trois squelets. Tous les corps des Devises estoient des arbres à cause de celuy des armoiries de la maison Fachinetti. Dans toutes les niches estoient des Autels antiques avec des vases ardents.

Le Mausolée à la maniere de ceux des anciennes Apotheoses estoit de trois étages. Quatre grandes Morts portoient la corniche du second corps, au deſſus duquel eſtoit une Attique, ſur l'Attique un Tombeau, & ſur le Tombeau l'Immortalité qui portoit d'une main le portrait du Marquis Facchinetti, & ſembloit voler vers le Ciel. Pour l'Autel il n'y avoit, comme j'ay dit, que ſix chandeliers & un Crucifix avec des feſtons de creſpe, & des teſtes de mort.

On decore la voute en Italie, quelquefois en compartimens avec de grandes roſes de drap, quelquefois avec une tenture ſemée de larmes, d'étoiles, & de ſemblables figures. On le fit pour le Duc de Savoye Charles Emanuel; & outre ces tentures ſemées de larmes on mit aux croix des augives des trophées de mort. Dans les villes de Lombardie on fait pendre des voutes de grands étendarts des armoiries des défunts. Quand c'eſt pour des Princes ces étendards ſont couronnez. A Veniſe pour Monſieur de Beaufort, on avoit tout garni d'armes luiſantes. Il y avoit des roſes d'épée, des pilaſtres de cuiraſſes & de caſques, les arceaux des voutes de même, & d'autres pilaſtres d'épées entrelaſſées d'une maniere fort agreable. On peut tendre de blanc, & de noir par bandes.

On a fait pour les Ducs de Parme des

Plafonds fleurdelifez, & pour les Ducs de Modene femez d Aigles à deux teftes à caufe de leurs armoiries. On peut faire la même chofe des autres pieces des armoiries, qui peuvent fouffrir d'eftre mifes de cette forte. On y pourroit placer des Anges avec des couronnes.

Quand le lieu où fe font les funerailles eft trop petit pour recevoir beaucoup d'ornemens, on pourroit placer une partie du deffein contre la voute, ou le plafond, pourvû que les fujets convinffent au Ciel La maniere dont on peint les voutes & les plafonds des Eglifes, peut faire voir ce qui eft propre à eftre mis en ces lieux-là. Il n'y faut pas de longues Infcriptions, mais feulement de petits mots.

Il femble auffi que l'on pourroit dreffer des Autels à dire la Meffe, contre les faces des Maufolées, quand le corps n'y eft pas, puifque dans la chambre même où les Sourains font expofez aprés leur mort, on dreffe des Autels fur les deux côtez, pour y dire inceffamment des Meffes toutes les matinées des jours qu'ils font ainfi expofez. Ces Autels auroient bonne grace fur les faces de ces machines, mais il faudroit alors que toutes les figures fuffent faintes, & le fujet purement facré.

Outre ces Decorations d'Eglises, d'Autels, de voutes de Chapelles, de Mausolées & de Chapelles ardentes, on charge quelquefois ceux qui ont soin de ces Decorations de composer des paroles pour la Musique. On le fait assez souvent à Florence, & nous en avons plusieurs exemples. On le fit aussi à Rome au College des Allemans pour la Duchesse d'Altemps Marie Cesi, à qui on fit de magnifiques funerailles dans l'Eglise de S. Apollinaire l'an 1609. le 18. Decembre. Le titre du Mausolée estoit celuy-cy.

Mariæ Cæsiæ ab Altaemps
Romanæ Nobilitatis, ac Pectoris
Heroïnæ.

Dans la grande Inscription on la faisoit parler elle-même en cette maniere.

Bené valeas quisquis mihi bené precaris;
Mortem immaturam non accuso;
non potest accidere mors immatura
Innocentiæ.
Nullus hîc me tangit dolor;
nisi mei dulcissimi conjugis dolor;
qui mihi hunc tumulum lacrymans
posuit.
Vt casum suum hac pietate allevaret.
Vixi annos xxii. mens. ii. diem i.
Elata publico luctu.

On composa pour elle une espece de lamentation des termes de l'Ecriture.

Aux funerailles que Monsieur le Cardinal de Bouillon fit faire dans son Abbaye de S. Oüen de Roüen , pour son oncle Monsieur de Turenne; on fit une semblable Threnodie composée par le P. Commire , & mise en Musique par le sieur le Sueur maistre de Musique de Nostre-Dame de Roüen , qui la fit chanter immediatement devant l'Absoute , aprés la Messe & l'Oraison funebre. Voicy les paroles de cette Threnodie , qui pourra servir de modele à ceux qui en voudront faire.

THRENODIA

AD EXCELLENTISSIMI PRINCIPIS

TURENNII

EXEQUIAS,

Verbis Scripturæ concinnata.

VICTORIÆ TURENNII.

Surrexit Vir Bellator, fortis viribus à juventute sua : & præliabatur cum gladio prælia Domini.

Induit se loricam sicut Gigas , & castra protegebat gladio.

Similis factus est leoni in operibus suis, & sicut catulus leonis rugiens in venatione vociferavit.

Quare fremuerunt gentes , & populi meditati sunt inania?

Astiterunt reges terræ, & principes convenerunt in unum adversum nos.

Persequar & comprehendam , dividam spolia : implebitur anima mea.

Evaginabo gladium meum ; interficiet eos manus mea.

Inebriabitur terra sanguine eorum.

Calcabo carnes illorum sicut uvam in torculari.

Ululate naves maris : ululate qui habitatis in insula.

Fugite, properate : salvate animas vestras.

Quis cogitavit hoc super gentem quondam coronatam : cujus negotiatores , principes , institores ejus inclyti terræ?

MORS TURENNII.

Ecce autem Aquila grandis magnarum alarum longo membrorum ductu, plena plumis & varietate : & cum ea Accipiter expandens alas suas ad Austrum.

In petris manet , & in præruptis silicibus commoratur : provocans ad volandum pullos suos.

Dominus tecum, virorum fortissime.

Cave ne transeas in locum illum , quia ibi hostes in insidiis sunt : & in eo paraverunt vasa mortis.

Vox tonitrui in rota: & exibit in fulgur ja-
culum ejus, & vadet in turbine Austri su-
per te.

Heu! heu! siccine separat amara mors! ô
mors quàm crudelis est stimulus tuus!

Montes horridi, asperi, ferrei, nec ros, nec
pluvia veniant super vos: neque sint agri pri-
mitiarum.

Quia ibi occisus est Princeps fortium, qui
erat Præfectus super bellatores viros.

Heu! heu! siccine separat amara mors? ô
mors, quàm crudelis est stimulus tuus!

Eamus & nos, eamus & nos, ut moria-
mur cum eo.

SEPVLCRVM TVRENNII.

Laudemus virum honorabilem, cujus memo-
ria in benedictione.

Salvavit populum suum: & fecit sibi nomen
grande juxta nomen magnorū qui sunt in terra.

Mortuus est, & quasi non est mortuus.

Sepelierunt eum cum Regibus: & erit se-
pulcrum ejus gloriosum.

Sicut Turris David quæ ædificata est cum pro-
pugnaculis: mille clypei pendent ex ea, omnis
armatura fortium.

Mortuus est, & quasi non est mortuus.

Sepelierunt eum cum regibus: & erit sepul-
crum ejus gloriosum.

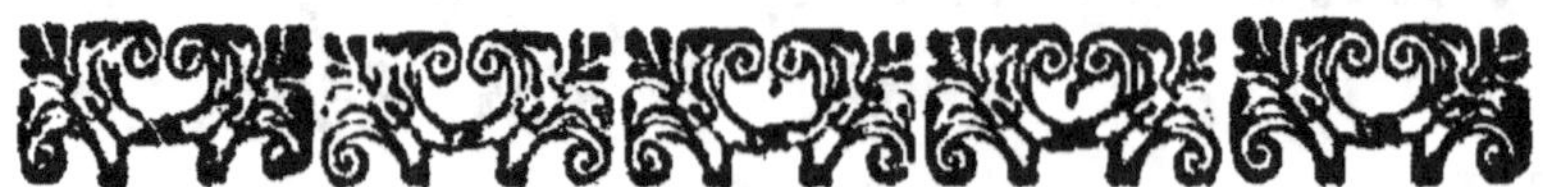

DV RENVOY DES
Funerailles.

COMME c'eſt une regle du Theatre de finir les Tragedies par des Inſtructions Morales, qui faſſent connoiſtre que le vice n'eſt jamais impuni, & que la vertu eſt recompensée : ce qu'on appelle *Fabula Morata.* Les funerailles qui ſont d'une inſtruction ſi grande pour nous, demandent quelque choſe de ſemblable, qui nous faſſe connoiſtre la vanité des grandeurs de cette vie, l'incertitude du temps de la mort, les preparations neceſſaires, & les eſperances de l'autre vie. C'eſt pour cela qu'ordinairement on place au dedans de l'Egliſe ſur la porte, des Inſcriptions qui puiſſent eſtre lûës en ſortant, & renvoyer les Spectateurs de ces appareils funebres avec des enſeignemens ſemblables à ceux avec leſquels les Heros malheureux, & les Heroïnes des anciennes Tragedies inſtruiſoient les Spectateurs des actions tragiques à craindre les revers de la fortune. Hecube dans la Troade de Seneque commence ainſi.

Quicunque regno fidit, & magna potens
Dominatur aula, nec leves metuit Deos,
Me videat, & te Troia: nonnunquã tulit
Documenta fors majora quàm fragili loco
    Starent superbi.

Aux funerailles faites à Pesaro pour le
Cardinal Barberin, on avoit mis sur la porte au dedans de l'Eglise l'Immortalité & la
Reconnoissance, qui porroient les armoiries de ce Cardinal, avec cette Inscription.

Spectato Charitatis Triumpho
    in funere

Francisci Cardinalis Barberini,
quem terris doluistis ereptum:
    Abite mœsti Cives,
sed nunquam abeat e vestris pectoribus
    Charitas tanti Viri.
Vivat in omnium cordibus,
    vivat in posterorum memoria
immortalis inclyti Purpurati beneficentia
    in urbem vestram.
    Per eum enim accepistis
quæcunque ab optimo ejusdem Patruo

URBANO VIII. PONT. MAX.

Ornamenta, & munera accepistis.
Hoc à vobis exposcit
insita Nobilibus, hoc est, vestris mentibus
grati animi virtus.

Cette Inscription de renvoy n'estoit qu'une exhortation à la reconnoissance. Il y en a de plus morales; comme celle-cy que Pierre de Junco Chanoine de Zamora fit en sa Langue aux funerailles de Philippe III. Roy d'Espagne.

On voyoit l'image de la Mort avec sa faulx, foulant aux pieds un Roy, & une Thiare avec ce Madrigal.

Que importd Monarca ser
de dos partes de la tierra,
si en esta poca se ensierra
y en menos se ha de bolver,
no me resiste poder,
que al gran Felipe de Espana
oy sequè de mi guadaña
y al gran Paulo Quinto ayer.

C'est à dire en nostre Langue.

Que sert d'estre Monarque, & de donner
des loix

Aux peuples des deux hemiſpheres,
Si la mort triomphe des Rois
Comme des perſonnes vulgaires ?
Rien ne reſiſte à ſon pouvoir,
Ny la vertu ny le ſçavoir,
Ny thiare, ny diademe.
Tout eſt ſujet au même ſort;
Paul V. a quitte la dignité ſupreme,
& comme luy Philippe eſt mort.

Cette Nation, qui eſt naturellement fa-
ſtueuſe, & qui aux funerailles de ce Prince
faites à Rome avoit mis cette Inſcription.

Philippo III. Regi Catholico,

cujus Imperium vix æquavit

obiens omnia Sol :

Potentiam ſola Religio ſuperavit.

Cette Nation, diſ-je, avoit donné en ces
mêmes funerailles cet avis ſalutaire.

Aſpice
humanæ fragilitatis exemplum

occidit qui flumina penè omnia
oriri & cadere videbat in suo.

Et celuy-cy.

Regine potentissimo tumulum,
an morti triumphale monumentum
hîc positum vides ?

Da manus ægra mortalitas ,
Tributarios hæc habet
quibus uterque vectigalis est orbis.

Toute la Decoration funebre, qui fut faite à sainte Barbe de Mantoüe pour Guillaume III. Duc de Mantoüe , fut morale, & remplie d'inſtructions.

Les images des Vertus eſtoient accompagnées de ces mots.

La Foy.

Fidei opus est dilectio.
Fides animam facit quiescere.

La Juſtice.

Iustitia Regis pax est populorum.

Dilexifti juftitiam , e odifti iniqui-*
tatem.

La Force.

Viri fortes in pace modefti funt.
Virum fortem manfuetum effe oportet.

La Prudence.

Prudentia magnum mortalibus lucrum.
Prudentes ex omnium fententiis utilia
eligunt.

Les autres Infcriptions morales eftoient.

Morti debemur omnes.

Morte cadunt optima.

Non mors humano fubjacet impe-
rio.

Stultum eft timere quod non poffis
evitare.

O quàm magnum eft honefte mori.

Miferum eft nefcire mori.

Omnia orta occidunt.

Mors ultima linea rerum est.

Cui nasci contigit mori restat.

Vnus dies de omnibus fert sentatentiam.

Vltimus morborum Medicus est mors.

Tendimus huc omnes.

Vir fortis & sapiens non fugere debet è vita, sed exire.

Non mors sed aditus ad mortem miser est.

Vivere noluit, qui mori non vult.

Mors vitæ vita est.

Pour l'Archiduc Albert on avoit mis à Bruxelles ces avis & ces inftructions.

VIATOR

*Iste gradum, tibi hîc præluditur,
quid non moritura moriturus cogitas?*

Sereniſſimus præit *ALBERTVS,*
ſequemur,
magni hujus corporis umbræ mi-
nores.

Vivere potes, mori debes; quid in-
certis
animum fatigas? tutiora prudens de-
lige.

Quæ ſceptra perennarunt? hoc ipſum
quod legis pars vitæ magna eſt.
Æternum vis vivere?
Vixit, cui omnis hora ultima.
Omnis prima fuit hæc Auſtriaco noſtro
ALBERTO,
quo factum ut vitæ hujus
momentum poſtremum felicis illi
æternitatis eſſet primum.

Æmulare Principis virtutem
quiſquis æmularis exitum
Æmulus gloriæ, æmulus laborum.

Il y a des desseins entiers d'appareils qui font des Instructions Chrestiennes. En voicy un d'une forme assez extraordinaire que j'ay fait pour le cœur du feu Roy, qui repose dans l'Eglise de S Loüis de la Maison Professe des Iesuites de Paris.

La Representation est dans une espece de Cirque à l'Antique, à la maniere de ceux que les Romains firent autrefois pour leurs courses de Chariots & de Chevaux S. Paul, qui compare la vie des Chrestiens à ces Jeux du Cirque, en sa premiere Epistre aux Corinthiens m'a fourni ce dessein. Il dit aux Fideles de Corinthe au Chapitre IX. de cette Epistre. *Ne sçavez-vous pas que tous courent dans la Carriere, mais qu'un seul remporte le prix. Courez donc de telle sorte que vous remportiez le prix.* En son Epistre aux Romains ch. 9. parlant de la Predestination comme d'un Prix, & d'une couronne, il dit qu'elle *ne se donne, n'y a celuy qui la desire, ny à celuy qui court, mais à celuy à qui Dieu veut par un pur effet de sa bonté & de sa Misericorde.* Pour reprocher aux Galates leur inconstance & leur lacheté dans le service de Dieu, il leur dit, *Vous couriez si bien, qui vous a arrestez?* Il exhorte les Hebreux à courir par la Patience dans la carriere qui leur est ouverte. Enfin parlant de luy-mesme en sa seconde Epistre à Timothée, il dit qu'il a achevé sa course, qu'il a gardé la foy & qu'il attend la couronne de Iustice qui luy est reservée, & que Dieu comme un juste Iuge luy donnera au grand jour de sa Iustice. C'est sur tous ces passages que j'ay formé l'Idée de ce dessein. D'ailleurs la vie de l'homme selon les principes de la nature ayant son principal siege dans le cœur d'où elle s'entretient dans tout le corps par une circulation continuelle du Sang & des Esprits, j'ay crû que cette circulation ne pouvoit estre mieux representée que par le Cirque où se faisoient autrefois les courses, & que je ne pouvois mieux exprimer le cours de la sainte vie du feu Roy dans les embarras de la Cour, que par cette figure.

Elle estoit d'une forme ovale comme les anciens Cirques, avec une face quarrée du costé de la porte, sur laquelle je mettois ces mots de S. Paul.

Non est volentis, neque currentis, sed
miserentis Dei.

Qui font voir que le salut est un pur effet des Misericordes du Seigneur. Pour cela mesme deux Figures de la Misericorde estoient à l'Entrée, l'une de la Misericorde qui nous previent selon cét oracle du Roy Prophete. Pf. 58. *Misericordia ejus praveniet me.* Et l'autre de la Misericorde qui nous

suit selon le mesme Oracle. Pf. 22. *Et mise-*
ricordia tua subsequetur me.

Il y avoit dans le Cirque ancien un lieu
qui s'appelloit l'Espine, autour duquel se
faisoient les Courses. C'estoit un lieu élevé
sur lequel se posoient les Images des Dieux;
& sur cette mesme ligne s'élevoient deux
Obelisques l'un consacré au Soleil, & l'autre à la Lune, & au bout estoient les bornes ou se terminoient les Courses, & où se
donnoit le prix.

Au milieu de cette Elevation je posois la
representation entre deux Obelisques, l'un
dedié à S. Loüis, à qui l'Eglise où repose
le cœur du Roy Louis XIII. est consa-
crée, & l'autre au Roy Loüis XIII. qui a
fait bastir cette Eglise. Leurs Bustes élevez
au dessus de ces Obelisques se regardoient,
Le Roy Louis XIII. s'estant proposé à imiter les vertus & les actions de Pieté de S.
Loüis, son Ayeul & son S. Protecteur.

Sur le piedestal de l'Obelisque de S.
Loüis estoient écrits ces mots de S. Paul
aux Corinthiens.

Multi quidem currunt sed unus accipit
bravium.

Parce qu'il est de nos Rois de la troisiéme race le seul Canonisé, & élevé sur les
Autels.

Sur le piedestal de l'Obelisque de Louïs XIII. estoient ces autres mots de S. Paul.

Cursum consummavi, fidem servavi.

Et sur la Borne du milieu élevée au bout du Cirque estoit le Cœur du Roy, avec deux Anges sur les deux autres bornes qui soûtenoient sur ce cœur une couronne d'Estoiles, & ces mots au dessous du cœur.

Reposita est mihi corona justitiæ.

Paroles qui convenoient bien à un Roy nommé le Juste.

Aux pieds de ces trois bornes estoient des Urnes à l'Antique brisées, & couronnées de feüilles de Laurier avec ces mots de S. Paul.

Hi quidem ut corruptibilem coronam accipiant, nos autem incorruptam

Sur l'un des costez, de la carriere on lisoit ces mots d'exhortation à tous les fideles.

Sic currite ut comprehendatis.

Et sur l'autre costé

Qui in stadio currunt ab omnibus se abstinent.

Ce sont les plus excellens Modeles de ces Decorations que je me suis proposé, à imiter & aprés les avoir suivis je ne crains pas la censure de ceux qui tâchent de tourner en ridicule ce qu'ils ne sçauroient imiter. Laissons les dans leur mauvaise humeur, & joüir des vains applaudissemens

designorans, qui les loüent: & contentons
nous de dire avec un Poëte de mes amis.

Omnibus semper placuisse res est
Plena fortunæ: placuisse paucis
Plena virtutis: placuisse nulli
Plena doloris.

Je n'aspire pas au premier de ces Estats, je
ne me crois pas encore dans le dernier, je
me contente du second. Ainsi je suis disposé
à continuer dans ces agreables delasse-
mens, & si je vois que ce travail ne soit
pas jugé inutile, je penseray à donner les
Decorations sacrées, pour les grandes so-
lemnitez de l'Eglise.

FIN.

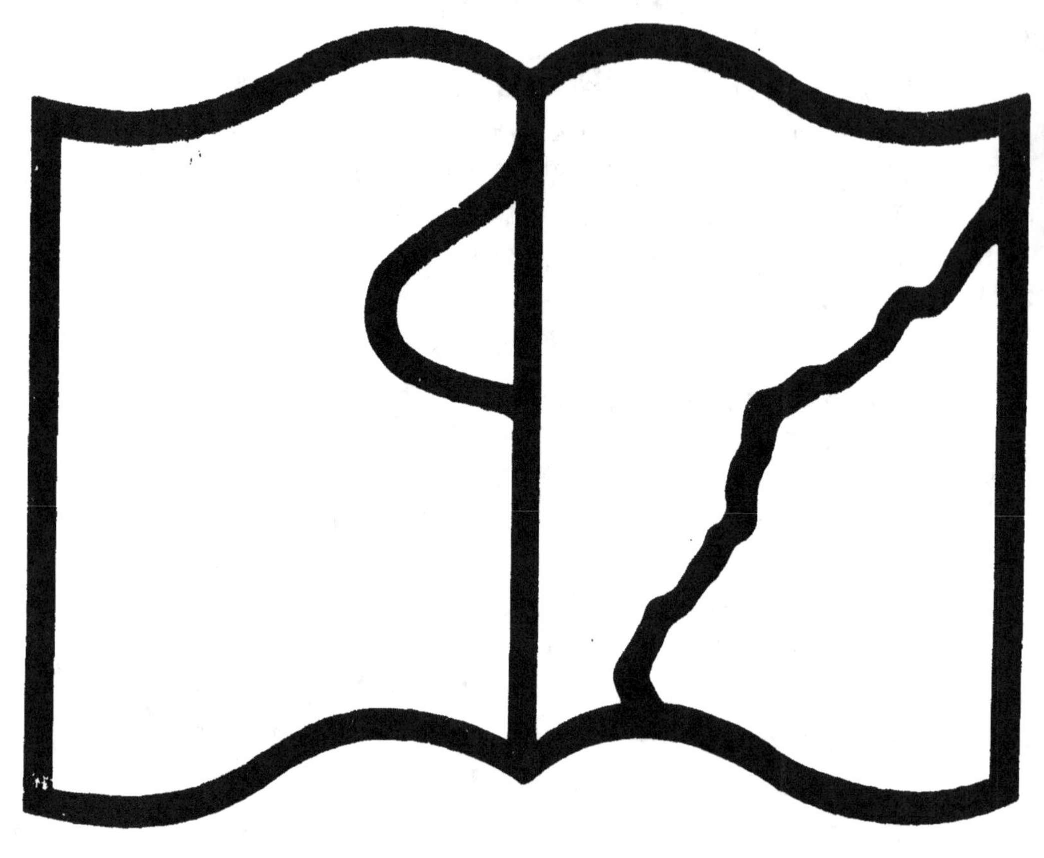

Texte détérioré — reliure défectueuse

NF Z 43-120-11

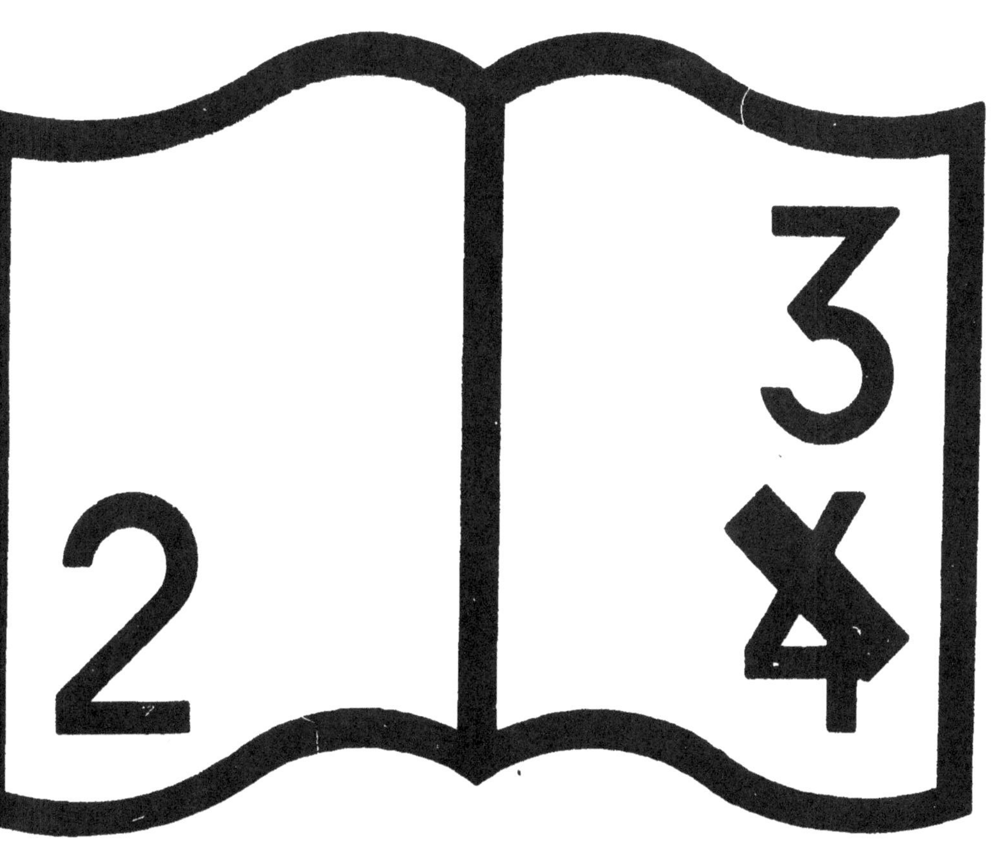

Pagination incorrecte — date incorrecte

NF Z 43-120-12